本书系复旦大学海外中共学研究中心系列丛书之一

新时代党的形象建设理论研究

RESEARCH ON THE THEORY OF IMAGE CONSTRUCTION OF THE
COMMUNIST PARTY OF CHINA IN THE NEW ERA

高晓林　谈思嘉 —————— 主编

天津出版传媒集团

天津人民出版社

图书在版编目（CIP）数据

新时代党的形象建设理论研究 / 高晓林，谈思嘉主编. -- 天津 ：天津人民出版社，2024.4

ISBN 978-7-201-20369-0

Ⅰ．①新… Ⅱ．①高… ②谈… Ⅲ．①中国共产党－形象－党的建设－研究 Ⅳ．①D26

中国国家版本馆 CIP 数据核字(2024)第 068359 号

新时代党的形象建设理论研究

XINSHIDAI DANG DE XINGXIANG JIANSHE LILUN YANJIU

出　　版	天津人民出版社
出 版 人	刘锦泉
地　　址	天津市和平区西康路 35 号康岳大厦
邮政编码	300051
邮购电话	（022）23332469
电子信箱	reader@tjrmcbs.com
责任编辑	林　雨
装帧设计	明轩文化·王　烨
印　　刷	天津新华印务有限公司
经　　销	新华书店
开　　本	710 毫米×1000 毫米　1/16
印　　张	20.5
插　　页	2
字　　数	280 千字
版次印次	2024 年 4 月第 1 版　2024 年 4 月第 1 次印刷
定　　价	89.00 元

前　言

　　政党形象是政党文化的重要组成部分。从政党产生的历史来看,世界上绝大多数政党自产生之初便具有鲜明的形象特征。17 世纪 70 年代,英国的辉格党和托利党,由于代表了不同阶级的利益,双方在议会内部争锋相对、处处为敌,更乐于给对方冠以各种诨名绰号来羞辱贬低对方。"辉格"和"托利"便源自双方互相嘲弄指骂时所起的绰号,分别是指残杀天主教士的强盗和打家劫舍的天主教匪徒。再看看如今的美国大选,驴和象的形象都会铺天盖地般地出现在各类宣传品,就是因为驴和象是两党各自的政党象征,分别代表了聪明勇敢和尊严有力的美好象征,当然对方心目中的寓意并非那么美好。

　　上面两个案例不难发现,其实政治家们很早就已经自觉或不自觉地利用形象问题来开展政党活动。然而,关于"政党形象"的理论研究的出现却比现实实践整整晚了 2 个多世纪,直到 20 世纪初才正式进入西方政治学者的研究视野。在 1908 年,伦敦大学政治学教授格雷厄姆·沃拉斯率先在其政治心理学名著《政治中的人性》一书中提出"政党形象"的概念。此后,西方政治学家进一步将政党形象与票选政治、政党认同、媒介传播联系到一起,不断勾画出"政党形象"在西方政党政治理论研究和实践领域的重要价值,并不断延伸出"政党符号""政党图像""形象建设"等概念。

　　相比西方政党形象研究热火朝天的景象,国内学界则显得十分冷清,只有个别专家学者开始零零星星地发表了几篇的学术论文。然而,近年来随着党史党建日益成为一门"显学",中国共产党形象也成为受到理论界广泛关注的焦点。而且,长期以来相关研究的匮乏也迫切需要学术界有所回应。而中国共产党特殊的政治地位和政治实践,决定了中国共产党形象建设研究绝不能直接照搬西方政治学的研究范式和话语表达,更应该从中国共产党的实际出发,构建具有中国特色、中国气派和中国风格的理论框架、研究范式。

为此,首批入选全国重点马院的复旦大学马克思主义学院于 2016 年 10 月和 2018 年 11 月,连续举办了两场中国共产党形象建设学术研讨会,直接推动了相关研究的不断深化,涌现出一批以历史研究为支撑,以现实问题为导向,以中国话语为基础,既客观准确反映中国共产党历史与现实,又具备扎实学理涵养的学术论著。为了全面集中地呈现中国共产党形象建设研究的最新前沿成果,同时为日后理论界继续深化相关提供参考,编者尝试遴选廿余篇代表性论著,汇编成《新时代党的形象建设理论研究》一书。总的来说,本书有以下四个特点:一是主题鲜明,全部论文都聚焦中国共产党形象建设这一主题。二是视角多样,涵盖中国共产党形象建设的理论建构、现实观照和历史镜鉴三大类别,既有历史纵深,又有现实关怀,既有理论深度,又有实践温度。三是颇具新意,基本囊括了目前国内党史党建领域相关研究的最新成果。四是代表性强,论文作者既有全国知名专家、资深教授,又有一批立志从事中国共产党形象建设研究的学界新秀。希望本书的编辑出版能进一步推动中国共产党形象建设研究向前发展,为繁荣发展中国特色哲学社会科学做出贡献。

编　者

目 录

Contents

历史镜鉴

附录

理论建构

"大就要有大的样子"①
——论中国共产党的形象建设

（中共中央党史和文献研究院　李忠杰）

【摘要】2017 年 10 月 25 日,新当选的中央政治局常委第一次向世界展示形象,习近平总书记强调:"新时代要有新气象,更要有新作为。"同时特别指出:"中国共产党是世界上最大的政党。大就要有大的样子。"一句"大就要有大的样子",提出了党的形象建设的大课题。中国共产党诞辰 97 周年了。认真琢磨和研究党的"样子"和"形象"问题,对于进一步树立和保持党的良好形象,继续向着未来 100 周年、120 周年的目标前进,具有特殊的意义。

【关键词】样子　中国共产党　形象建设

一、什么叫"样子"

"样子",是中国老百姓常用的语言。"做人要有做人的样子",指的是一个人的修养、磨炼,以及由此而生成的人品人格的最基本要求。在日常生活中,"坐要有坐的样子""站要有站的样子",是说人的行为举止都要守规矩、

---

① 本文曾发表于《北京日报·理论周刊》《新湘评论》。

懂礼仪。如果说"看你成什么样子了""一到人前就不像样子了",就是批评某人已经偏离了正常礼仪,不能登大雅之堂了。如果说"简直不像样子""没有人样",那就是指某人的行为已经太离谱、不符合做人的标准了。

将"样子"转换一下,实际上就是指"形象"。习近平所说的"大就要有大的样子",实际上就是指,既然是个大党,就要有符合于大党标准的形象。有"样子",首先就是有形象。强调"样子",就是强调中国共产党要有好的形象。

"样子"和"形象",是一个很特殊也很值得探讨的话题。那么到底什么叫"样子"?什么叫"形象"呢?如同建设社会主义首先要搞清楚什么是社会主义一样,加强党的形象建设,也首先要搞清楚什么是党的"形象",什么是党的"样子"。

关于"样子"和"形象"的定义,现代汉语词典、辞海以及网上的百度百科都有一些界定或解释,但大都没有抓住本质,或没有厘清逻辑关系。

在我看来,所谓"样子"和"形象",最基本的内涵,用最简单的词概括,就是外貌、形状、式样、模样、状态、景象、外部特征等。引申开来,还有榜样、塑像、象征、形势、态势等意思。如果用哲学语言完整地下一个定义,我认为,所谓"样子"和"形象",就是指一定主体基于其内在本质而表现出的外部状态和面貌,通过中介渠道的传输,由客体接受而形成的关于主体面貌的总的感觉、印象、认知和判断。

中国共产党的"样子"和"形象",就是中国共产党基于自身本质而表现出的行为状态和面貌,通过向外部展示和传输某种信息,在人们头脑中形成的关于党的总体面貌的认知结果和价值判断。

这样的定义似乎很晦涩难懂,下面,我举个形象的例子来加以说明。站在十字路口指挥交通的交警(现在基本上不这样指挥了,但因大家熟悉,还是用他来举例比较好),形象很英俊,在某种意义上还代表着中国交警的形象。那么,这位交警的"样子"和"形象"是怎样形成的?哪些因素决定着他的形象?

第一，这位交警的一举一动、一言一行都展示出某种形象。这种形象不是别人强加的，而是他自己表现出来的。

第二，这种形象不是由他自我评价的，而是由别人评价的。"交警叔叔好样的！"就是别人通过观察其言谈举止而得出的印象、做出的判断。

第三，交警本人在不同的时间和环境条件下可能有不完全相同的表现，不同的人从不同的角度和时间观察，也可能得出不同的结论。对他形象的判断只能是总体上的印象，具体的形象判断则可能非常多样。

第四，交警的形象是通过其外貌、语言和行为表现出来的，但实际上反映了他的内在素质和境界，亦即本质。本质决定现象，素质和境界决定他的外在表现。

第五，对这位交警形象的了解和判断，有的人是通过自己直接观察、接触而获得，但也有很多人是通过媒体介绍或别人传言等中介渠道而形成。因此，中介渠道如何介绍和传播，对这个交警形象的判断有一定关系。

第六，交警队伍的总体形象是由所有警察的形象共同构成的，一个交警的形象决定不了整个交警队伍的形象，但它是不可缺少的组成部分，对整个交警队伍的形象起着重要的作用。

二、对"样子"的深层解析

从哲学角度往深层次挖掘，我们可以发现，所谓"样子"和"形象"，有几个重要的属性。

（一）"样子"和"形象"的客观性和主观性

从交警的例子可知，所谓"样子"和"形象"，是主体和客体之间发生的一种关系。主体就是交警，客体就是过往行人。主体基于一定的本质，通过自己的行为、状态、面貌向外界传输出某种信息，客体接受后而产生对于主体的一定的感觉、印象、认知和判断。因此，所谓"样子"和"形象"首先是由主体决定的。主体有什么样的本质，有什么样的行为、状态和面貌，就会向客体传输出什么样的信息，展示出什么样的"样子"和"形象"，从而在客体方面形成某种感觉、印象、认知和判断。就此而言，"样子"和"形象"是客观的，客观性是第一位的。

但光有主体不行。所谓"样子"和"形象"，是客体对主体的评价，也就是客体接受主体发出的某种信息，经过加工后形成对于主体的总体感觉、印象、认知和判断。如果没有主体，就没有客体的反映和认知。但如果没有客体的认知、判断和评价，也谈不上"样子"和"形象"。因此，"样子"和"形象"又是主观的，是第二位的。

因此，中国共产党的"样子"和"形象"，首先是客观的，是中国共产党自己形成和决定的，它不能无中生有，也不能化有为无。这种"样子"和"形象"，总体上反映的是中国共产党的本质。有什么样的本质，就有什么样的行为、状态和面貌，就会向外部展示什么样的"样子"和"形象"。但这种"样子"和"形象"，又是由多种客体通过不同的方式接受和做出的判断、评价，因此也有一定的主观性，不同的客体在不同条件下获取不同的信息，进行不同的加工，也会形成不同的判断和评价。

（二）"样子"和"形象"的复杂性

"样子"和"形象"，是在主体与客体相互运动、相互作用中，并通过一定的中介渠道而产生的，主体、客体、中介渠道都会对"样子""形象"产生影响。而这三方面的因素都具有复杂性，因此，最后形成的"样子""形象"也就有复杂性。

从主体来说，中国共产党的"样子"和"形象"，总体上是指党的整体"样子"、整体"形象"。但党是由各级组织和数千万党员组成的，不同部分的状况，会形成不同的"样子"和"形象"。它们有共同点，也会有不同点。组合起来形成一个总体的"样子"和"形象"。所有的组织、党员对党的"样子"和"形象"都有作用，但作用大小不一样。党的路线方针政策，党中央的所作所为，党的领导人的言论行动，党治国理政的效果，对党的"样子"和"形象"起着最主要作用。但每个党员、干部的言论行为也起着重要作用，而且在一般群众中产生的"样子"和"形象"，还会起放大作用，甚至对党的总体"样子"

和"形象"产生影响。好的形象会维护、增强、放大党的正面形象,坏的形象也会损害党的总体形象。

从客体来说,对中国共产党的"样子"和"形象"进行认知和判断的是谁呢? 党内党外,国内国外,都有,都是。国内,主要是广大人民群众,也包括广大党员,所有人都会形成对党的"样子"和"形象"的认知和判断。这种认知和判断可能是统一的,更可能是五花八门的。不同的价值观、不同的个人,会做出不同的判断。国外,那就更复杂了。不同的国家、不同的政党、不同的个人,对中国共产党"样子"和"形象"的认知、判断五花八门。因为所有这些客体对于主体的反映不是简单的条件反射,而是有一个加工判断的过程,许多原因都会影响他们对中国共产党形象的认知和判断。有的认知和判断与中国共产党的本质和真实形象是一致的,但有的也会有偏差,甚至被扭曲。

党的"样子"和"形象"是一个连续生成和保持的过程,客体的接受和认知、判断也不是一瞬间就完成的。因此,中国共产党的"样子"和"形象",无论从主体还是客体来说,都会不断发生变化。不同时点的"样子"和"形象",可能是连贯的、一致的,也可能是不统一的。这种历时性、变动性也增加了"样子"和"形象"的复杂性。

(三)中介渠道的重要性

主体和客体之间是通过各种传输渠道连接起来的。比如说五官感受、媒体报道、宣传介绍、坊间传言、档案资料等,这就是中介渠道。中介渠道如何描述、如何传播、如何宣传,对中国共产党"样子"和"形象"的形成和塑造起着重要的作用。客观的描述和传播,能够反映或塑造真实的形象。扭曲的描述和传播,就会歪曲党的形象。当今世界,传播的方式日益多样,特别是自媒体已经非常广泛,它们对党的"样子"和"形象"的形成和传播,起着越来越大的作用。

长期以来,中国共产党的宣传工作对党的"样子"和"形象"起着巨大的作用。这种宣传本质上也是一种中介渠道,它不能决定党的形象,但能影响和加深广大客体对党的形象的认知和判断。党的宣传工作总体上反映了党的面貌和本质，但有时也会有复杂的情况。比如，党的很多很好的行为举措，我们没有及时宣传介绍，就会使外界对这方面情况了解不够，造成党的形象的缺陷；历史上犯的错误，如果我们千方百计加以掩饰，不仅违背形象塑造的真实性原则，而且会适得其反，对党的形象造成更大的破坏；还有，很多事情本身是好的，但宣传的方式简单、粗暴，不顾及受众心理，也可能对党的形象产生不良影响。

（四）"样子"和"形象"的价值性

"样子"和"形象"好还是不好，这是价值判断。对所有"样子"和"形象"的判断都基于一定的价值标准，即认定对错、是非、好坏的标准。世界上判断事物的价值标准是十分复杂的。有的是人类文明的基本标准，有的是基于其他立场和角度的特定标准。这些标准又会随着时代的变迁而发生变化。主体有主体的标准，客体有客体的标准，中介渠道还有中介渠道的标准。它们有的是统一的，有的会有很大的差异。不同的标准，对同一个事物、同一个政党、同一个问题，很可能会产生不同的形象判断和价值评价。

作为一种比较共性的、应该坚持的基础性标准，我称之为应然标准的，当属"真善美"三个字。我们对政党性质、地位、作用、影响以及各种长短优劣的考察，已经习惯了许多传统的分析模式和评价标准。但现在看来，似乎还应该有一种更为宏大、深刻的角度，这就是把政党放到人类文明的发展进程中，来评估它们的所作所为，以及对人类文明的影响。这样一来，真善美的标准自然就产生了。所谓真，就是真实、真相、真诚、真理等，与假象对立，是指现实存在的客观事实以及对其认识和对待的态度；所谓善，就是善良、善心、善行、善治等，与恶相对立，是指人的行为及其品德符合人性并有益于他人和社会的性质；所谓美，就是美丽、美好、美景、美德等，与丑相对立，是指事物的存在形式及其精神价值能够使人产生愉悦的特征。

真善美是人类文明的基本要求和进步标尺。凡属进步的政党，一般都会比较多地尊重客观实际，努力追求真理，奉行比较实事求是的思想路线；

会比较尊崇社会大众的意愿,实行比较人性化的德政善治;其所作所为,就会比较多地为社会接受,使大众感到满意、快乐、愉悦,使社会处于比较和谐的状态。反之,落后的甚至逆时代潮流而动的政党,其所作所为,与真善美的要求相比,必然有很大的差距,甚至是南辕北辙,只能归入到假恶丑的行列。

为什么"大就要有大的样子"?"大就要有大的样子",首先说明了党的"样子"和"形象"的重要性。每个人、每个事物、每个政党,客观上都有自己的"样子"和"形象"。无论好与坏,"样子"和"形象"都是客观存在的。但人类总的趋势和追求,都是往好里走,都是向往着真善美。因此,人们希望,所有的人和事物、所有的政党和社会,虽然很不容易做到,但都应该是真善美的,都应该有一个好的"样子"、好的"形象"。这就是理想状态,我称之为"应然标准"。

对于中国共产党来说,保有一个应然的、理想的、真善美的"样子"和"形象",是十分重要的。

第一,"样子"和"形象"是中国共产党内在本质的反映,是中国共产党为中国人民谋幸福、为中华民族谋复兴而产生的效果和在国内外广大民众中留下的口碑。形象如何,是人民和历史对中国共产党一切活动及其效果的价值评价。就像温度计一样,党的形象正负度数的高低,反映着党所有活动的进步与否、合理与否、成功与否,以及水平的高低。

第二,"样子"和"形象"的好坏高低,反映了党得人心的程度,是广大人民群众对于党领导革命建设改革的科学性、合理性、成功性表示欢迎的程度。正面的"样子"和"形象",表明我们党的所作所为获得了最广大人民群众的赞成和拥护。"样子"和"形象"越好,说明党的所作所为越深得人心。如果哪个部分、哪个方面的"样子"和"形象"欠佳,就很值得我们警惕了。

第三,"样子"和"形象"的好坏高低还会形成一定的外部环境,促进或者阻碍党的事业和党的建设的发展。"样子"和"形象"好,表明国内外对我们党的认同度都比较高,党的号召力、组织力、凝聚力、行动力就比较强,党的决策、党的事业、党的建设更易于推行并得到支持,更易于减少在向"两个一百年"前进中的阻力和困难。否则,党的决策和行动都会受到影响。

中国共产党是中国工人阶级的先锋队,同时是中国人民和中华民族的先锋队。中国共产党顺应历史潮流而诞生,宗旨是全心全意为人民服务,其根本特征是先进性。所以,党的全部路线方针政策,以及全部行为,都要符合历史发展的客观规律,都要符合最广大人民的根本利益,都要始终在人类文明的大道上不断前进。这样的本质,决定了党本来就应该有一个好的"样子"、好的"形象",有一个真善美的"样子"和"形象"。

以党的十八大为标志,中国特色社会主义进入了新时代。新时代要有新气象,更要有新作为。从成长道路来看,党走过了将近百年的历程,经历了各种风雨的考验,积累了丰富的经验,对任何风雨沧桑都可以非常淡定。所以,党已经更加成熟。从现时状态来看,党已经开创了中国特色社会主义道路,形成了中国特色社会主义理论体系,而且形成了庞大的组织系统,有一整套严密的制度规范,具有较高的执政能力和领导水平。从未来任务来看,新时代已经开启新航程。党要领导全国各族人民,决胜全面建成小康社会,进而建成社会主义现代化强国,实现中华民族伟大复兴,事业亮丽,党自身也要亮丽。所有这一切,都要求我们党具有真善美的内在品格,表现在行为、状态、外部面貌上,当然就要有好的"样子"、好的"形象"。

强调党要有大的"样子"、好的"形象",还有一个特殊的重要原因,就是廉政建设和反腐败斗争问题。当代世界的无数事实证明,一个政党是否清正廉洁,在极大程度上影响着这个政党的形象,决定着它的执政地位,甚至关系到它的生死存亡。长期以来,中国共产党一直高度重视自己的廉洁问题,坚持不懈开展反腐败斗争。但由于种种复杂的原因,多年来腐败现象呈蔓延滋长之势。人民群众对此很不满意。因而,也严重影响到党的形象。十八大以来,以习近平同志为核心的党中央全面从严治党,加大反腐败斗争的力度,取得了明显的成效,受到了全党和广大人民群众的欢迎,党的形象也得到很大改善。但是,反腐败斗争不是一日之功。所以,习近平总书记强调,全面从严治党永远在路上,我们不能有任何喘口气、歇歇脚的念头,一定要继续清除一切侵蚀党的健康肌体的病毒,大力营造风清气正的政治生态,将反腐败斗争进行到底。从这个角度来说,中国共产党更要有一个清正廉洁的好"样子"、好"形象"。

对"样子"和"形象"的评价和判断,本来只有好坏之别,而无大小之分。小孩子应该有好的"样子"和"形象",大人也应该有好的"样子"和"形象"。小的政党应该有好的"样子"和"形象",大的政党也应该有好的"样子"和"形象"。但为什么强调"大就要有大的样子"呢?因为大人对于小孩而言,见得更多,懂得更多,各方面都比较成熟了。因此,就更应该有大人的"样子"和"形象",不能像不懂事的小孩一样任性乱来。同样,大党人数多、力量大,集中的智慧相对较多,而且影响大、作用大,一举一动都不仅对自己,而且对世界都有很大的影响。因此,对大党的要求就应该更高,即"大就要有大的样子"。

从小到大,确实是中国共产党的一大变化。1921 年中国共产党成立时,只有 58 名党员,但现在已经有 8956.4 万名党员。这个数字,如果按照 2017 年世界 199 个国家的人口排名,可以排在第 16 位。也就是说,世界上有大约二百个国家和地区的人口,还没有我们的党员数量多。中国共产党的规模,无疑居世界所有政党的首位。与中国的总人口相比,大致每 15 个人中就有 1 个党员。与 18 岁以上的成年人相比,大致每 12 个成年人中就有 1 个党员。

如此巨大的数量和规模,说明中国共产党在中国社会和国家中占有极其重要的地位,在世界大局中也有举足轻重的影响。由此可以想见,有没有一个好的"样子"和"形象",对中国、对世界具有多大的意义和影响!如此巨大的规模和分量,在前进方向上不能有重大偏移,在重大决策上不能有严重失误,说话办事要更加成熟、科学、稳重。对外展现出来的,就应该是更加良好的"样子"和"形象"、更具真善美的"样子"和"形象"。从每个共产党员来说,如果每个个体都闪耀着共产党员的光辉,那中国共产党的影响和作用该有多大！中国共产党的整体"样子"和"形象"该有多么亮丽！

当然，"大就要有大的样子"，绝不是说自己大了，就可以摆谱，端出一副老大的样子，唯我独尊，趾高气扬，时时炫耀，处处示强，以大压小，以强凌弱，只许别人吹捧自己，没有别人讲话的权利，如果谁不听话，就要教训教训谁。这样的"大"，这样的"样子"是绝对不行的。如果把"大的样子"理解为这些内容，那只会更加损害党的形象、损害中国的形象，是完全错误的。

三、大要有大的样子，更要有风华正茂的神韵

中国共产党是大党，也是老党。大，就要有大的"样子"、大的"形象"，但老呢？老能不能有老的"样子"、老的"形象"？即所谓"老相"呢？答案是：不能！

1945 年，在党的七大预备会上，毛泽东回顾党的历程，用《庄子》上的一句话"其作始也简，其将毕也必巨"，说明中国共产党由小到大发生的翻天覆地的变化。

1949 年 6 月 30 日，毛泽东又说道："一九四九年的七月一日这一个日子表示，中国共产党已经走过二十八年了。像一个人一样，有他的幼年、青年、壮年和老年。中国共产党已经不是小孩子，也不是十几岁的年轻小伙子，而是一个大人了。"

这种拟人化的笔法，给我们以无限的遐想。

成立一百年的中国共产党，显然不算少年、青年了。那，能不能算老年呢？也不能。因为政党的年龄是不能完全与人的生理年龄相等同的。无论从历史逻辑还是现实状况来说，中国共产党都只能算是壮年。

壮年，意味着走过了很长的人生道路，也意味现在的身体比较壮实，更意味着未来还有很长的道路要走。

因此，中国共产党是一个老党，但不是进入老年的党。

老，具有双重性。老，作为一种阅历，意味着已经创造了巨大的辉煌，意味着经验非常丰富，意味着思想、能力都已经比较成熟。这种老，是好事，不

是坏事。但如果从生理角度来说,老也意味着生命活力的衰退。这种老,不算好事。所以越老就越需要增强活力。

至于壮年,既成熟,又充满活力,远不到衰退的时候,应该是生命历程中的黄金时段。

中国共产党处在壮年阶段,所以,就兼具年长与年轻两重特点。年长,就是经验、成熟;年轻,就是活力、朝气。经验、成熟,是宝贵的财富;活力、朝气,是时代的要求。

新陈代谢是自然界和人类社会的根本规律。新事物不断出现,充满勃勃生机,于是就不断成长。但如果失去活力,陷于停滞、僵化,不能继续前进,那就迟早要被历史淘汰。

纵览人类历史,任何一个阶级、政党、集团,能否具有和始终保持自己的生命力,归根到底,在于能否与时代发展的方向和趋势相吻合,能否始终走在时代潮流的前列。

因此,始终保持中国共产党的活力,是一件事关党的生命的大事。越是庆祝党的诞辰,就越要注意党的生命活力问题,越要注意保持青春年华问题。只有永远与时俱进,永远开拓创新,中国共产党才能永远保持生命的活力,永远处于生机盎然的状态,永远走在时代的前列。

习近平总书记说:"2021 年,我们将迎来中国共产党成立 100 周年。中国共产党立志于中华民族千秋伟业,百年恰是风华正茂!"

百年与千秋相比,确实非常年轻。所以,中国共产党"大就要有大的样子",但决不能有老态龙钟、老气横秋的"样子",也就是说,不能有老相。97岁的中国共产党,必须"老"当益壮,坚持不忘初心、牢记使命,把青春、朝气、活力、创造、创新、奋进等元素渗透在细胞里、融化在血液中,深度"美心",具体"美行",达致"美容",使"风华"始终"正茂"。

四、中国共产党应该有什么"样子"

"大就要有大的样子",那么中国共产党作为世界上非常独特的大党、老党,应该具有什么样的"样子"和"形象"呢? 党的形象,可以分为历史形象、现时形象、应然(理想)形象。

历史形象,是过去产生的形象。不同时期的历史形象会有不同的色彩,用今天的眼光看,仍可以说是五彩斑斓。历史形象是现时形象的基础。研究、宣传党的历史形象,对我们现时的工作和形象很有裨益,非常重要。

现时形象,就是现在存在或形成中的形象,它由历史形象发展而来,主要靠我们现在的工作形成,同时也要靠一定的形象设计和形象建设。

应然形象,就是党应该具有的形象,是希望未来能够保有的形象,是一种理想状态的形象,是在现时形象基础上进一步发展而达到的理想形象。

"人就要有人的样子",这里所说的"样子",应该就是在继承历史形象、立足现时形象基础上,着力建设和塑造的应然形象。

应然形象的最高境界,是真善美的统一。真善美,本来不是政治领域的概念,但如果把党放到人类文明的发展进程中考察,真善美就成了对一个政党的最高要求。

习近平总书记说:"我们要永葆蓬勃朝气,永远做人民公仆、时代先锋、民族脊梁。"这里的"人民公仆""时代先锋""民族脊梁"以及"蓬勃朝气",应该就是中国共产党"样子"和"形象"的集中概括。

如果进一步展开,中国共产党的"样子"和"形象",应该包含以下 10 个方面:

(1)先进。党的作用、地位和生命力,根本上在于是否始终保持自己的先进性。所以,党必须清醒认识和遵循历史发展的规律,紧跟和引领世界进步的潮流,始终走在时代的前列,发挥先锋队作用,保持和发展自己的先进性,朝气蓬勃,锐意进取,思想解放而不僵化,推动国家和社会不断发展进步。

(2)为民。党的宗旨、基础和力量,根本上在于是否代表人民根本利益并受到人民支持。所以,党必须尊重和维护人民群众的主体地位,坚持立党为公、执政为民,始终与人民群众融为一体,真心实意代表人民、依靠人民,全心全意为人民服务,支持人民当家做主,坚持以人民为中心的发展思想,维护人民群众权益,接受人民群众监督。

(3)善治。党处于执政地位,就必须具有治国理政的能力和水平,能把社会和国家治理好。所以,党必须建立起科学合理高效的制度体制,制定和实行正确的路线方针政策,善于治国理政,具有卓越的执政能力和领导水平,不断提高治理能力和治理体系现代化,有效防范各种风险,避免出现重大失误,在建设富强民主文明和谐美丽的现代化强国中彰显卓越的决策能力和执行能力。

(4)改革。改革开放是决定中国命运的关键一招。只有坚持改革开放,才能受到人民拥护和世界欢迎。所以,党必须坚持十一届三中全会以来的路线不动摇,坚定不移走改革开放之路。在改革问题上态度鲜明,立场坚定。决不走封闭僵化的老路和改旗易帜的邪路。坚持用更大的勇气和智慧把改革开放推向前进,加快完善中国特色社会主义制度,推进国家治理体系和治理能力现代化。

(5)民主。民主是人民的要求和时代的潮流,没有民主就没有社会主义。所以,党必须具备高度的政治文明素质,实行并不断完善社会主义民主政治,健全民主制度,丰富民主形式,拓宽民主渠道,保证人民当家做主落实到国家政治生活和社会生活中。党内也要有完善的民主机制,严格坚持民主集中制原则,始终保持生机勃勃的政治文化、政治生态和政治局面。

(6)法治。法治是治国理政的根本方式,也是衡量一个党一个国家文明程度的重要标尺。所以,党必须坚持全面依法治国,建设社会主义法治国家。坚持完善和遵行以宪法为核心的中国特色社会主义法律体系,确保党在宪法和法律范围内活动。坚持依法治国、依法执政、依法行政共同推进,法治国家、法治政府、法治社会一体建设,依法治国和以德治国相结合,依法治国和依规治党相统一。

(7)廉洁。廉洁是先进政党的基本形象,也是人民群众衡量和选择政党的重要标准。所以,党必须坚定不移全面从严治党,敢于对权力进行制约和监督,让权力在阳光下运行,把权力关进制度的笼子。不断增强党自我净化能力。营造风清气正的良好政治生态。深化标本兼治,保证干部清正、政府清廉、政治清明。坚持不懈开展反腐败斗争,强化不敢腐的震慑,扎牢不能腐的笼子,增强不想腐的自觉,不断提高党和国家的廉洁程度。

(8)奋斗。党的一切成就都是通过奋斗取得的,中国共产党历来以艰苦奋斗闻名于世。所以,党必须始终保持艰苦奋斗的精神,不在任何困难和挑战面前屈服。国家贫穷时要艰苦奋斗,国家富强时仍要艰苦奋斗。敢于担当,坚忍不拔,勇于创造,勇于奉献,把奋斗的精神和传统贯穿在一切行动中。

(9)开放。世界唯有开放才有活力,政党只有胸怀博大才能包容天下。所以,党必须坚持对外开放方针,善于统筹国内国际两个大局,始终不渝走和平发展道路,致力于推动构建人类命运共同体。坚持互利共赢的开放战略。谋求开放创新,能够包容互惠,促进和而不同,善于兼收并蓄,始终相互尊重,坚持平等协商。处理国际国内大事,都要胸怀博大、开放包容,能够容纳不同意见,鼓励人们创造探索,善于促进社会和谐。

(10)文明。人类的发展根本上是文明的进步,政党的责任是推动文明进步,自身当然也要有高度的文明素质。所以,党必须始终致力建设物质文明、政治文明、精神文明、社会文明和生态文明,不断提高国家和社会的文明水平。尊重世界文明多样性,积极推动不同文明的交流、互鉴和共存。勇于吸收世界一切先进文明的成果,不断提升自身的文明水准,用文明规范指导治国理政的所有行为,用文明风尚清扫愚昧落后野蛮暴戾的现象。

党要有好的"样子"和"形象",广大党员也要有好的"样子"和"形象"。每一个党员都应该坚持理想信念,坚定不移为建设中国特色社会主义而奋斗;坚持勤奋学习,扎扎实实提高实践习近平新时代中国特色社会主义思想的本领;坚持党的根本宗旨,始终不渝做到立党为公、执政为民;坚持勤奋工作,兢兢业业创造一流的工作业绩;坚持遵守党的纪律,身体力行维护党的团结统一;坚持清正廉洁,永葆共产党人的政治本色。

五、怎样才能有"好样子"

党的"样子"和"形象",根本上是由党的行为决定的,是一个自然生成和发展的过程。但有计划、有步骤地做好形象设计和建设工作,也是不可缺少的。如何确保党做到先进、为民、善治、改革、民主、法治、廉洁、奋斗、开放、文明,本身就是一个系统工程,需要精心设计和施工。如何在此基础上进一步改善和展示党的外在形象,也需要有形象设计、形象传播和形象塑造。因此,要保证党"大就要有大的样子",就必须有党的形象建设。加强党的形象建设,是新形势下一个重要和紧迫的课题。它是巩固党的执政基础的需要,是推动伟大斗争、伟大工程、伟大事业、伟大梦想的需要,也是我们党进一步走向世界、在国际舞台的合作博弈中发挥更大作用的需要。

怎样才能有一个"好样子"? 怎样加强党的形象建设? 基于对党的"样子"和"形象"的深层解析,党的形象建设应该抓好"两个层面""三个环节""两个范围"。

(一)抓好本和标两个层面

本质决定形象,形象反映本质。外部形象取决于实际行为,实际行为造就外部形象。所以,一个是"本",一个是"标"。重要性明显不同,两者不可颠倒,但都不可或缺。

首先要从根本抓起,固本强体,保持和发展党的先进性和纯洁性,保证党的路线方针政策的科学性,并在治国理政的实践中不断取得新的突破。在新时代,要领导全国人民在实现"两个一百年"奋斗目标、实现中华民族伟大复兴的进程中不断取得重大成就。

与此同时,要加强党的形象设计、形象建设、形象宣传,使党的本质通过党的形象准确地反映出来,并不断得到提升和改善。

"本"的工作,我们党始终在做,成绩显著,还需努力。在"标"的方面,有所欠缺,需要进一步加大力度。

（二）抓好主体、客体和传播渠道三个环节

党的形象如同其他形象一样，都是基于主体自身的行为，通过中介渠道的传输，在客体方面形成的感觉、印象、认知和判断。主体、客体、中介渠道三个方面，都对党的形象的形成和呈何种状态起着作用。所以，加强党的形象建设，必须在这三个环节一起努力。

主体，就是党本身。主体抓好了，党的"样子"和"形象"就有了基础。这是本，有了本，才有外在的形象。因此，党必须大力推动伟大事业，同时，建设伟大工程，使党本身始终有一个"好样子"。

客体，就是对党的行为形成感觉、印象、认知和判断的方面。主要是国内人民群众和世界其他国家两个方面。"样子"和"形象"是主体固有的，但感觉、印象、认知和判断则是客体做出的。

国内广大人民群众对党的评价，构成党的形象的主要内容。党要通过自身的行为和适当的方式，努力赢得人民群众的肯定、赞成、欢迎和拥护，使党在人民群众中保持良好的形象。人民群众有不同的认知水平，也有不同的价值取向和思维方式。所以，党除了改善自身的形象之外，也要做好不同群众的工作，提高群众的素质和水平，使这些群众对党的感觉、印象、认知和判断与党的实际行为一致起来。

至于国际社会这个客体，就异常复杂了。由于社会制度、意识形态、价值取向、思维方式的差异，中国共产党的一切言论行动，在不同的国家、政党和人士中，都会产生不同的影响，因而也会有不同的形象。这种客体的差别是我们决定不了的，也是难以消除的。但我们还是可以通过自己的工作，尽可能使我们党在世界越来越多的国家和人士中赢得理解和赞同，从而形成良好的形象。为此，在所有的外事交往中，都要注意我们党和国家的形象问题。同时，还要加强外宣工作，努力做好形象设计、形象塑造、形象传输工作。

传播渠道，是连接主体与客体的桥梁。包括直接接触、媒体传输、口口相传等等。这些中介渠道不可能无中生有、制造出实际不存在的"样子"和

"形象"来,但对形象的正负程度和扩散范围还是起着相当重要的作用。所以,新的形势下,必须充分重视和运用好这些渠道,实事求是、客观准确地塑造和传播党的形象,防止党的真实形象被人有意扭曲,尽力消除本不存在的某些消极形象,不断提高党在国内外的满意度和美誉度。

通常所说的党建工作、宣传工作、群众工作、外事工作、外宣工作,对于党的形象建设都有非常重要的作用,必须切实做好。

(三)抓好国内国际两个范围

国内,是解决老百姓对党的认同、拥护、紧跟、团结、奋斗的问题,这是我们党的执政基础。基础牢固,才能立于不败之地。所以,国内的形象建设必须首先抓好,产生效果。

国际,是要在世界上树立我们党和国家的良好形象,使我们的所作所为更多地得到外部世界的理解和支持,为事业的发展创造一个更好的环境。国际的工作比较特殊和艰难,但事在人为。只要我们做好工作,中国共产党的形象就会越来越好。为此,要全方位做好工作,加强中外各个层次的沟通和交流,客观真实地介绍中国的情况,促进不同文明之间的理解和互鉴。

网络媒介时代中国共产党的形象建构①

（复旦大学马克思主义学院　李　冉）

【摘要】在网络媒介时代，中国共产党形象的媒体生态发生了深刻改变。传统公众形象强势建构与弱势解构并存的媒体生态被打破，党的形象资源面临着加速流失的危机。政党形象的可控性正在下降，形象管理已然成为一个新的问题。由于国情、党情不同，西方的政党形象理论难以为我们所套用。中国共产党形象有着独特的内涵，其指称对象、基本内容、生成机制、评价机制均不同于西方的政党形象。在网络媒介的视阈下，中国共产党形象的建构，首先是个理念问题，其次才是个技术问题。

【关键词】媒体生态　形象建构　中国共产党

网络媒介深刻地改变了中国共产党的执政生态。有些改变是显性的，容易引发人们的关注，比如网络监督、舆论表达、政治沟通等，有些改变是隐性的，虽在发生却难以被察觉，政党形象便是其中一例。在网络媒介的平台上，中国共产党的传统形象遭遇了超烈度解构。"超烈度"一说并不是危言，因为我们不止一次看到了网络上的谩骂式发泄，甚至是对政党形象的"颠覆性"评价。政党形象是政党的重要软实力，是政治认同的风向标。如此一

---

①　本文曾发表于《政治学研究》2012 年第 2 期。

来,势必会消解民众的政治认同,造成政党权威的衰减。在经济社会相对稳定、维稳力量相对强大的前提下,这些变化还不足以构成执政危机,但长期的隐患不可低估。对于政党形象问题,学术界还没有引起足够的重视。

一、西方的概念认知与中国共产党形象的特殊性

在西方,"政党形象"最初是作为政治心理学中的一个衍生概念被提出来的。1908 年英国政治学家格雷厄姆·沃拉斯(GrahamWalls)在其政治心理学著作《政治中的人性》中提出人性是由理性和非理性构成的,政治实体的建立是人类理性与非理性共同作用的产物。比如国家,"一大群人在一个共同的政治名字下集合起来后,那个名字就可能既有理智上可以剖析的意义,又有感情上的联想。"再比如政党,"任何一个政党的起源都可能是由于一个慎重的思考过程。但是,一个政党一经成立,它的命运就取决于人性的各种因素,慎重思考只是其中之一。"①沃拉斯又进一步提出人类进步的希望在于理性,然而理性对于普通形式的民主比如选举却没有多大的帮助,在选举中充斥着大量的非理性因素。比如,"政党候选人初次露面时,在大多数选民眼里只不过是一个贴着自由党或保守党名字的包。那个名字会引起色彩和音乐的联想,也会引起传统习惯和感性的联想,这种联想一旦形成,就独立于政党的政策而存在。"②这种"独立于政党的政策而存在"的东西,沃拉斯称之为"意象",后来的学者称之为政党形象。因此说,政党形象是政治心理学中的一个衍生概念,是沃拉斯运用人性尤其是人的非理性研究投票行为时所发现的一个现象。

沃拉斯还认为"意象"或者说政党形象有两个基本功能。第一,对于选民来说,意象能够影响甚至决定他们的投票行为,"政党主要是个名字,和其他名字一样,一听见或一看见就滋生出一个'意象',这个意象不知不觉地逐

---

① 格雷厄姆·沃拉斯:《政治中的人性》,商务印书馆 1995 年版,第 52~53 页。
② 格雷厄姆·沃拉斯:《政治中的人性》,商务印书馆 1995 年版,第 57~58 页。

渐转变为自动理解它的意义。和在其他情况下一样，名字及其自动的心智联想能引起感情反应。"第二，对于政党来说，意象能够使政党以较低的成本获取政治资源，"政党领导人的任务就是使这些自动的联想尽可能清楚，被尽可能多的人占有，并引起尽可能多强烈的感情"①。由此看来，"政党形象"这个概念一经出场就是和民众投票心理相关联，而这种关联由沃拉斯建立，被西方学者们继承发展并延续至今。总之，从沃拉斯开始，在政治心理学的视域下探讨政党形象对于票决政治的影响，就成了西方政党形象研究的基本范式。

由于国情、党情以及研究习惯等方面的差异，这种研究范式并不适合中国。在中国，无论是执政党还是学术界都对政党形象有着不同于西方的理解。下面，我们用英美两国的政党做比较，来谈谈中国共产党形象的特殊性。

第一，政党形象的指称对象不同。在英美，由于政党的组织都比较松散②，更由于近年来主要政党都走上了意识形态中间化路线，导致两党之间的差异越来越小，政党形象的辨识度也就变小了。在这种情况下，人们对政党形象指称对象的理解发生了转移，有意无意地把政党的整体形象置换为政党领袖的个体形象，而媒体又对此推波助澜，毕竟在领袖人物身上更容易找到新闻卖点。总之，西方政党在走上意识形态中间化路线后，政党形象就有点名不副实了，沃拉斯所概括的"意象"的两个基本功能也弱化了不少，在实际中所谓的政党形象更多是指政党领袖的个人形象。中国共产党的情况则完全不同，它有健全的组织以及钢铁般的纪律。与之相对应的是，政党形象多是指一种集体形象这种集体形象又分为领导集体形象与党员集体形象。同时，鉴于历史上突出"个体形象"教训，中国共产党无论在政治文献中

---

① 格雷厄姆·沃拉斯《政治中的人性》，商务印书馆1995年版，第53页。

② 比如在美国，尽管两党在形式上都有自己的全国委员会，但全国委员会的权力和作用却十分有限，非大选年就更加有限了。相比之下，两党的州组织则拥有较大的权力和相对独立的地位。因而，有人甚至说美国的政党制度是"百党制"（50个州各有两个政党，全国共有100个政党）。

还是在政治实践中都十分强调"领导集体",邓小平甚至说道"永远不要过分突出我个人"①。

第二,政党形象的内容不同。有学者指出"在那些国家大选过程中,竞选人的性格、容貌、口才等形象成了选民投票选择的重要依据……但是,我们讲的党的形象问题,与西方政党的形象问题还是有很大区别的。"②的确,竞选人的个性特征固然算是政党形象的内容,但这些内容还是"碎片性"的,尚不能体现既定政党形象的全局。其原因在于,西方政党形象着重表达的是政党间的"辨识度"。正是在这个意义上才说政党形象成了选民投票选择的重要依据,而不是要诠释某个政党的核心品质。在这方面,中国共产党与之大有不同。中国共产党的形象是在革命、建设与改革的过程中被塑造起来的,它重在诠释党的核心品质,即党的宗旨,而不仅仅是为了彰显与其他政党的"辨识度"。因此,中国共产党形象是民众对执政效果与风格的整体性心理隐喻,它反映的是政党的宗旨与政党政治的大局,是一种"实践形象"。而西方的政党形象多是一种"镜头形象",它可以通过设计与包装被制造出来。以上就决定了各自政党形象的一些特质实践形象多是隐形的,是民众对执政效果与风格的整体性心理隐喻,因此它在内容上带有"整体性"的特征,它反映的是执政的大局镜头形象多是显性的、可视的,容貌、言行、着装、嗜好等一切视觉要素均可用于形象设计,因而西方政党形象在内容上具有"碎片化"的特征。

第三,政党形象的生成机制不同。在两党制、多党制的票决政治中,政党形象多是政党依据民众口味量身定做的拉票道具。政党对民众多元化的审美标准和多样性的利益需求做出预判,并据此进行形象设计。这种形象就像是选举大戏的"行头",可以根据不同种族、不同宗教、不同地区、不同人群、不同场合而灵活换装,以投民众之所好。对于这种形象我们可以称其为

① 邓小平:《社会主义和市场经济不存在根本矛盾》,《邓小平文选》(第三卷),人民出版社1993年版,第151页。

② 李君如:《中国共产党执政规律新认识》,浙江人民出版社2003年版,第233页。

"镜头形象"。与此不同,中国共产党的形象是一种"实践形象",它更多是在政党政治的实践中逐步养成的,正如有学者所指出的"中国共产党的形象,就是这样以正确的理论政策、优良的作风、杰出的领袖集团展现出来的……不是表面的甚至装扮出来的外表,而是一个政党内在素质的综合展现"①。

第四,政党形象的评价机制不同。依据因果理论,事物的生成机制往往决定着人们对事物的评价机制。由于"镜头形象"并不具有执政后的延续性即长期效应,因而在西方存在着大量当选后政治承诺变空头支票、政党形象退化的现象。② 于是,政党一旦上台执政,其政党形象应有的政治评价功能势必要弱化一些。对中国共产党来讲,"实践形象"的生成过程就是政党政治的过程,也是政治评价的过程,政党形象也就能够持续地发挥它的政治评价功能,从而对执政行为产生持续的匡正效应。基于此,中国共产党的形象带有无比的政治严肃性,不容娱乐我们多用严肃的政治词汇来描述它,比如"党的作风"③,西方政党形象的生成机制与评价机制是分立的,因而有容娱乐,甚至可用于政治炒作。

考察中国与西方在政党形象问题上的认知差异④,具有重要意义。这启

---

① 李君如:《中国共产党执政规律新认识》,浙江人民出版社2003年版,第230页,

② 对于这种现象,美国著名政治学家迈克尔·罗斯金曾经以戏谑的口吻指出:"他美国总统……是依据简单的口号当选的,这些口号使他看上去好像对当前的问题很在行。然而,一旦到了那个位置,他才认识到问题实际上有多么的复杂,要想在国会、官僚机构和利益集团间贯彻他的意志是多么的困难。为此总统不得不降低他的政策的调子,用承诺来表达他的意志,努力使自己对问题的态度让人感到是稳健而公正的。批评者说他优柔寡断、软弱无力。不无讽刺的是,这正是他当初击败对手时的措辞。对此,他保持沉默,他知道做一个总统要比他想象的难得多。"参见迈克尔·罗斯金等:《政治学》第6版,华夏出版社2002年版,第5页。

③ 在中国的政治文献尤其是领袖的著作中,我们是用"党的作风"在指称"政党形象",这两个词汇也经常在一起通用。1945年毛泽东在《论联合政府》中明确概括了共产党人的"三大作风",即"理论和实践相结合的作风、和人民群众密切地联系在一起的作风以及自我批评的作风",并把"三大作风"看作共产党人区别于其他任何政党的显著的标志。《毛泽东选集》(第三卷),人民出版社1991年版,第1094页。江泽民也指出"党的作风问题,也是党的形象问题,作风不正,形象也好不了,必然脱离群众、脱离实际。""党的作风,关系党的形象,关系人心向背,关系党的生命。"江泽民:《论党的建设》,中央文献出版社2001年版,第442~443页、第519页。

④ 当然,在政党形象的认知及其塑造方面,中西方的共性也是广泛存在的。比如,在属性上,政党形象都属于政治心理的范畴;在价值取向上,都是以民意取向为形象培育的重要参考指标在技术手段上,都十分注重大众媒体的传播作用在绩效评估上,都注重舆论舆情的采集与分析等等。

示我们,中国共产党形象的培育,必须从我们的党情出发,照搬西方理论模式是行不通的。比如,很多学者将研究重点放在政党与领袖的形象标示上,这种做法虽符合国际惯例,但并不吻合中国党情。我们需要构建中国特色的理论系统,更需要配置与国情、党情相符合的形象管理机制。下面,我们就以网络媒介为问题场域,对中国共产党的形象问题做些更为具体的阐述。

二、媒体生态的变迁及其对政党形象的影响

在传统媒介即广播、报刊、电视媒介时代,中国共产党形象的可控度很高。党通过人事安排、媒体登记制度、党委下达宣传重点、审读制度、惩戒体制内违法违规人员等方式,有效地管理着党的形象。简言之,在传统媒介时代,党的形象管理有这样一个有利的媒体生态强势建构与弱势解构并存。但是,网络媒介已降,这种媒体生态就被打破了。政党形象建构力趋弱、解构力趋强,政党形象的可控性正在下降,形象管理已然成为一个新的问题。从理论上说,这个问题,既可能由执政不佳所引发,包括执政理念与执政绩效,也可能由网络媒介的固有特性所引发。比如,传统的形象管理模式难以在网络媒介中奏效。对于前者,本文并不涉及。本文关注的是后者,即网络媒介的固有特性在某种程度上造成了政党形象传统管理模式的困局。

（一）政治、政党与媒介的一般关系

政治与媒介天生不分家,每一次媒介技术的革新都会引起政治沟通方式乃至政治运作模式的巨大变化。何为政治学术上的定义尽管千差万别,但有一点是相通的,即政治是关于人的集体生活的活动。无论是古希腊亚里士多德的"人是天生的政治动物",还是春秋孔子的"政者,正也",都说明了这一点。在集体生活中,人们之间的关系既可能是以政治制度、政治机构为纽带的间接政治关系,也可能是以政治领袖、政治文化尤其是政治亚文化为纽带的直接政治关系。于是,政治就成了人们集体生活的一种"黏合剂",所谓粘合剂就是一种媒介功能。所以说,政治与媒介天生不分家,甚至可以说,政治天生就是人类集体生活的一种媒介。

西方进入代议民主以来,政党政治成为现代政治生活的主要原则,政党成为了政治运作的主要工具。正如有学者所说:"无论被视为实现民主的手段,还是被看成专制压迫的根源,政党在国家与社会、政府制度与社会利益集团之间起着重要的连接作用。"①当这种连接作用日甚一日地重要起来,作为一个话题,"政党的媒介功能"就逐渐盖过了"政治的媒介功能"。由此,政党被贴上了醒目的媒介标签,对此可以从两个方面加以理解。第一,从政党的性质来说,政党本身就是一种民意表达与整合的媒介,或者说是一种"工具"②。这个结论的前提是国家与社会的二元分化。哈贝马斯曾将这种分化表述为"私人领域""公共舆论领域""公共权力领域"的分化,"公共权力领域"即是指国家。在这种分化中,民意表达与整合的职责主要就被政党承担起来。第二,从政党的运行机理来说,政党与大众媒介的关系变得更加紧密。这个结论的前提就是政治性组织政党与市民社会组织比如商业组织、社区组织、行业协会、俱乐部、利益集团等的二元分化。与一般的市民社会组织不同,政党是以问鼎国家权力为终极目标的。这种目标的超越性就决定了其动员主体的广泛性,大众媒介在影响民意方面的天然优势使之进入了政党政治的视野,政党与大众媒介的关系从此变得紧密起来,于是政党运用大众媒介的成功案例也被一个个制造出来。③

---

① 燕继荣:《政治学十五讲》,北京大学出版社 2004 年版,第 172~173 页。

② 李普塞特把政党称为"冲突的力量和整合的工具"。参见西摩·马丁·李普塞特:《一致与冲突》,上海人民出版社 1995 年版,第 136 页。

③ 比如,广播媒体时代有著名的"炉边谈话"。美国总统罗斯福在 12 年间发表 30 了次广播谈话,成为风靡一时的广播节目,制造了广播政治营销的经典案例。再比如,电视媒体风行以后,美国总统竞选于 1960 年 9 月 26 日首次采用了辩论电视直播,一举开启了长达半个世纪的电视政治营销时代。还比如,网络媒体特别是 Web2.0 时代已降,一个划时代的网络政治营销案例又在 2008 的美国总统大选中被制造出来,有学者指出"这次的美国总统大选,互联网的惊人力量已经显现出来,正是依靠互联网的力量,这位黑人奥马走向了美国总统的宝座,突破了肤色和种族的偏见迈出了历史的重要一步。"黄日涵:《美国总统大选中的网络政治营销研究》,《国际关系学院学报》2009 年第 4 期。有学者甚至把奥巴马的获胜和新媒体的关系概括为这样一个公式"视频社区的推广搜索引擎营销十网站联盟奥巴马的胜利"。罗丹:《从两届美国总统大选看新媒体发展》,人民网,2008 年 11 月 11 日。

　　(二)传统媒介时代中国共产党形象的媒体生态

　　上述政党与媒介关系多基于西方的经验,中国共产党与媒介的关系则有所不同。对于这种不同,我们还得从政党身上找答案。关于中西方政党的不同,很多学者做出过概括,代表性的观点有"原生型政党"与"次生型政党"①"议会内部产生的政党"与"议会外部产生的政党"②"手段性政治组织"与"目的性政治组织"③等。这些说法虽表述有异,但反映的问题有共性,即政党与国家政府、社会的关系问题,继而导致了政党与媒介的关系问题。首先,在"党建国家"这个独特的历史进程中,党既拥有国家制度设计与组织的权力,也拥有社会发展的领导权,于是政党消融国家、国家消融社会。在这种政治框架下,中国共产党长期执政,既代表最广大人民群众的根本利益,又具有公权力行使者身份,即拥有传递民众意志与输出公权力意志的双重主体身份。其次,就政党与媒介的关系而言,一方面,政党连接国家与社会的中介作用,或者说政党的媒介作用,至少在社会建制上体现得不够充分另一方面,政党与大众传媒的关系呈现出单向度,即自上而下的政治领导关系趋强、自下而上的监督与评价关系趋弱。

　　这种政治结构与媒介关系上的特殊性对于党的形象管理有着决定性的影响。中国共产党向来注重媒介的作用,并将其视为党的喉舌。媒介秉承正面宣传为主的报道方针,并接受党的政治领导,逐渐形成了一整套与中国社会主义政治系统相匹配的政党形象塑造模式。在这种模式中,一方面,政党的公众形象被自上而下的媒介系统塑造出来另一方面,公众对政党形象的评价亦经媒介之过滤。于是,政党形象的塑造主体与评价主体在传统媒介的平台上合而为一,政党形象的可控度大大提高。在这背后,存在着一组"反差性"的力量一方是执政党的强大建构力,一方是民众的羸弱解构力,而

---

　　① 周淑真:《政党和政党制度比较》,人民出版社 2001 年版,第 253 页。
　　② 燕继荣:《政治学十五讲》,北京大学出版社 2004 年版,第 174 页。
　　③ 叶国文:《执政的逻辑政党现代化与手段性回归》,《中共浙江省委党校学报》,2007 年第4 期。

且两种力量的反差越大,越有利于稳定执政。

(三)网络媒介对传统形象管理模式的挑战

正如上文所说,在传统媒介时代,政党形象的塑造主体与评价主体在事实上合而为一,即都是中国共产党,具体说是中国共产党领导下的传统媒介。这造就了"强势建构与弱势解构并存"的有利格局。进入网络媒介,这种局面就被打破了。当然,从理论上说,网络媒介既可能继续强化政党形象—继续充当塑造主体,还可能瓦解已有的良好形象——充当政党形象的评价主体,但从当前的实际情况看,网络媒介的兴趣似乎不在于建构新形象而在于瓦解旧形象。

中国共产党作为中国工人阶级、中国人民和中华民族的先锋队,在长期实践中树立了良好的形象。但是政党形象的塑造并不是一劳永逸的,它不像石雕篆刻那样一朝成型永久存在。在改革开放和社会主义市场经济的发展过程中,政党受到的外部冲击明显增多,党的一些形象资源正在流失。比如在思想上,一些党员和干部滋生了享乐主义和拜金主义,他们的世界观、人生观、价值观发生扭曲。在组织上,一些党组织把关不严,使一些动机不纯者混入党的队伍中一些贪污腐败分子边腐败边得到提拔,甚至出现跑官要官、买官卖官的现象一些基层党组织软弱涣散,丧失了凝聚力和战斗力。在作风上,一些领导机关和干部本位主义、官僚主义、形式主义思想比较严重,他们不讲实效、不讲民主、不讲科学,独断专行。在制度上,民主集中制未得到很好贯彻,党内民主渠道不够通畅,监督机制还不到位,决策机制还不健全。以上种种问题时时处处侵蚀着党的肌体,损害着党在群众中的形象,必须加以解决,否则会危及党的执政地位①。邓小平曾经以紧迫的口吻说道"这个党该抓了,不抓不行了"。② 这都反映了问题的严重性,时至今日,

---

① 架春苹、宫明辉:《良好的政党形象是一种无形的执政资源》,《党政干部学刊》,2006 年第 6 期。

② 邓小平:《要聚精会神地抓党的建设》,《邓小平文选》(第三卷),人民出版社 1993 年版,第 314 页。

这些问题依然没有得到很好的解决。

网络媒介打破了传统媒介时代的信息垄断,将上述问题暴露于大众视野,引发了公众舆论对形象问题的强烈关注。如果说上述问题还只是话题与素材,那么网络媒介则提供了载体与平台,两相叠加,其对政党形象的解构程度之烈,大大超出了人们的预料,这才使党的形象成为一个让人措手不及的问题。近年来,以网络揭黑为主要表现形式的舆论监督大有摧枯拉朽之势。网民利用新媒体的网络平台,以揭发真相、追求真理为名义,对各种社会问题发表看法和意见,从而迅速形成公共舆论,公共舆论"倒逼"政府,并取得了一次次的"胜利"。在这种情况下,政党形象的可控性明显降低,政党既可能因为受到新媒体的追捧而声名大噪,也可能因为遭到新媒体的穷追猛打而形象受损。

总之,在网络媒介中,当前看来政党形象的建构力弱化了、解构力强化了,曾经的强势建构与弱势解构的并存格局被打破。对于中国共产党来说,当务之急是有效增强网络媒介的建构功能,适当降低网络媒介的解构功能,最终探索出网络媒介下政党形象管理的新模式。

三、网络媒介时代中国共产党建构形象的几点思考

在网络媒介时代,政党形象的建构究竟是一个工具理性问题强调技术,还是一个价值理性问题强调理念这是需要首先要搞清楚的。笔者认为,政党形象在网络媒介中遇到的问题与网络媒介的技术品质有关。因此,网络媒介视闭下的政党形象建构,首先是个理念问题,其次才是个技术问题。

(一)执政党应当用对接而不是管控的理念来审视自己的政党形象

在当代中国,网络媒介的发育与公民意识的勃兴是互为推手的。2012年7月19日中国互联网络信息中心发布的《第30次中国互联网络发展状况统计报告》显示,截至2012年6月底,中国网民数量达到5.38亿,手机网民规模达到3.88亿,手机首次超越台式电脑成为第一大上网终端,即时通讯用户4.45亿,博客和个人空间用户3.53亿,微博用户2.74亿,社交网站用户

2.51 亿。① "作为世界新媒体用户第一大国,随着移动互联网的发展,中国社会网络化水平不断提高,新媒体已经成为连通中国社会的重要平台。"②一方面,网络媒介为公民意识的表达提供了最有力的平台,在这个平台上,公民的知情权、参与权、监督权得以集中表达另一方面,传统媒介在表达公民意识方面的僵化与滞后又反证了网络媒介的正当性,"网络公众参与的绝对数量超过同一时期的传统媒体,网民的意见和要求在一定程度上也具有普遍意义"③。总之,网络媒介与公民意识的合流之势已然形成。

对于这种合流之势并展现出来的强大影响力,党和政府给予了高度重视。一个典型的表现就是,在网络上但凡有损害政党形象的事件——不管是官员腐败、社会群体性事件、公共安全事件甚或是自然灾害——党和政府都是给予迅速而严厉的集中整治并收到了良好效果。尽管如此,损害政党形象的事件还是接二连三地发生,这种现象应该引起我们足够的思考,对于网络媒介与公民意识的合流态势,应该有个更为深入的认识。

首先,网络媒介在改变政治生态的同时,又为公民意识的形成与释放提供了载体。从国家的功能上看,网络媒介增强了社会的独立性,削弱了国家的影响力,在一定程度上改变了国家消融社会的传统局面。人们往往把新媒体称为草根媒体,就是因为它是在信息传播方面具有高度的社会自足性。于是,人们不再把参加政党、参与政府、加入体制作为获取和传递信息的主渠道问题的另一面就是,国家的教育、宣传、教化等功能被削弱甚至部分丧失。从国家的组织系统来看,网络媒介对科层制的官僚系统施加了越来越大的外部压力,从而促使垂直的官僚系统向扁平的官僚系统过渡。奈斯比特(JohnNaisbit)曾指出,"网络结构提供官僚机构绝不能提供的东西——横

---

① 中国互联网络信息中心:《第 30 次中国互联网络发展状况统计报告》。
② 尹韵公主编:《中国新媒体发展报告》,社会科学出版社 2012 年版,第 3 页。
③ 吴廷俊:《新媒体时代中国舆论监督的新议题网络揭黑》,《现代传播》,2001 年第 1 期。

向联系"①。网络在信息传递方面的天然优势,使垂直的官僚系统出现了让人无法容忍的僵化,从而失去了往日的信息垄断权,这就意味着党和政府的信息支配权被大大削弱了。

其次,我们不仅要重视网络媒介本身,更应该重视网络媒介背后的公民意识。一个事件经由网络媒介的聚合从而变成一个公众话题,与其说是网络技术的结果不如说是公共意志的结果。因而,在网络媒介时代,建构党的形象,就需要摆脱事件思维事件思维的典型特征是应急多于防范、管控多于对接,从单一事件中跳出来,更加注重单一公众事件背后的公共意志,只有这样才能跳出按下葫芦浮起瓢的恶性循环。

总之,受网络媒介的影响,传统的形象管理模式正在被打破,而且这个过程是不可逆的。中国共产党只能正视并顺应这个潮流,而不能防备甚至抵制这个潮流。只有运用网络社会的审美逻辑,并尽快从原有逻辑中转变出来,才能对政党形象的建构问题做出更为深刻的思考。上文所强调的政党形象建构首先是个理念问题,原因也就在于此。

(二)执政党建构政党形象的重心,在于提升政党形象的"建构力"

当前,执政党的公众形象正在经历一场遭遇战。一方面,党通过全面加强传统媒介管理、部分渗透网络媒介的方式,主要遵循政治原则,对政党形象进行全方位的维护;另一方面,民众尤其是网民利用新媒体,主要遵从利益原则,对政党形象进行碎片化的"撕扯"。对垒双方分别代表了政党形象的"建构力"与"解构力"②。这场遭遇战的意义不容小觑。要知道,政党形象虽然仅是一个符号,但是一旦符号的能指被颠覆,其所指也将价值全失。

---

① [美]约翰·奈斯比特:《大趋势改变我们生活的十个新趋向》,新华出版社 1984 年版,第260 页。

② 需要补充的是,所谓"建构力"与"解构力"的对垒,是为了更有针对性地说明问题而采用的一种话语策略,即是说这种对垒不是绝对的而是相对的。实际以下两种情况还是要考虑到的。第一,党和政府直接领导的网络媒体与非直接领导的网络媒体有所不同,前者对于政党形象的"建构力"很强,"解构力"偏弱;第二,党和政府非直接领导的网络媒体,比如民间自发成立的一些舆论监督网站,也有对政党形象的建构作用,比如汶川特大地震中对政党形象塑造等等。

尽管网络对政党形象的"撕扯"一开始是碎片化的,但累积到一定程度,政党形象能指,即政治制度、政治系统等就会遇到严重的合法性危机。执政党要赢得这场遭遇战,战略重心应放在提升"建构力"上,而不是对"解构力"的应对上。与此同时,要提升"建构力"还需遵循对方,即"解构力"的游戏规则(主要是利益原则)。

在上文中,我们曾对中国共产党政党形象的特殊性做过概括。由于中国共产党是唯一的执政党,也由于党与国家政府的紧密关系,其政党形象的投射区非常宽广,映射要素极为丰富。可以说,政党形象是关于党的执政理念与执政绩效在民众心理中的整体性投射,是对中国政党政治的所有实体性与精神性要素的综合评价。对于这样一个内涵丰富的概念,我们不妨称之为宗旨形象。所谓党的宗旨形象,是指体现为人民服务这一政党宗旨的一切形象因素的综合,它包括廉洁奉公的公仆形象、公平公正的执政形象、艰苦奋斗的作风形象、团结一致的组织形象①,等等。

无论在传统媒介时代,还是网络媒介时代,党都十分注重宗旨形象的塑造,但是所遵循的规则不尽相同。在传统媒体时代,党凭借对媒体的绝对管理,能够强力贯彻政治原则,而网络媒介的游戏规则就大为不同了。网络媒介在信息传递上的最大特点就是它的自为性,即少有政治领导的干预、少有意识形态上的服从、少有"高大全"的宣传模式、少有正面宣传为主的报道原则。这种自为性又是利益原则的典型表现,有成果表明"新媒体折射的问题绝大多数都是现实社会的利益关系问题"②。利益具有天生的自主性,而具有自为性的网络就为自主性的利益提供了最好的表达平台。

---

① 党章中曾明确指出"党的团结与统一,是党的生命,是党的力量的所在。"《中国共产党党章汇编》,人民出版社 1979 年版,第 150 页。的确是这样,在中国的政治要素——政党、国家、政府、社会、军队等中,中国共产党处在一个核心的位置上,党自身的团结一致不论对国家稳定还是社会统一都具有决定性的意义。鉴于此,塑造党尤其是领导核心的团结形象,是党的建设的重要传统,正如邓小平曾指出的"党内团结十分重要。加强全国各族人民的团结,首先要加强全党的团结,特别是要加强党的领导核心的团结。"《邓小平文选》(第二卷),人民出版社 1994 年版,第 148 页。

② 中央党校党建部课题组,高新民:《新媒体与党的建设》,《中直党建》,2001 年第 5 期。

要清醒地看到，在网络媒介的平台上，利益原则对政治原则的压制甚至是绝对性的。所谓的利益，既包括实实在在的经济利益，也包括基于经济基础而产生的政治利益与文化利益。今天的民众已然有着强烈的利益表达诉求，这种诉求不仅来自公民社会的发育以及自主意识的觉醒，更来自于一种基于利益比较而产生的不公平不公正的社会情绪。在为人民服务的政治宗旨和社会主义的制度名义下，这种社会情绪还很容易被放大。当前党和政府之所以重视网络热点事件，也是因为这些事件多是反映了民众的利益诉求。一方面，在现实利益面前，意识形态的教化功能将会效用失灵；另一方面，网络媒介能够将民众的利益诉求集聚起来，并形成排山倒海的公众舆论，从而获取利益表达的强大话语权。于是就有这样一幅图景：现实利益与新媒体一旦结合，将彻底撕去一切道德说教的遮羞布。在网络媒介时代，民众从没有像今天这样拥有对政党形象进行评价的公民意识，也从没有像今天这样拥有如此强大的体制外话语权。网络媒介提供了一架社会分析的显微镜，能于细微之处分辨着每一个有悖于为人民服务的事实，以此吸引并聚合起民众的注意力，最终形成强大的公共舆论。

在上述前提下，把建构政党形象的工作重心放在对"解构力"的防范上是多么的苍白无力，关键在于运用利益原则以改善民生为抓手，提升政党形象的"建构力"。而这个问题的确是个划时代的政治难题。关于这个难题，笔者无意提供所谓的解决"技术"，因为所谓的"技术"在公众的真实感知中，要么是哗众取宠，要么是隔靴搔痒。运用利益原则建构党的宗旨形象，归根到底是要通过党的有效执政来实现，并体现为满足人民群众日益增长的物质、文化、公共产品的需求。

（三）执政党应把良好政党形象的评价权交予民众，同时全力建立政党形象的培育机制

执政党在事实上既是政党形象塑造主体又是评价主体的情况，在网络媒介时代已经有了很大的改变。这是一种身份上的分化，而身份上的分化又肇始于话语上的分化。话语包括语言和文本。当前的话语分化在语言和

文本两个方面都有所呈现。在语言方面,存在着领导话语和群众话语两套系统,有的时候甚至不能兼容。正如有学者指出的"目前有个别地方,领导和群众讲的是两套'话语',领导讲的话群众不爱听或听不懂,群众讲的话领导不爱听或听不懂,对群众的话语权存在领导失控的现象"①。在文本方面,不是采取马克思所主张的"尽可能地做到通俗易懂"的"叙述方式"②,而是官腔官调、高高在上、空无无物,这就是所谓的文风问题了。"你生活在新闻联播里,我生活在新浪微博里。"这是网友对当前话语系统分化的一种意味深长的戏谑。

在网络媒介时代,大众话语越来越多地以网络话语的面貌示人,这与政治话语的分化越来越明显。这种话语分化一旦形成,轻则消解政治话语的权威性,重则制造主流政治文化与公民文化的沟通壁垒,即所谓的"文化冲突"(cultureshock)。当这种冲突超越了合理的限度,政治上的分裂也就不是危言耸听。说得具体一点,其一,由于两种话语系统的生成机制不同,主流政治话语遵循着由上而下的政治规范,网络话语、大众话语的生命力在于自下而上的自觉认同。两者所传递与表达的政治信息会出现偏差,当这种信息偏差一旦形成,将会冲击党和政府的公信力,主流政治媒体所塑造的政党形象便会大打折扣,甚至会出现有悖于本意的形象变异。其二,根据社会发展的常识,话语系统的分化将会造成人的身份乃至社会阶层的分化,由此产生意识形态上的对立。在这种情况下,党提倡什么,民众就戏谑什么。对于政治话语中的政党形象样板,民众会运用另一套话语系统极尽戏谑之能事,毫不客气。于是,政治话语中的那个美好的政党形象并不是最后的形象,它只是大众话语展开新一轮重构的素材。至于最后的政党形象是什么样子,只能任由大众话语肆意涂抹了。

应该说,良好形象的形成有赖于形象塑造主体与形象评价主体之间的

---

① 徐崇温:《为什么说"四个坚定不移"至关重要》,《北京日报》,2007年7月2日。

② 马克思十分注重文本的叙述方式问题,并主张叙述方式应该"尽可能地做到通俗易懂"。参见《马克思恩格斯全集》(第23卷),人民出版社1972年版,第7页。

适度张力。在网络媒介时代,评价主体的适度独立有利于优良政党形象的形成。倘若还沉浸于传统媒介时代的惯性思维,用政治话语自上而下地消融大众话语并以此建构优良形象,这种做法恐怕不合时宜了。那种抱守良好形象自我评价权并希冀民众照单全收的观念也无异于刻舟求剑,难以形成真正有说服力的政党形象。因此,中国共产党要适度剥离对政党形象的自我评价义务,并逐渐把政党形象事实上的评价权交给民众。这仍然是一个理念上的问题。除此以外,在如何建构良好形象方面全力配置良好政党形象的培育机制,以开放的姿态接受网络社会的评价。关于政党形象的优化机制问题,这是可以通过技术来解决的。从技术层面看,问题的核心仍在于政治话语如何适应并对接大众话语媒介与话语是一对孪生兄弟。媒介的换代意味着话题的更替,反之亦然。对此,不同的知识背景下有不同的理解,难以求得统一的答案,但是无论如何,以下三点恐怕是不可或缺的。① 其一,进一步增强党的理论文本的大众性。理论文本的大众性,体现的是理论满足这个国家需要的程度,它不仅要有符合群众根本利益的真实内容,还应具备群众喜闻乐见的理论形式。理论文本的大众性是理论掌握群众的文本前提,理论文本的大众性越强就越能拉近政治与民众的距离。其二,妥善处理好政府行政力与学术影响力的统合关系。在当前社会,政府行政力与学术影响力是能够对大众话语产生引领作用的两股力量。党要适应大众话语,就要改进这两股力量的统合方式。政府行政力对学术影响力的过渡干涉、学术影响力的过渡行政化,都会造成政治话语与大众话语的交流壁垒。其三,借鉴新媒体的理念与技术,增强政治话语的传播效果。"政治系统和传播体系是精确并行的,它们缺一不可。"②政治话语自主传播的时代正在成为过去,新媒体正逐步接管信息的传播权,再美好的政治话语也得经过新媒体的过滤才能转化为民众朴素的政治认同。用新媒体的理念审视政治话语的生命力、用新媒体的理念与技术手段生成并传播政治话语,已是十分必要。

---

① 李冉:《当代中国马克思主义大众化实现路径探索》,《毛泽东邓小平理论研究》,2009 年第7 期。

② 迈克尔·罗斯金等:《政治学》(第 6 版),华夏出版社 2002 年版,第 131 页。

国家形象、政党形象和执政形象论析

——政治学视野下的当代中国国家形象理论研究①

（复旦大学马克思主义学院　邓　杰）

【摘要】"国家形象""政党形象"和"执政形象"是既有区别又有联系的三个独立概念，当前学界存在着对这三个概念辨析不清，甚至混淆误用的现象。狭义的"国家形象""政党形象"和"执政形象"是广义上的国家形象理论中占据不同层次的组成部分。三者在形成过程、与认知对象和主体传播能力的高度相关性方面具有很强的共性，但在依托基础、保证机制和稳定程度上又很不相同。中国共产党的"执政形象"是中国国家形象理论建构的突破点，在进行"执政形象"建设时，党的自身建设是基础和前提，并且需要把党的执政形象建设与中国国家形象融合在一起，以之带动国家的现代化发展。中国的国家形象理论研究，对其他后发现代化国家具有重要的借鉴意义。

【关键词】国家形象　政党形象　执政形象　中国国家形象理论

"形象"一词最初是心理学上的一个概念，主要是指"一种客观事物的主观映像，是客观刺激物经主体思维活动加工或建构的产物，是直接或间接引

---

① 本文曾发表于《青海社会科学》2017 年第 7 期。

起主体思想情感等意识活动的迹象或印象"①。"国家形象"、"政党形象"和"执政形象"这三个概念,虽在一定程度上来源于心理学上的"形象"的概念,但却早已突破了心理学的范畴,成为国家理论和政党理论研究中的极为重要的议题。目前学界对三个形象的研究成果颇丰,但依然存在概念的边界不清甚至混淆误用的问题。很显然,"国家形象""政党形象"和"执政形象"这三个概念具有极强的关联性,但它们又是相互独立、各有所指的。厘清三者之间的关系,是揭示它们在当代中国政治发展中位置及各自的建构途径的基础和前提,这是当代中国国家形象理论研究中一项亟待展开的工作。

一、国家形象理论中的"国家形象""政党形象"和"执政形象"

国家形象理论具有广义和狭义之分。广义的国家形象理论,是指特定国家中各类主体的形象总和及其相关论述。狭义的国家形象理论主要是指关于作为共同体的国家的形象理论。本文所说的国家形象理论,如非特别注明,均指广义上的国家形象理论,狭义的"国家形象""政党形象"和"执政形象"都是广义上的国家形象理论中的核心组成部分。厘清这些概念的内涵、辨析其属性、梳理它们之间的关系,是进行国家形象理论研究的第一步,也是本文的主旨之所在。

(一)"国家形象"释义

"国家形象"是三个核心概念中的第一个层次,也是目前被探讨得最充分的层次。要搞清楚什么是"国家形象",首先要搞清楚什么是国家。一般认为,国家由人民、领土、主权和政府四要素构成。在此基础上,不同学科对国家有着不同的理解。"社会学家以为国家首先是一种社会事实或社会现象;历史学家认为国家是历史发展的一种产物;道德哲学家以为国家是实现伦理目的的制度;心理学家认为国家为依照心理法则表现其意志的组织;政

---

① 李德顺:《价值论——一种主体性的研究》(第3版),中国人民大学出版社2013年版,第33~34页。

治科学家以为国家是为统治目的而设立的政治团体；法学家认为国家是创造法律和保护法律权利的机关。"①国家形象研究的路径相应地呈现出多元化的特征,涉及传播学、国际关系学、社会学、营销学、符号学等多个学科。提出"传播说"的学者认为国家形象是一种传播过程,强调国家形象是"一个主权国家在系统运动过程中发出的信息被公众映像后在特定条件下通过特定媒体的输出"②；也有学者提出"实力说",认为国家形象是一个国家"软实力"和"硬实力"的统一,强调"软实力"是国家形象建构的核心；还有学者提出"认同说",认为国家形象的实质是"国家间基于社会互动而构成的一种相互身份认同关系"③。

然而,"国家"归根到底是一个政治学概念,国家形象是"一种政治现象",应当"在政治语境中得到更深入的认识"④。这点必须引起我们的重视。从国家的定义来看,古典政治学认为国家是一种社会团体,是"许多人基于法的一致和利益的共同而结合起来的集合体"⑤；现代西方政治学强调"这个共同体在本区域之内""要求(卓有成效的)自己垄断合法的有形的暴力"⑥；马克思主义指出国家的本质是"阶级矛盾不可调和的产物",是"维护一个阶级对另一个阶级的统治的机器"⑦。国家形象正是在国家权力的直接作用之下形成的关于这个国家一切认知和评价的集合。非常可惜的是,目前在政治学领域进行国家形象研究的成果依然较少,至多也只涉及政治心理学和国际关系两个方面。⑧ 本文认为,从政治学的视角出发,国家形象应该被定义为:主权国家的政府、各类社会团体或民众通过特定形式的信息传播,在本国或他国政府及公众中形成的,最终影响甚至决定国家利益实现的,关于

---

① ［美］迦纳:《政治科学与政府·绪论、国家论》,孙寒冰译,东方出版社 2014 年版,第 274 页。
② 张毓强:《国家形象刍议》,《现代传播》,2002 年第 2 期。
③ 李智:《中国国家形象:全球传播时代建构主义的解读》,新华出版社 2011 年版,第 25 页。
④ 王海洲:《"国家形象"研究的知识图谱及其政治学转向》,《政治学研究》,2013 年第 5 期。
⑤ 西塞罗:《国家篇·法律篇》,商务印书馆 1989 年版,第 68 页。
⑥ 韦伯:《经济与社会》(下卷),林荣远译,商务印书馆 1997 年版,第 731 页。
⑦ 列宁:《国家与革命》,《列宁选集》(第 3 卷),人民出版社 1995 年版,第 114 页。
⑧ 季乃礼:《国家形象理论研究述评》,《政治学研究》,2016 年第 1 期。

该国政治、经济、社会、文化等方面的认知或评价。

（二）"政党形象"是政党获取国家权力的重要基础

"政党形象"是这三个概念中的第二个层次。对"政党形象"的研究也不能脱离政党的概念本身。在本党政治纲领的指领下,围绕国家政权而展开行动的政治组织。政党一方面起到了吸纳社会优秀人员参与政治的作用,另一方面是现代国家治理的基本单位。从这个意义上讲,政党是连接国家和社会的桥梁和中介。

"政党形象"的发展和选举过程密切相关。在西方政党发展过程中,政党形象是在与"宗派形象"相分离的过程中逐渐形成的,其经历了一个"从不宽容到宽容、从宽容到持歧见、从歧见到相信多样性"[①]的嬗变过程。竞争性政党体制中,政党的主要目的是获取选民支持,而良好的"政党形象"是实现此目标的关键。西方学界关于政党形象最初的研究正是来自于选举的需要。英国政治学家、教育家格雷厄姆·沃拉斯是最早提出政党形象的学者。他认为:选民或者投票人"需要一样更简单和更永久性的东西,这样东西要能够被爱和被信任,而且能够在连续进行的选举中被认出是以前爱过和信任过的同一样东西;而政党正是这样东西"[②]。当今世界各国的主要政党都会采取一系列完备措施以提升自身形象。例如美国地方性政党组织会"为穷人介绍职业,提供贷款和免费用煤,组织野餐和娱乐活动;帮助那些在领取抚恤金、纳税和申请执照方面遇到麻烦的人"[③]。德国社会民主党"通过媒体营造了良好形象,成功上台执政。于是,该党主要阁员都聘请'新闻形象顾问',在日常的执政实践中提升政党形象"[④]。新加坡人民行动党则通过党服、党徽及党总部大楼等政党符号的设计,将"一位身穿白衣、行动力强且行

---

① 萨托利:《政党与政党体制》,王明进译,商务印书局2006年版,第30页。
② 格雷厄姆·沃拉斯:《政治中的人性》,朱曾汶译,商务印书馆1996年版,第53页。
③ 伯恩斯等:《美国式民主》,谭君久等译,中国社会科学出版社1993年版,第352页。
④ 段功伟:《权力的辩护——执政党公共形象传播研究》,广东人民出版社2015年版,第10页。

事低调的新加坡掌门人"①的形象展现出来;人民行动党还实行"议员接待日"制度,定期接见民众是人民行动党国会议员的一项例行工作;人民行动党还要求议员具有服务群众的能力,在任期内对选区的每个家庭都要进行拜访。② "众多研究表明,在当今世界,"政党形象"如此重要,以至于"政党的许多活动本质上都是为了塑造政党形象"③。

（三）"执政形象"是后发现代化国家的政党研究的重要议题

"执政形象"是三个概念中的最后一个层次。根据政党与政权的关系,可以将政党划分为执政党、在野党和参政党等。其中,执政党是指获得政权,并掌握国家政权,组成政府的政党"通过制度性竞选或其他方式取得政权,代表特定阶级阶层执掌国家政权、组织政府的政党"④。政党一旦上升为执政党,就会形成区别于一般政党形象的特殊的"执政形象",即党内外人士对于执政党的性质目标、组织制度、领袖和普通党员及该政党运用国家政权所开展活动的认识和评价。

当前,"执政形象"问题构成了后发现代化国家政党研究中的重要议题。这是因为,早发现代化国家大多在民族国家发展初期就产生了以"内生型"政党为主导的竞争型政党体制,此后,随着现代民主政治的发展和成熟,这些国家的政党通过制度化的竞选轮流执政,相对于国家而言,"政党的作用是第二位的,是补充力量,而不是填补制度真空的力量"⑤。由此,政党的"执政形象"本身不太容易脱离"政党形象"而形成一个单独的研究议题。此外,

① 孙景峰、陈倩琳:《新加坡人民行动党形象建设论》,《河南师范大学学报》(哲学社会科学版),2013年底5期。

② 王慧:《新加坡人民行动党形象建设的经验》,《河南师范大学学报》(哲学社会科学版),2016年第2期。

③ 王长江:《政党论》,人民出版社2009年版,第113页。

④ 余科杰:《政党学概论》,世界知识出版社2015年版,第402页。

⑤ 罗干:《政党制度化与国家治理:后发展国家政治发展的理论观察》,《江苏社会科学》,2013年第5期。

获得执政地位的政党组建政府以后随即形成了特定的"政府形象"①,这也在很大程度上淡化了早发现代化国家中关于执政党"执政形象"的讨论。然而,对于大多数后发现代化国家而言,社会力量发展及国家能力的不足导致其必须走一条政党主导国家建设的道路,这也决定了执政党"只有真正推进了现代国家体系的成长,其主导才有价值和意义"②。在这些国家中,执政形象问题因而成了一个重要议题。

与一般意义上的"政党形象"相比,后发现代化国家执政党的"执政形象"更加受到执政党执政能力和执政效果的影响,这与第三世界国家政治发展和政治转型的复杂程度直接相关。亨廷顿以社会主义国家为例,指出后发现代化国家要想成功,必须拥有一个"能统治得住"的政党,因为"他们的确提供了有效的权威。他们的意识形态为政府的合法性提供了依据,他们的党组织为赢得支持和执行政策提供了权力机构的控制"③,以此证明一个符合本国利益要求的执政党形象对该国稳定发展而言至关重要。

作为一个后发现代化国家,中国的学者对中国共产党的执政形象问题进行了较多的探讨。许多学者在界定中国共产党的执政形象时,都强调"执政理念"和"执政绩效"等要素的重要作用。同时,还有学者探讨中国共产党在不同历史时期执政形象的嬗变历程和中国共产党构建良好执政形象的重要意义。

二、中国国家形象理论中的国家形象、政党形象和执政形象及其内在关系

塑造良好的国家形象和政党形象,对外能够提高国家的国际威望和影响力,确保国家利益的最大化;对内可以增强国家的凝聚力,激发人民爱国

① 本内容虽然没有被学者直接论证,但让·布隆代尔及毛里奇奥·科塔主编的《政党与政府》(1996)及《政党政府的性质》(2000)两本著作已暗含了这一思想。

② 林尚立:《当代中国政治:基础与发展》,中国大百科全书出版社2016年版,第114页。

③ [美]亨廷顿:《变化社会中的政治秩序》,王冠华等译,三联书店1989年版。

热情。由于世界上各个国家的政治制度和政党体制有较大差异,这三者之间的关系在不同的国家会有很大不同。中国是一个由中国共产党领导下的后发现代化国家,不存在西方竞争型政党制度下的所谓在野党和反对党。当代中国国家形象理论中的国家形象,主要指狭义的国家形象,即中华人民共和国的形象;政党形象,主要指中国共产党和民主党派的形象;执政形象指的就是中国共产党治国理政的形象。

(一)"国家形象""政党形象"和"执政形象"三个概念具有很强的共性

"国家形象"、"政党形象"和"执政形象"所涉及的内容有重合的部分,这也是当前很多学者未能将这三个概念清晰地分开的原因。这三者在形象的形成过程、对认知对象和主体传播能力的依赖等方面具有很强的共性。

第一,"国家形象""政党形象"和"执政形象"的形成都是主客体相互作用的过程。从形象塑造的主体方面来看,三者的基础都是主体自身的综合素养和实力。近年来,中国在世界上的形象迅速提升,其根本原因在于中国共产党领导下的中国特色的社会主义道路取得了举世瞩目的成就。但是,"国家形象"、"政党形象"和"执政形象"并非对形象主体自身状况简单、直接的反应,而是会随着接受者的意识形态、价值观念和知识结构的不同而产生偏差。所以,最终形成的三个形象,既有可能是对客观情况的真实反映,也有可能是经过美化或丑化后所形成的假象。例如,随着中国的崛起,"中国威胁论""中国崩溃论""中国傲慢论"等不绝于耳。正如有学者指出,"这就是中国的困境:它越努力示好,看起来就越可疑;它越努力和世界接触、想给世界留下深刻印象,它看起来就越具威胁性"①,就是形象和实质之间的偏差。

第二,"国家形象""政党形象"和"执政形象"的建构与认知对象高度相关。对同一个形象主体,不同的受众的认知也会大相径庭。例如,国家形象可以被分成国内形象和国际形象两个层次,政党形象和执政形象可以被分

---

① LEE J, "Soft power, hard choices", *Sydney Morning Herald*, No. 4 (April 2009), p. 124.

为党内形象和党外形象两部分。有调查显示,当前"中国民众对中国的国际形象非常乐观","将近八成的中国受访者认为,其他国家对中国怀有正面的印象,这个比例远远高于其他国家民众对中国的看法"①。实际上,对同一个国家或政党,不同类别的受众的认知具有差异性是非常普遍的现象。

第三,"国家形象""政党形象"和"执政形象"都与主体的传播能力直接相关。所谓传播能力,就是指有效而得体地将信息扩散出去的能力。由于形象归根到底是受众对主体的认知和评价,因此传播能力就显得格外重要。有人甚至认为一个国家在媒介中表现出来的形象基本代表着国家的形象。形象传播的过程包括主体自身主动进行的"自传播"和利用国际权威媒体之口进行的"他传播"两个方面。近年来,中国抓住"奥运会""世博会""G20"等机遇,通过自身策划一系列营销活动,吸引海外媒体的报道倾向,取得一定的效果。然而我们也应该看到,当前世界各国的传播水平有着较大的差距,中国在传播能力方面还有较大提升空间。

第四,"国家形象""政党形象"和"执政形象"三者的建构要取得成功,都要求主体必须在一开始就有一个清晰的战略路径,分步骤、有计划地逐渐推进。从建构路径上看,"国家形象""政党形象"和"执政形象"都是由定位、传播和修复三个环节组成的。所谓"定位",是指上述三个主体必须对自身形象进行科学、合理的界定。这既包括对自身实际情况的准确认知,也包括对所处的国际国内环境的精准把握。所谓"传播",是指形象建构的主体应该通过多元的方式展开积极有效的形象推广。所谓"修复",是指主体的形象一旦受到损害,形象塑造主体能够通过迅捷有效的危机处理措施,将对自身的损害降到最低。

(二)"国家形象""政党形象"和"执政形象"三个概念的差异性

"国家形象""政党形象"和"执政形象"三者虽然具有很强的共性,但却

---

① 门洪华:《中国战略报告:中国软实力的战略思路》(第一辑),人民出版社 2013 年版,第 252 页。

是完全不同的、相互独立的概念。三者的不同主要体现在依托基础、保证机制和稳定程度三个方面。

其一,三者的依托基础是不同的。国家形象是基于该国的综合国力而形成的。中国的国家形象不仅受到政府信誉、外交和军事能力、经济能力、社会安全状况等影响,同时也和民族性格、风俗习惯甚至地理环境及自然资源等息息相关。在美国《新闻周刊》选出代表中国的形象元素时,汉语、北京故宫、长城、苏州园林、孔子、道教、孙子兵法[①]等名列前茅,反映了国家形象的多元化来源。政党形象的基础是政党的全部理论和实践。不同的民主党派会在国内和国际上形成不同的形象,这与政党的纲领、管理体制、组织方式和党组织骨干的表现等密切相关。对于执政党而言,除了政党形象的一般来源以外,最为重要的形象来源是执政党的自身的执政能力和由此达到的执政效果。因此,中国共产党不断加强自身执政能力,提升执政效果的过程,实际上也就是加强自身执政形象的过程。

其二,三者进行形象塑造的保证机制不同。首先,国家形象的塑造由国家权力进行保障。政府是最重要的国家形象塑造主体,可以通过制定政策和法律,规划国家的发展方向和官方外交活动等途径展现这个国家正面形象;其次,民众及各类社会团体也会塑造一个国家的正面或负面形象,在通常情况下,他们的行为必须在国家法律允许范围之内进行,并受到国家权力的制约。政党形象塑造的保证机制是政党自身的实力。一个强有力的政党可以通过社会整合、动员群众、影响媒体等途径推进自身执政形象的塑造和传播,进而形成关于自身的良好印象和评价。执政党是执掌国家政权的政党,是所有政党中实力最强的一个政党,它不仅拥有一般意义上的政党形象塑造的保证机制,还可以将自己的意志上升到国家层面,或运用国家权力,把自己的形象部分嵌入国家形象中,以强化自身的形象建设。

其三,三者的稳定程度不同。国家是形象认知的源头,在三个形象中最

---

① 杨青:《G20 国家形象俄罗斯》,知识产权出版社 2015 年版,第 28 页。

具有稳定性,很难轻易发生变化。长期以来,美国人的个人主义和自由多元,法国人的浪漫、时尚和创意,德国人的严谨缜密都成为这些国家重要的形象表征。较强的稳定性往往也会带来一定的惰性。改革开放以来,中国的国家实力已经大大提升,国际影响力也不断扩大,然而中国国内民众对本国形象的认知却始终存在着一定的滞后性。与国家形象相比,政党形象的可变性更强。一个国家可以有多个政党,每个政党都能有自己不同的形象。比如美国历史上,"共和党由南北战争的革命革新形象到后来的保守形象;民主党由原来的维护南方黑奴制到后来主张改革新政"①,但美国的国家形象却没有随之而发生根本性的变化。作为政党的一种,执政党形象也具一定的可变性,同时也会成为国家形象变化的重要推动力。目前学界存在着把中国共产党的执政形象和一般意义上的政党形象甚至国家形象混为一谈的错误,这是需要澄清的。

三、辨析三者关系的启示:党的"执政形象"是突破点

从以上分析中可以看出,"国家形象""政党形象"和"执政形象"是既有区别又有联系的三个概念。"国家形象""政党形象"和"执政形象"构建的根本目的是实现形象主体的政治目标和自身利益,因此,如果三者具有共同的利益诉求,能始终保持理念和目标的一致性,那就比较容易互相配合,形成多赢局面,推动三个形象建构的健康发展。反之,以上形象建构就会遭遇到阻碍。此外,由于形象是国家或政党的历史传统、现实状况和未来发展战略的全部集合和外在表现,涉及方方面面的内容,要在短时间内进行全方位的塑造和宣传,难度较大,必须寻找到其中最关键、最重要的内容作为突破口,才容易取得成功。在当今中国,中国共产党的"执政形象"建设是协同三个形象提升的突破点。

---

① 余科杰:《政党学概论》,世界知识出版社2015年版,第62页。

（一）以"执政形象"为突破口进行中国国家形象建设的必然性

以中国共产党的"执政形象"为突破口进行国家形象建设是必然的，这是由中国历史和现实情况所决定的。

首先，从历史发展的逻辑看，当代中国国家建设走的是一条"政党中心主义"①的道路。当代中国的成长过程，实际上就是中国共产党将自身"政治力量、组织方法"逐渐"深入和控制每一个阶层和每一个领域"，不断"改造或重建国家和各领域中的组织制度"②的过程。发展至今，中国共产党自身建设已与中国民族国家建构和现代化转型的过程紧密融合，这构成了以中国共产党为核心进行当代中国形象构建的基础。

其次，执政党在国家建构和公民社会培育中发挥了决定性作用，因而它也自然成为国家形象建构最有效的发动者和组织者。在当今中国，只有中国共产党才有能力将各阶级、各党派、各社会团体的力量凝聚起来，以调动最广泛的资源来进行国家和政党的形象建设。中国国家形象建设的成败也与中国共产党的社会组织和动员能力直接相关。

再次，从国家管理者的人员构成看，在后发现代化国家中，执政党是最重要的政治和社会组织，执政党的领导人极有可能同时担任国家的领导人，执政党的党员也会成为各级政府的管理人员。当代中国，"党管干部"的制度设计更使得各级党政领导干部的形象直接代表了中国各级政府的形象，并在很大程度上决定了人们对中国的整体评价。

最后，执政党具备立足全局进行国家发展的顶层设计的能力。中国国家形象建设涉及方方面面的内容，必须统筹规划，有计划、有层次、有步骤地加以推进，与此同时还要注意避免形象建设中不同主体和不同内容之间的相互冲突，方可能成功。在当今中国，只有作为执政党的中国共产党才有能力担负这一重任。

---

① 杨光斌：《制度变迁中的政党中心主义》，《西华大学学报》（哲学社会科学版）2010 年第 4 期。

② 邹谠：《二十世纪中国政治：从宏观历史和微观行动的角度看》，牛津大学出版社 1994 年版，第 82 页。

（二）以"执政形象"为突破口进行国家形象建设是可操作的

以"执政形象"带动中国国家形象建设，在现实中也是可操作的。这是由中国共产党自身属性和受众的认知特点所决定的。

一方面，中国共产党在民族危亡之际诞生，此后，中国共产党的发展就一直与国家和民族的命运紧密相连。从国家治理层面看，中国共产党的一切工作，都是"以广大人民的根本利益为最高标准"的，是党性和人民性的统一。从国际交往层面看，中国共产党的所有对外交往活动，都是以维护"国家核心利益"作为自己的战略目标。从中国政党体制的逻辑看，中国的所有参政党都围绕着上述目标与中国共产党保持高度紧密的合作。因此，把中国共产党的"执政形象"建设作为核心，是将国家形象和政党形象的建设有机统一起来的有效路径，是整合国家形象和民主党派的参政形象构建，以实现中华民族伟大复兴这一宏伟蓝图为最终目标的最佳方法。从这个意义上说，中国共产党的"执政形象"是连接"国家形象"和"政党形象"的桥梁和中介。

另一方面，从受众的角度看，形象归根到底是受众形成的具有主观性的观点和评价，会受到接受者自身文化背景、认知能力、个人情感和认知意愿的影响。为了获得形象宣传的最佳效果，形象建构主体就应该充分了解这些规律，将自身最鲜明的特色展现在受众面前。中国共产党是中国现代化建设的领导核心，是有中国特色社会主义道路得以成功的关键因素，更是中国区别于西方早发现代化国家及第三世界民主化转型国家发展模式的关键要素。以党的形象建设带动中国形象的整体建构，不仅抓住了中国现代化发展的关键，同时也正确把握了中国共产党和中国形象中最引人注目之处。新中国成立之初，中国共产党提出了独立自主的国家形象；20 世纪 80 年代以后，中国共产党致力于树立"安定团结""维护世界和平"、坚持"改革开放"的新形象；新时期以来，中国共产党不断进行了诸多"负责任的大国"的形象定位和实践。这些都是通过党的执政形象推动国家形象发展的成功案例。

（三）中国共产党"执政形象"建构中的策略

中国共产党的"执政形象"建设是我国国家形象建设的关键所在。要成功构建中国共产党的"执政形象"，还需要注意三个层次的内容。

首先，党的自身建设是党的形象建设的基础和前提。一个政党，只有拥有良好形象，才能真正激发每一个党员对党组织的忠诚，调动每一个党员的积极性，并促使他们积极接受党的管理。因此，对中国共产党自身而言，要塑造党的良好形象，就是要不断加强党风廉政建设，逐渐完善党的各项管理制度，打造一支素质过硬的党员队伍，全面提升党的战斗力和凝聚力。

其次，以党的执政形象带动国家的现代化发展，是推进国家形象建设的一条捷径。随着时代的变化和社会的发展，中国共产党应当不断转变执政方式，提升自身的执政水平，构建起与市场经济、民主政治和依法治国要求相适应的与时俱进的执政形象，这不仅是现代国家建设中对执政党的基本要求，同时也是执政党取得人民支持、获取源源不断的执政基础的前提。唯有如此，才能创造出有利于国家整体建设的内部环境，进而在推进我国综合实力提高的基础上切实提升中国的国家形象。

最后，将中国共产党的形象建设与中国国家形象融合在一起，能在全世界展现出一个党治国家的成功形象。新中国成立以来，中国共产党成功探索出一条与西方早发现代化国家"多党竞争""三权分立"截然不同的有中国特色的社会主义发展道路，并取得了举世瞩目的成就。但是我们也应该看到，中国共产党的执政形象中仍有很多短板，如党内腐败和不正之风等，这严重影响着党的形象，需要在党的自身发展中不断予以克服。

四、余论

如何以良好的执政形象带动国家形象建设，并非中国特有的课题，同时也是所有后发现代化国家共同关注的问题。实践证明，良好的执政党形象不仅关乎政党自身的前途命运，更是直接决定着该政党所处在的国家或地区的政治发展水平和状况。李普塞特认为"政党在构建民主中具有重要作用"①,亨廷顿发现"可以被认为达到政治高度稳定的处于现代化之中的国家,至少拥有一个强大的政党"②,这正是因为良好的执政党形象能够有效提升"组织凝聚力"、实现"社会整合和政治录用"、树立"行为规范"和引领"社会风气"③等诸多功能,实现通过执政党自身发展推动国家和社会发展的政治目标。如此看,中国的国家形象建设方面的研究,不仅有助于人们理解中国的历史和现实,还可能让其他后发现代化国家和地区受到启发。

---

① LIPSET S M, "The indispensability of political parties", *Journal of Democracy*, No. 1 (November 2011), pp. 48 – 55.
② ［美］亨廷顿:《变化社会中的政治秩序》,王冠华等译,三联书店 1989 年版,第 377 页。
③ 付启章、蒯正明:《政党形象形塑鉴迪与我党五项要务》,《新疆社会科学》,2016 年第 2 期。

中国共产党执政形象的内涵、外延及其影响要素①

（新乡学院社会科学部　汪如磊）

【摘要】中国共产党执政形象，是指中国共产党在革命、建设以及改革发展过程中，充分行使国家政权，让人民充分享有民主权利；在推动经济社会发展的伟大实践中，用制度规范执政行为，给人民留下中国共产党执政为民的良好形象，彰显中国共产党的执政绩效，展示中国共产党执政的软实力，是人民群众对中国共产党内化于心的一种情感上的最为直接的反应，是党的性质、宗旨的外在表现。

【关键词】中国共产党　执政形象　影响要素

党的执政形象的内涵、外延及其影响要素，是党的执政形象问题研究的基础性工作，对相关概念、范畴的理论阐释、澄清是重塑新时期党的良好形象的理论前提。本文围绕"是什么、为什么"这一思维逻辑，主要对党的执政形象的内涵、外延及其影响要素进行阐述。

一、中国共产党执政形象的内涵

不论从政党政治发展的角度，还是从政党现代化的角度，政党"是什

---

① 本文曾发表于《红色文化学刊》2017 年第 1 期。

么?""应当是什么?""应当怎样做?"都反映了公众对政党的一种认知和期待。这种认知和期待既包含了公众对政党的价值性判断,又包含着对政党实际作为的事实评判。这种价值判断和事实判断即是合法性和科学性问题,而"合法性和科学性,是构建政党现代性的两个支点"[①]。与西方国家"国家产生政党"相比,"因先进而领导、因领导而执政,这是中国共产党执政的逻辑,与西方政党更替的执政逻辑有着根本不同"[②]。这也决定着包括执政形象在内的各个层面。

(一)形象

英语中"形象"对应的词是"image"或"identy","image"的主要含义是:一个人、组织或某种产品留给公众的印象,或者是人民心目中对某个人或物的大致印象,也指画像、图像、影像等[③];"identy"通常从身份、本体、认同、特征、信仰、同一性等意义上指称形象。在"形象"一词的使用上,中西方有明显的差异,中国文化重在强调"形象"是事物的外形,西方文化则强调留下的印象。人们常把"形象"理解为由内在特点和外在表现共同作用下事物所留下的印象。因此,很多研究者从"外在印象"这一特点出发,认为"'形象'是事物内在与外显要素的总和,通过一定形式的信息中介之作用,在公众心目中引起的感知、看法与评价,它体现公众的价值观与审美观,反映公众对该事物认同、喜爱和支持的程度"[④]。

形象是关系,具有"主体性、客体性和主客体关系性"的特征。从客体方面来说,形象是在特定场景、特定条件下人们对他人(事物)的总体认识和评价;从主体方面说,形象是人(事物)由其内在特质所决定的外在表现;从主体、客体之间的关系来说,形象是指人们在特定场景、条件下对他人或事物

①　王长江:《政党现代化论》,江苏人民出版社 2004 年版,第 51 页。
②　王韶兴:《政党政治论》,山东人民出版社 2011 年版,第 116 页。
③　《牛津高阶英汉双解词典》(第 7 版),商务印书馆 2009 年版,第 1017 页。
④　吴东林:《建立"新闻媒体形象战略"理论体系——关于"新闻策划"理论研究的思考》,《新闻世界》,2000 年第 3 期。

总的认识和综合评价,既反映着特定人(事物)的固有性质,也体现着其可变的特点。

(二)政党形象

作为一个学理上的概念,王长江在《政党论》中指出,"政党形象(party image)是一个综合的概念,最早由现代英国政治学家格雷厄姆·沃拉斯(Graham Wallas)在《政治中的人性》一书中提出的"。基于西方特定政治情景,格雷厄姆·沃拉斯从"意象"角度对政党做出解释,指出,"政党主要是个名字,和其他名字一样,一听见或一看见就滋生出一个'意象',这个意象不知不觉地逐渐转变为自动理解它的意义。要达到这个目的,最有用的莫过于政党的色彩标志。"王长江认为,"政党形象的内涵远不止于此(指沃拉斯著作中主要和选举投票相联系的政党形象)。政党形象包含着政党及其活动的所有方面。例如,政党的组织方式、纲领政策、待民之道,政党的内部管理,乃至政党成员、骨干的总体表现等,都影响政党的形象。"国内已有很多研究人员从不同角度、不同层面对政党形象进行描述,主要有五种观点。一是表现说,代表性的著作是中央党校 2004 年编写的教材《执政党建设若干问题研究》,认为"党的形象就是党的全部理论和实践外在的、整体的表现。"二是评价、认定说,强调形象评价主体的反馈,并对评价的重点内容给予关照。认为政党形象是"公众对政党的一种综合性、整体性印象和评价,是政党展现给公众的风貌"[1]。"公众对党的行为特征、精神面貌和执政水平的全面反映和总体评价。"[2]三是判断说,认为执政党的形象是"人们对其本质外在表现所作出的判断"[3]。四是文化说、象征说,认为"政党形象是政党文化的重要构成要素,政党形象塑造是政党文化建设的重要内容"[4]。第五,构成说,从政党形象构成要素及主客体关系层面,强调政党形象的学理价值性,

---

① 吴伯奎:《我国执政党形象建设的途径分析》,《大连干部学刊》,2012 年第 7 期。

② 周健:《政党公关与政党形象》,《江苏社会主义学院学报》,2006 年第 12 期。

③ 鄢小莉:《"三个成为"与执政党的形象建设》,《哈尔滨市委党校学报》,2007 年第 3 期。

④ 李冉:《中国共产党政党文化研究》,复旦大学 2006 年博士论文。

认为"政党形象是指政党符号、政党纲领、政党成员、政党行为、政党绩效、政党能力等各方面在其党内外和国内外各类行为体的情感认知和综合评判"①。"政党形象是指它在成员或追随者心中的看法或印象,包括政党的属性、政党符号、党员队伍及政治参与能力,给党内外公众留下的相对稳定的综合感知和整体印象。"②

关于形象,不同性质的政党,人们的观照点有较为明显的差异。在西方"竞争型政党"制度下,更多表现在政党获取政权前的"形象设计"层面,而"与西方政党相比,中国共产党的政党形象具有独特的历史内涵"③。中国共产党的形象不是装扮出来的外表,而是内在素质的综合体现,"中国共产党的政党形象不是一种镜前形象,而是一种实践形象(或者说事后形象)"④。借鉴学界已有成果,本文认为,政党形象是政党理论、实践、符号化系统在党内外形成的较为稳定的评价和认识,是政党的重要资源,是党内外力量对该政党内化于心的一种情感反应。

(三)政党执政形象

执政形象是人们在社会发展进程中,在执政主体执政活动的实践中,对执政主体与执政客体以及权力所有者之间关系的认识不断深化的基础上,产生出来的一个新概念,标志着人们对执政主体与执政客体以及权力所有者之间关系认识有了新的突破。政党执政形象是指在现代政党政治条件下,作为执政主体的政党在推进政治、社会发展进程中,其理论、实践和公共化系统获得人民群众的广泛认可和高度评价,在广大人民群众中形成重要的影响力,成为一种软实力。

政党执政形象是客观存在和属性的统一。执政党是"执政形象"的载体,"执政形象"是人们对执政党的综合认识、评价。执政形象是实然与应然

---

①　何鹏程:《长期执政条件下的政党形象塑造》,中央党校 2015 年博士论文。
②　孙景峰、陈倩琳:《政党形象:概念、意义与建设路径》,《探索》,2013 年第 3 期。
③　李冉:《中国共产党政党文化研究》,复旦大学 2006 年博士论文。
④　李冉:《中国共产党政党文化研究》,复旦大学 2006 年博士论文。

的统一。从形象和实力的关系看,一方面,形象是对实力的反映,形象源于实力,甚至在一定程度上可以说,"形象就是实力(形象本身就是实力的重要构成要素),实力就是形象"①;另一方面,作为一种资源,形象事实上是隐藏于实力的诸要素之中,强大的实力很多时候并不与良好的形象构成正相关。"形象的形成需经过两个环节,一方面,它要通过主体自发或自觉地塑造,另一方面,它要通过公众的感觉认知而形成一种印象、评价。""形象不仅仅决定于或依赖于实力,而且在一定程度上,它更依赖于个体或组织有意识的塑造和相关社会公众两个方面。"②政党执政形象同样如此,执政党的宗旨、原则、执政理念的先进以及辉煌的执政业绩理应拥有良好的执政形象,但在现实社会中却表现得极为复杂、多变,究其原因,既受执政党是否有形象自觉因素影响,也受执政党是否对所掌握的各种资源给予足够的开发和综合利用情况。作为一种重要的软实力,执政形象从内容上看,包括执政党运用文化、政治、社会、制度等结构性资源的能力,与此相对,就是执政党应该具备相应的文化力、政治力、社会力和制度力。"执政形象"是相对稳定性和可塑性的统一。一方面,执政形象具有相对稳定性,这是一个政党区别于另外一个政党的典型标志,也是赢得民众认可的"根";另一方面,执政形象又因执政党执掌国家政权实践的复杂性表现出易损毁及可修复性、可优化性的特点。

(四)中国共产党执政形象

中国共产党执政形象的历史和逻辑起点源于她的执政实践,这种执政实践与其自身的性质、宗旨紧密相连。中国共产党的执政根本来自于人民,党执政的目的是维护和实现广大人民的根本利益。"从本质上说,中国共产党的执政形象是中国共产党性质和执政目标追求的一种外在体现,与中国共产党的性质和执政目标追求之间是一种'表与里'、'标与本'的关系。"③

---

① 秦启文、周永康:《形象学导论》,社会科学文献出版社 2004 年版,第 73 页。
② 秦启文、周永康:《形象学导论》,社会科学文献出版社 2004 年版,第 73 页。
③ 黄明伟:《应加强中国共产党执政形象建设研究》,《理论探讨》,2009 年第 1 期。

　　为人民服务的宗旨及特殊的国情,决定了中国共产党执政的根本逻辑及其规定性,也内在决定了中国共产党的执政形象。中国共产党执政形象是指中国共产党在革命、建设以及改革发展过程中,充分行使国家政权,让人民充分享有民主权利;在推动经济社会发展的伟大实践中,用制度规范执政行为,给人民留下了中国共产党执政为民的良好形象,彰显了中国共产党的执政绩效,展示中国共产党执政的软实力,是人民群众对中国共产党内化于心的一种情感上的最为直接的反应,是党的性质、宗旨的外在表现。中国共产党执政形象的实质是:全心全意为人民服务根本宗旨在执政条件下的外在表现和具体化、现实化。中国共产党在执政过程中如何展现自身形象,笔者以为主要包括以下几点:一是我们务必要突出党的"执政形象主体"重要作用,中国共产党在执政的伟大实践中应当取得实实在在的成绩;二是我们务必要突出"执政形象客体"在社会上形成的影响力,也就是人民群众对中国共产党在执政过程中整体认识与综合评价;三是我们务必要突出"执政形象的主客体关系性",在执政实践中,中国共产党要采取有效措施,努力实现与人民群众以及社会各界的富有成效的沟通与交流,以便于在人群中形成长期稳定的综合性评价;四是我们务必要突出中国共产党作为马克思主义执政党"执政为民"的形象基调定位,这是形象的内在规定性。由此,在特定时期,背离"执政为民"的执政实践就必然对党的执政形象造成损坏,需要通过更新执政理念、健全执政体制机制,优化领导方式和执政方式、加强党的队伍和组织建设等途径进行修复,以实现"本质与现象"的统一,这正是从执政形象视角对党的建设进行研究的价值所在。五是提出优化党的执政形象重点关注的要素,就是党的自身建设、执政绩效和执政体制、机制。

二、中国共产党执政形象的外延

　　(一)从主体角度看,党的执政形象包括各级党员领导干部、党组织和普通党员的形象

　　作为形象主体,中国共产党具体由数量众多的党员个体和党组织构成,

党员分为党员领导干部和普通党员,党的组织分为中央和地方各级党组织。党的执政形象是一种"聚合",它与每个普通党员、党员领导干部和每个基层党组织密切相关。"一个党员一面旗"是对党员良好形象最为形象的表达。基层党组织是联系党和广大群众的纽带、桥梁,在树立党的形象方面担负着重要使命,最重要的体现就是能否发挥凝聚力、向心力;党员领导干部在党的执政形象塑造过程中处于关键环节,基层组织、普通党员是塑造党的执政形象的重要环节。与西方竞争型政党较为松散的政党组织条件下突出"党魁"形象不同,中国共产党"组织特征非常突出,政党形象多是指称集体形象"①。邓小平同志就高度重视中央领导集体建设,指出"新的中央领导机构要使人民感到面貌一新,感到是一个实行改革的有希望的领导班子。这是重要的一条"②。形象是认同的重要变量,提升党的执政形象必然表现在党员领导干部、普通党员和党组织在党员群众中的威信、声望得到认同和提升。

(二)从主要内容构成看,党的执政形象包括执政绩效形象、"三执政"形象和作风建设形象

首先是党的执政绩效形象。所谓执政绩效,就是指"执政主体的业绩和效能"③。与行政绩效不同,党的执政绩效的内涵、外延要宽泛得多,既有推进经济发展 GDP 量的要求,也有促进社会发展公平正义的要求。按照形象设计专家秦德君先生的观点,政治层面要通过"'五个层面'来考察执政绩效,即政治驾驭力、社会调控力、民众认同力、经济发展力和目标实现力"④。推动经济发展和社会全面进步,是党的先进性在执政实践中的体现和落实,"缺乏有效支撑的先进性,必然成为一种理论的虚幻。"自然,没有良好的执

① 李冉:《中国共产党政党文化研究》,复旦大学 2006 年博士论文。
② 邓小平:《组成一个实行改革的有希望的领导集体》,《邓小平文选》(第三卷),人民出版社 1993 年版,第 296 页。
③ 秦德君:《关于执政绩效的几点思考》,《党政论坛》,2009 年第 7 期。
④ 秦德君:《关于执政绩效的几点思考》,《党政论坛》,2009 年第 7 期。

政绩效,全心全意为人民服务党的执政形象的实质也就成了"虚幻",党的良好形象就没有了内容、支撑。

党的执政方式是"党掌握、控制、运用国家政权的途径、形式、手段和方法的总称",核心问题是党与国家政权的关系问题。"采取什么方式执政,是中国共产党长期面临的一个重大的执政理论和实践问题",这是关系党的执政形象的一个重要因素。在 68 年的全面执政历程中,中国共产党的领导方式、执政方式从传统的模仿苏联模式的党政不分、以党代政,到 2001 年江泽民在庆祝建党八十周年大会上的讲话中首次提出"改进党的执政方式",到 2004 年党的十六届四中全会首次完整提出"科学执政、民主执政、依法执政",再到把"坚持科学执政、民主执政、依法执政写入十七大修改并通过的《中国共产党章程》",成为中国共产党在新的历史方位下加强党的执政能力建设,提升党的执政形象的重要遵循。"三执政"强调了党执政的三个方面,其中,科学执政要求的是如何避免决策低效、决策腐败问题;民主执政要求的是尊重党员主体地位、建立健全、坚持完善各项体制机制问题;依法执政则要求依法用权、明确权力范围和运作程序问题,"三执政"实施效果都直接影响着党的执政地位、执政形象。

"党风是政党在政治上、思想上、组织上、工作上、生活上形成的相对比较稳定的、体现这个政党性质的作风。"从一定意义上,"作风关系党的形象",中国共产党在历史上形成了党的"三大作风""两个务必""四个大兴"等系列优良作风。"党的作风是党的形象",关系人心向背,关系党的生命,适应新的历史条件下党的执政面临的新的挑战,以保持党同人民群众的血肉联系为重点,努力探索作风建设的方式方法途径,在此基础上,不断塑造中国共产党执政的良好形象。

(三)从发展传承看,党的执政形象分为历史形象、现实形象和未来形象

党的执政形象是党的执政实践客观见之于主观的一种凝结,体现为由过去、现在到将来的一种传承。党在革命、建设、改革等不同时期树立的良好历史形象是中国共产党夯实执政基础、获得广大民众大力支持和拥护,确

保中国共产党执政地位得以巩固的一种极为重要的执政资源,要重视、保持、挖掘这一资源。"现实形象是公众能切身感受到的形象,也是党能通过自身行为改善的形象,对于党来说,是党的形象建设的重点。"①从党的执政形象的内涵看,通过加强党的自身建设、优化党的执政行为,健全执政体制、机制来实现。"未来形象是党的理想形象。"②党的历史形象、现实形象和未来形象是一个统一体,作为非竞争型政党,党的执政形象离不开对历史形象的继承,也离不开对未来形象的关照。

(四)从效应范围看,党的执政形象分为整体形象和局部形象

政党执政是一个动态的实践过程,涉及国家的政治、经济、文化、军事、外交等各个层面,又与国家权力机构和社会组织、群体互动沟通,体现在执政形象层面,就有某段时期某个领域,人们对其评价认可度上的差异。比如,经济快速发展与人们整体生活水平的普遍提升、社会的和谐稳定、生态环境的改善、国际形象的提升并非呈线性的正相关,甚至某一领域、某一层面的局部失误也会带来整体性的困局。因此,从塑造党的执政形象看,就要同时注重对整体形象和局部形象的塑造、维护。党的执政形象树立、维护既要坚持"两点论",又要坚持"重点论",抓住影响执政合法性、有效性的关键环节,抓住群众关心、关注的热点、难点问题,坚持形象定位主基调,突出赢得民心的局部形象塑造亮点,进而营造良好的整体形象。

(五)从涉及重要范畴看,党的执政形象与国家形象、政府形象紧密相关

党的执政形象是人们对党的自身建设、执政实践较为稳定性的评价和认识,而"国家形象是一国经济实力、政治实力、军事实力、科技实力和文化实力的综合反映,国家的综合国力是国家形象的基石;国家形象的认知主体既包括国内公众,也包括国外公众。国家形象更多意味着国际形象"③。"政府形象是政府在社会的映像汇集,是公众对政府的总体感觉"党的执政形象

---

①②　张浩、唐红洁:《论党的形象的内涵、表现与作用》,《理论探索》,2007 年第 3 期。

③　陈丽:《当前美国对我国国家形象的歪曲及我们的应对》,中共中央党校 2013 年博士学位论文。

与国家形象、政府形象的行为主体不同,评价主体及其包含内容、侧重点各有不同,国家形象强调的是作为主权国家的软硬实力在国际上的地位、影响,政府形象强调的是作为行政执行部门在"与群众互动过程中形成的综合印象",内容重在处理问题的能力,政党执政形象则重在强调执政党治国理政的能力、涵盖执政党的执政理念、执政绩效、执政体制机制等方面的内容。从学科研究上看,关于国家形象、政府形象的研究,集中在政治学、公共关系学、新闻传媒学领域,党的执政形象研究则是党的建设研究的重要内容;党的执政形象的评价主体是国内民众,而非国内外公众。值得注意的是,西方欧美国家多重视对国家形象研究,"因为在西方,国家与政府是相脱离的。国家可以保持很长时间的稳定存在,而政府则不断地变换更替。因此,国外有较多的关于国家形象的研究主要研究的是对外形象,但极少出现关于政府形象的研究"[①]。国内学者则更多从党和政府的角度关注形象问题,现实政治生活中,塑造"阳光政府、信用政府、服务型政府、效能政府"的形象,从而在整体上提升和改善中国共产党的执政形象。

三、中国共产党执政形象的影响要素

通过对党的执政形象的内涵、外延的分析,可以看到中国共产党的执政形象既与党的自身建设密切相关,又与党的执政实践密不可分;既与党的领导密切相关,又与党的执政密不可分。党的执政形象有深厚的基础和现实依据,从最广泛的层面上讲,"一切与执政党有关的事情都可能影响执政党在社会公众中的形象;一切与执政党有关的问题都有可能影响社会公众对执政党的评价"[②]。分析影响党的执政形象的深厚基础和现实依据,我们发现,其中既有本源性的,如党的科学理论指导、先进的阶级基础、严密的组织原则、科学的工作方法、优良的工作作风等;也有派生性的,比如党在不同时

---

① 张宁:《中国转型时期政府形象的媒介再现》,复旦大学 2007 年博士学位论文。
② 刘玉瑛:《中国共产党执政公信力建设研究》,中共中央党校出版社 2015 年版,第 8 页

期根据执政实践对马克思主义理论的发展创新等;既有功能性的,比如党在执政过程中推动经济社会发展、文化进步、公平正义得以彰显的成就;也有体制机制性的,比如较为完整的党群沟通机制、广大党员群众民主参与、民主管理的体制机制,系统完备的党内外规范权力运行的监督制约机制以及其他各方面有利于增强党的执政能力、活力的体制机制等。

从我国国情、党情、社情考虑,本文重点思考几个影响党的执政形象的要素,概括起来,主要包括如下四个方面:

（一）党的自身建设

中国共产党作为执政党,其问题关键在于自身建设。作为一个不断走向成熟的马克思主义执政党,中国共产党自从诞生之日起,就持续不断地加强自身建设,不断改善党在人民心目中的形象,加强党的建设已经成为克敌制胜的一条基本经验,早已被历史实践所证明。毛泽东灵活地把马克思主义的党建理论学说与中国革命的具体实际相结合,建立了一整套科学的、与中国国情相契合的党建理论,毛泽东在《〈共产党人〉发刊词》中把"党的建设与统一战线、武装斗争"一起称为"三大法宝",并首次提出了中国共产党"党的建设伟大工程"。党的十七大报告提出了"一条主线、五大建设""使党始终成为马克思主义执政党"的重要论断;在中国共产党的十八大报告中,突出强调了"全面提高党的建设科学化水平"的重要性,2014年12月,习近平提出了"全面从严治党"的科学论断,在他看来,重视党的自身建设是党的良好执政形象得以树立、巩固和发展的内在因素。

（二）党的执政绩效

执政绩效首先体现在发展经济上。世界上一些政党的执政实践一再表明:"政党执政是一种公共（民众）利益的执政,它必须有能力发展经济,给民众以实际利益。经济增长关系着全体国民的生活水平,执政党一定要把'发展'作为执政的第一要务,因为发展经济不仅是一种执政绩效的实际表现,也是执掌政权的政治资格。"①新中国成立前,毛泽东在《论联合政府》中就明确提出了"发展生产力"这一标准,认为"中国一切政党的政策及其在实践中所表现作用的好坏、大小,归根到底,看它是束缚生产力的,还是解放生产力的"。邓小平明确表示,"正确的政治领导的成果,归根结底要表现在社会生产力的发展上,人民物质文化生活的改善上"②。其次,执政绩效体现在社会和人的全面发展层面。"社会历史进步是执政绩效评价的最终标准。"③世界上很多政党的执政实践,从现实的数据考量上看,相当华丽,但却经不起历史和价值的考量。江泽民在十五大报告中指出:"我们党来自于人民,植根于人民,服务于人民。建设有中国特色社会主义全部工作的出发点、落脚点,就是全心全意为人民谋利益。"④习近平总书记在党的群众路线教育实践活动工作会议上的讲话中进一步强调:"党的根基在人民、血脉在人民、力量在人民。失去了人民拥护和支持,党的事业和工作就无从谈起。"⑤

(三)党的执政体制、机制

执政体制是基本政治制度的实现形式。政党执政顺利进行的一个前提是必须合理合法地界定党权、政权与社会权利(民权)的职能及其作用的界限。中国共产党的执政体制究其实质就在于对其领导权、国家政权、社会权力等各种权力结构的制度化安排。党的"立党为公、执政为民"的执政理念能否落到实处,与党的执政体制是否科学、健全密切相关。中国共产党的执政体制主要包括党内体制、党政体制和党社体制。"党的执政活动能否正常进行以及效率、效果如何,在很大程度上取决于制度和体制的设计是否科

---

① 奚洁人:《中国共产党的执政能力与领导哲学》,东方出版中心 2011 年版,第 206 ~ 207 页。
② 邓小平:《高举毛泽东思想旗帜,坚持实事求是的原则》,《邓小平文选》(第二卷),人民出版社 1994 年版,第 128 页。
③ 奚洁人:《中国共产党的执政能力与领导哲学》,东方出版中心 2011 年版,第 212 页。
④ 江泽民:《高举邓小平理论伟大旗帜,把建设有中国特色社会主义事业全面推向二十一世纪》,《江泽民文选》(第二卷),人民出版社 2006 年版,第 45 页。
⑤ 习近平:《群众路线是党的生命线和根本工作路线》,《习近平谈治国理政》,外文出版社 2014 年版,第 367 页。

学。"①能否适应党的执政方位的变化，优化党内、党政和党社体制是党的执政能力水平能否得到充分发挥，人民能够获得更多可能权益的重要因素。从党的执政实践看，由于执政体制的不健全、不科学，曾使党的执政形象遭到严重破坏，典型的表现就是十年"文化大革命"的历史经验教训。

执政机制包括党内运行机制（由党内吸纳和代谢机制、授权机制、监督制约机制、民主决策机制等组成）、党政互动机制（包括决策供给机制、干部供给机制等）和党社互动机制（包括社会整合机制、信息沟通机制、社会民主监督机制、社会参与机制等）。很显然，健全完善的执政机制是维护和巩固党良好执政形象的关键步骤，党内、党政、党社执政机制的健全完善，对于党在社会层面赢得拥护、支持，在政权层面赢得执政有效性，推动社会进步，都带来积极影响。

（四）党的政治社会化

党的执政形象的形成是党与社会成员之间主客体相互作用的结果，良好形象的塑造、维护、巩固更离不开各种传媒的有效介入，相对于计划经济时期"党媒"的一统天下和单位制条件下党组织的强大渗透能力，新时期互联网全媒体时代"众声喧哗"和社会利益多元化、阶层分化组织对人们影响功能的弱化，作为政党功能之一的政治社会化如何有效发挥作用就显得尤为重要。

政治社会化是以阶级的政治取向为核心的政治情感、政治态度、政治知识、政治信仰，简言之，即政治文化的形成、维持、传播和发展的过程。以广大人民群众的利益为己任，中国共产党注意团结、动员和教育广大人民群众。把思想建设放在党的建设的首位，是中国共产党建设的一个突出特点和独特优势。党的政治社会化主要包括三个要素：一是动员的理论基础，也就是意识形态，具体体现为对马克思主义理论的创造性的发挥与在实际中的灵活运用；二是动员的形式，表现在运用明示的和暗示的社会化等多种手

---

① 梁道刚：《关于中国共产党执政机制的理论探讨》，《当代中国政治研究报告》，第78页。

段,强化党的路线、方针、政策的传输和渗透;三是动员的载体,其中最重要的就是对于党组织及各种社团、组织的运用。

党的形象关系党的命运。中国共产党是一个重视并拥有良好形象的马克思主义政党,这种良好形象来源于中国共产党作为马克思主义政党的内在规定性,来源于她的阶级先进性,她的性质、宗旨、理念、路线、方针、纲领、政策;来源于她的组织和成员的执着和坚持,从民主革命到社会主义建设、改革,坚持与人民在一起,无数党员、干部在广大群众中树起了令人仰止的精神丰碑;来源于她执政实践中始终抓住"党的自身建设"这个根本保障,始终抓住"党的执政绩效建设"这个根本依据,始终抓住"党的政治社会化"这个根本途径,不断健全、完善"党的执政体制、执政机制"这个影响党的执政形象的重要因素。

党的执政形象是人们对党的性质、宗旨在执政过程中落实和体现程度的总体评价。考察、思考党的执政形象,首先,要解决作为党的形象主体的党员、党员领导干部和党组织如何"内强素质、外塑形象"的问题;其次,要解决执政实践中如何提高执政绩效问题,而长期困扰党的内在先进性得不到有效落实问题,很重要的一个因素就是党的执政体制、执政机制还不够健全、不够通畅,现实中还存在着"虚置""内耗""切割",不能实现高效运转,以及在当代"全媒体时代"背景下,党的政治社会化的途径、理念还跟不上现实发展的需要等。

中国共产党执政形象问题涉及历史学、政治学、公共关系学、传播学、社会学等多个学科,从执政党的建设角度看,党的执政形象就是如何适应党所处历史方位以及世情、国情、党情的变化,努力加强自身建设,全面推进党的建设日益走上科学化轨道,以推动中国特色社会主义全面发展的成就造福人民,以构建良性互动的党群关系,让民众认识党、了解党、认同党,始终与人民"在一起"。

政治文化视域下中国共产党政治象征的塑造、实体与规制①

（华东政法大学政治学与公共管理学院　周光俊）

【摘要】文化是一个政党一个国家的精神旗帜，作为先进文化代表的中国共产党更加强调政治文化的突出作用，通过重建、新建、摧毁、修正、继承、借鉴等方式生成特定的政治实物、场所、仪式、话语、人物等政治作品，塑造了红色中国的政治象征以证明自身合法性和维护自身统治秩序的政治象征。与此同时，政治权力的塑造需要、政治象征的表述机制要与政治权力表达的有效性相连，规制政治权力的表达与象征的塑造。

【关键词】政治文化　政治象征　塑造　表达　规制

文化是一个政党一个国家的精神旗帜，政治象征作为政治文化重要的资源，则是文化的资本，"不管属性怎样（无论哪种资本，有形的、经济的、文化的、社会的），这种属性被社会行动者感知类别如此之广，他们能感受它（领会它）、确认它并使之有效"②，体认与承续。因此，开发中国共产党革命、建设、改革时期的政治象征资源能够为政治文化建设提供社会资本，确认政

---

① 本文曾发表于《领导科学》2017 年 9 月中刊。

② ［法］皮埃尔·布尔迪厄:《实践理性——关于行为理论》,谭立德译,生活·读书·新知三联书店 2007 年版,第 95 ~ 96 页。

治统治的合法性,为治理能力与治理体系现代化整合新的资源、凝聚新的意志、汇聚新的共识。

政治象征是意义与载体的统一体,强调政治属性和象征载体,任何政治象征既是表达意义的载体,也通过载体表达出特定的政治意义。在中国共产党革命、建设、改革的历史时期,作为载体的政治象征是以何种方式塑造了政治文化,这种挖掘在多大程度上是有效的,又以何种方式规制了政治象征对政治文化的不合理塑造乃至冲突的?

一、政治象征的塑造:变化中稳定与稳定中变化

任何政权都极力塑造表达自身合法性、提供集体记忆、彰显历史传统与时代价值的政治象征。因此,中国共产党结合历史文化传统与现实政治情境,努力将自身的政治话语转化为相应的"作品",即政治象征,而不是简单地通过政治宣传和政治行为表现出来。

一是重建政治象征。重建指的是部分地恢复因为自然或人为原因消失消逝的政治象征,如部分的恢复祭祀孔子的仪式。重建的基础是认同原有的政治象征所表达的意义基本上与现政权所重建的政治象征所要阐释的意义等同。正是建立在意义大致相同的基础上,消逝的政治象征才允许被重建。如果消失消逝的政治象征与现政权的话语体系和价值理念是截然不同的,那么我们很难想象现政权会重建原有的政治象征。当然,不可否认的是,因为语境的不同和情境的差异,重建的政治象征所要表达的意义已经不可能完全等同于原有的政治象征所要表达的意义,重建的政治象征所要表达的意义无疑会经过现政权的改造,使其在提供共同历史记忆的同时符合现政权的意识形态。

二是新建政治象征。新建指的是为了突出现党派特色和政权属性而特意去建造某些政治象征,这些政治象征反映了共产党在革命、建设、改革过程中值得纪念的事、物、人等。由于革命、建设、改革是属于人民解放事业,是无产阶级革命,因此其与历史上任何一个政权的压迫性质都存在着本质

的区别,这也促使党和国家必须新建政治象征以示区别。新建可以说是政治象征塑造中最为常用的做法,仅仅是革命的历程中党就对新建政治象征给予了高度重视,确认了"三八"妇女节、"五一"劳动节、建党纪念日、抗战胜利纪念日等纪念日,确认了对孙中山、鲁迅等重要历史人物的纪念。随着共产党领导人民建设国家的深入推进,尤其是改革开放的不断深化,新建政治象征亦会随着建设的深入而不断地推进。因此,新建并没有终点,也不会终止。

三是摧毁政治象征。由于党和国家的人民属性,使得历代政权留下来的政治象征很多都与党和国家的价值观念和意识形态不相符,甚至截然相反。为了彰显党和国家的价值观念和意识形态,某些政治象征被摧毁。从政治象征的表达性功能来看,与其说摧毁的是政治象征,不如说摧毁的是其背后原有的权力话语体系。也正是因为摧毁了政治象征背后的权力话语体系,即使政治象征仍然存在,也难以表达出其特定的意义。正是在这个意义上,因为新中国的成立摧毁了原有的权力话语体系,使得某些政治象征失去了原有的意义,不合理的政治象征被摧毁。

四是修正政治象征。修正指的是历史留下来的某些政治象征与共产党党派特征、政权属性存在一定程度的不契合,从而需要对这些象征符号加以再阐释以使其符合党的意识形态。"中国历史遗留给我们的东西中有很多好东西,这是千真万确的。我们必须把这些遗产变成自己的东西。"①在这里,毛泽东所言"变成自己的东西"就是要取其精华去其糟粕,留下能体现政治合法性、彰显政治价值和话语体系的部分,剔除影响政权合法性的部分。新中国成立后,对故宫这一封建时代皇权的政治象征进行了修正。通过将紫禁城仍然作为北京城的中轴线、故宫不再作为领导人居住办公之地、故宫博物院对外开放、改扩建天安门广场等手段,成功将以故宫为核心的封建皇权标志改造成了新生政权的政治象征,意寓新中国是人民的政权。

---

① 毛泽东:《同英国记者斯坦因的谈话》,《毛泽东文集》(第三卷),人民出版社 1996 年版,第 191 页。

五是继承政治象征。继承指的是某些政治象征符合历史文化传承和自身话语体系的需要,从而继续发挥其政治象征功能。政治象征是否能够被继承主要取决于两个因素,一是是否与共产党本身的政治权力体系和意识形态冲突,二是基于历史文化传承的需要。尊重历史是为了尊重民众的心理情感需要,符合党和国家权力话语是为了保证自身统治的延续和合法性的塑造,只有符合上述两点的政治象征才能被继承。新中国成立后,北京继续作为首都,不仅是认可北京的历史地位,传承元明清等朝代的历史文化,而且也是充分考虑了北京的国际安全和国际政治格局的战略地位以及北京在共产党政治话语中的地位。作为五四运动、一二·九运动所代表的在中国革命进程中起先导作用的大事件的发源地,北京是人民民主专政的国家政权区别于中华民国独裁专制的国家政权的象征。

六是借鉴政治象征。作为国际共产主义运动的一部分,党领导的革命、建设、改革在很多方面都学习借鉴了以苏联为首的国际共产主义运动,但也并不仅限于国际共产主义运动。借鉴不是照搬照抄,这既是党在长期的历史斗争、国家建设与改革开放中实践摸索的结果,也是党自身理论水平提升的结果。"我们既反对盲目接收任何思想也反对盲目抵制任何思想。我们中国人必须用我们自己的头脑进行思考,并决定什么东西能在我们自己的土壤里生长起来。"[1]中国共产党人愿意也必须吸收国外的先进思想,但也不可能全盘照抄,要具体考虑中国的国情。回望党史,我们不仅学习借鉴了诸多的政治象征,甚至学习借鉴了政治象征塑造方式。

二、政治象征实体:政治文化的作品

(一)特定的政治实物

特定的政治标志指的是能够反映党和国家特色的符号和象征,如党旗、

---

① 毛泽东:《同英国记者斯坦因的谈话》,《毛泽东文集》(第三卷),人民出版社1996年版,第191页。

党徽、国旗、国徽、宪法、人民币等。特定的政治标志之所以能够产生政治象征意义,是因为特定的政治标志被赋予了执政党所掌握的国家权力,通过一定的式样、色彩、图案等反应政权的特色和历史文化,使得民众认同隐藏在标志后面的权力。不同于特定的政治场所、政治人物等其他政治象征符号,政治标志不仅是政党及其政权有意识创立的,也是一个政党与政权的必须符号;而特定的政治场所、政治人物等政治象征意义可能是在长期的政治实践中被赋予的,但是特定的政治标志则是政党及其政权建立之后第一时间需要建构的。

为了增强自身的识别度与影响力,共产党成立之后即借助于共产主义运动通用的黄色镰刀锤子、红旗等标识自身与共产国际的关系,同时也将自身与国民党等其他党派相区别。由于缺乏统一的标准和客观条件所限,各级党组织与地方政权的政治标志式样差别较大且较为粗糙,但基本的镰刀、锤子、红色等图案和色彩已经具备,代表着新生的中国共产党及其革命的初期效果已然达到。在长期的革命、建设、改革过程中,党逐步认识到统一政治标志制式的迫切性,先后对根据地的政治标志做了统一的规定。如1942年4月28日,中共中央政治局对中国共产党的党旗样式做出决定:“中共党旗样式宽阔为三与二之比,左角上有斧头镰刀,无五角星”。这样,延安诞生了中国共产党第一批制式党旗。新中国成立之后,在借鉴其他国家主要是苏联和自身历史经验教训的基础上,新诞生的中华人民共和国开始发行人民币、起草宪法、制定国旗国徽等,建构了一系列政治标志。这些政治标志的诞生有效地巩固了新生的人民政权,强化了对共产党的向心力和凝聚力,为大规模有效地开展政治权力实践提供了心理准备;同时,这些标志更是有效的区分了党和国家与国民党及其政权,赢得了民众的认可。客观地说,由于受到当时主客观条件的限制,民众对其政治标志的认可在很大程度上是基于其迥然不同的图像的识别度与向心力,因为这样的图像是长期革命实践中积累的,“图像的视觉结构有一种特殊的效力,它们能够传播意义、陈述力量、规定位置"①。

（二）特定的政治场所

特定的政治场所指的是具有一定政治象征意义的场所，能够反映政权特色的活动场所，如天安门、中南海、北戴河、延安等。特定的政治场所之所以能够彰显象征意义，在实质上是因为特定的政治场所就是微型的"剧场"，不同的政治人物在特定的场所提供的舞台上扮演着不同的角色，"导演""演员""工作人员""观众"等角色分工明确，共同演绎基于政治场所的政治权力表达。没有特定的政治场所，角色难以为继，权力表达没有平台，象征意义的演绎就难以表达。

由于力量的弱小和局势的异常复杂，更由于与国民党"合作—对抗"关系的变化，共产党自成立后就一直在努力寻求自身安全的环境，战争与合作都是可选项，因此对于特定政治场所的象征意义并未给予高度重视。长征结束后，由于一致对外抗击日本入侵的局势需要，共产党与国民党关系趋于和平，到达延安的中共中央开始系统性地反思建党以来的各种问题，同时，确立了毛泽东的实际领导地位。由于共产党的宣传和实际上的政治贡献，延安成为革命圣地，党在革命战争年代最具代表性的政治场所诞生了。延安的革命领导地位在抗日战争和解放战争中被凸显，成为有志青年心向往之的地方，并经由斯诺等国外友人的宣传而成为中国革命的代表性标志。新中国成立之后，进驻北京的中共中央开始有时间和能力进行政治象征的塑造工作，这表现在北京城的改造中，尤其是对天安门的改造中。天安门是进入皇家紫禁城的要冲，是皇权统治威严的集中体现，代表着封建社会的统治秩序。自辛亥革命以来，政权走马灯式的变换，天安门在政治斗争中并未成为争夺的焦点。新中国成立后，党和国家将天安门广场从皇权的象征改造成人民的场所和开放的场所，以天安门为中轴线开始大规模的改造北京城。天安门城楼正中悬挂毛主席像，两旁标示"中华人民共和国万岁"与"世

---

① 韩丛耀：《图像：一种后符号学的再发现》，南京大学出版社 2008 年版，第 29 页。

界人民大团结万岁"的标语,对面建造人民英雄纪念碑,兴建人民大会堂、国家博物馆(系中国革命博物馆与中国历史博物馆合二而一),后又建立了毛主席纪念堂等一系列代表人民革命和国家建设的政治建筑符号。此后,天安门及其广场周边被彻底改造成中国共产党领导下的人民政权的象征。以延安、天安门为代表的政治场所成为共产党领导人民走向民族独立、国家强盛的重要标志,并通过不断的宣传成为革命、建设、改革的成果"作品",成为党和国家政权合法性的重要来源。

(三)特定的政治仪式

特定的政治仪式指的是通过政治祭祀、典礼、集会等方式,向社会传达特定的政治秩序与权威,提供作为集体的"我们"与"他者"的对话方式,在此过程中"我们"抛弃世俗进入"他者"的精神世界,感知"他者"。特定的政治仪式之所以能够展现一定的政治权力,提供一定的政治秩序,正是因为"纪念仪式是在特定时间对某个历史事件或历史人物,通过在一个神圣场地的操练来纪念,仪式过程实际上是营造了一个使参与者自我反省并且能够与'他者'开展'对话'的空间,符号象征的社会功能得以发挥"①。

共产党成立之后,在漫长的革命、建设、改革过程中不断完善自身的政治仪式。从最初的没有固定开会周期的党代表大会到五年一次,从纪念战斗中逝世的英勇军人到为之建立革命历史纪念碑并固定祭祀,从没有勋章、奖章等荣典仪式到固定举行授衔授勋荣誉称号仪式,政治仪式逐步渗透到基层,将官方的权力和话语体系成功的通过仪式展示给民众,并通过选择性激励为之设立固定的可追求的荣誉和代表空间,成功地将民众固定在自身的权力空间中。"仪式作为象征性的行为与活动,不仅是表达性的,而且是建构性的;它不仅可以展示观念的、心智的内在逻辑,也可以是展现和建构权威的权力技术。"②仪式的表达与建构效果很大程度上取决于民众的"入

---

① 陈蕴茜:《时间、仪式维度中的"总理纪念周"》,《开放时代》,2005 年第 4 期。
② 郭于华:《仪式与社会变迁》,社会科学文献出版社 2000 年版,第 4 页。

戏"程度,也就是民众是否进入仪式以及进入仪式后对仪式的感知程度与对自身生活的影响程度。政权为了能够让观众充分"入戏",就会不断地要求其参与仪式操演,或出席仪式,或发表演讲,或接受荣誉,构建属于本政权的仪式规则与形象,使其在心理层面认同仪式;构建属于本政权的道德模板、认知模式,认同仪式代表的价值规范和权威标准;构建属于本政权的政治象征资本,认同仪式所代表的权力话语。如此,在不断重复的仪式中强化政权对民众的影响力,强化仪式所代表的集体记忆和社会意识形态。

（四）特定的权力话语

权力话语的塑造是在特定的事件、政策、口号中体现的,指的是为了区别"我们"和"他者",通过采取不同于其他党派和政权的话语,并且在实践过程中不断地完善已有的事件、政策、口号的叙事体系,以塑造更加符合自身特点的权力话语。典型的如整风运动、"从前是牛马,现在要做人"等。作为政治象征的特定事件、政策、口号,其首要的功能是区别,即将共产党及其政权与其他政党及政权相区别,使民众对其有鲜明的认知。作为直接渗透和实践的政治象征,事件、政策、口号直接作用于民众,对民众的日常生活、精神关怀等领域产生直接的影响。事件的评价有别,政策的效果各异,这就导致权力的渗透和实践效果并不总是如意,有时甚至相反。因此,作为事件、政策、口号的政治象征需要经过试点、调研等方式方可实施,否则就会产生截然不同的效果。而事件、政策的执行中需要口号的先行宣传以启蒙群众。口号"可以直接鼓舞群众情绪,口号愈明确愈通俗,就愈适合群众的口味,群众接受就愈快"①。

共产党成立之后开始了漫长的革命、建设、改革道路,发生了一系列意义深远的事件,出台了一系列影响深远的政策,喊出了一系列唤醒启蒙的口号。从"二大"提出反帝反封建的民主革命纲领到"五年计划",从"打土豪、

---

① 冀南四地委宣传部.土地改革中的口号汇集(1947年),河北省档案馆藏,档号36-1-26-2,转引自李里峰:《群众运动与乡村治理——1945—1976年中国基层政治的一个解释框架》,《江苏社会科学》,2014年第1期。

分田地"到家庭联产承包责任制,从"三三制"到人民代表大会制度,从"大跃进"到"文革",从"中国共产党万岁"到"中国梦"等。虽然部分事件、政策、口号本身可能是错误的,或者在渗透与实践过程中出现偏差产生了截然相反的效果,但难能可贵的是,共产党及时予以调整,获得了民众的重新认同与支持。"简单扼要说,中共只是无意中做了两桩事,好像一个伟大宗教那样子,填补了中国缺乏宗教的漏空,此其一。从而引进了团体新生活,以代伦理旧组织,此其二。"①梁漱溟的言论看似"惊悚",但却道出了两个事实,一是共产党确实成为了民众的救星和希望,二是共产党确实不同于其他政党。这主要是通过党的组织纪律和一系列的事件、政策、口号来体现的。作为以马列主义为指导思想的政党注重组织原则和组织生活,强调民主集中制,严肃党的纪律;作为代表无产阶级利益的政党,强调为最广大人民服务,对民众最关心的问题在不同的时期给予不同的回应,以最大限度的调动民众的积极性。上述两个方面的结合使得共产党能够通过内外兼修不断发展壮大自己,使自己的权力通过事件与政策被民众感知、认可并接受,使民众认同党和国家的统治秩序与权力话语。

(五)特定的政治人物

特定的政治人物指的是能够作为政治符号和象征的标志性人物。这样的人物应该能够表征共产党及其政权,这就要求其不仅是简单的人物,更重要的应该是通过建构能够成为宣传的政治符号,如毛泽东、邓小平。政治人物之所以能够作为政治象征表达政治权力,是因为政治人物是"剧场国家"的主角,"在所有象征符号中,被神化的领袖人物最具渗透力和感染力,因为权威领袖往往最能表达社会情感、对未来的信念和价值观,能够让人产生敬畏、认同、服膺与崇拜"②。

共产党是一个强调集体领导的政党,但同时,因为组织的内在要求使得

---

① 梁漱溟:《梁漱溟全集》(第三卷),山东人民出版社1990年版,第384页。
② 陈蕴茜:《合法性与"孙中山"政治象征符号的建构》,《江海学刊》,2006年第2期。

组织必须存在一个领导核心,以团结全党,所以对党和国家做出突出贡献的领导核心的作用就会被凸显,他们已经不是简单的政治人物了,而是某一时代但又不局限于那个时代的政治名词、政治符号,以至于一提到他就会让民众想起共产党,想起他的贡献。作为政治象征资本,领袖人物对组织的团结能力和象征意义不言而喻。尤其是"在宗教仪式般的氛围下,领袖、伟人和英雄的纪念事宜,与精神偶像的塑造和集体信仰的整合紧密结合起来,成为一种政治资源,被用于加强政权内部的思想政治教育,服务于集权统一的政治权威的建构和巩固"①。共产党在革命、建设乃至改革时期是善于去利用伟人去建构政治信仰的,一个时期毛泽东、朱德等伟人的头像成为热门宣传物。从孙中山到毛泽东以至邓小平,共产党人对领袖人物的塑造呈现出趋于客观、尊重史实的趋势,不再盲目强调个人贡献,在突出个人的同时也极力突出集体领导。毛泽东和邓小平的地位与贡献毋庸置疑,其政治象征意义更自不待言。比较特殊的是孙中山,其生前与列宁的关系、对中国革命的贡献以及其生前与共产党的友好交往等使得他成为中国革命的先行者。中国共产党人以孙中山先生事业的真正继承者自居,利用纪念辛亥革命、植树节,将孙中山巨幅画像放置于天安门广场等仪式,表明自己是孙中山革命事业继承人的地位。

三、政治象征规制:政治文化是否需要与如何需要

政治象征的塑造要考虑政治权力的塑造需要、政治象征的表述机制,盲目地塑造政治象征与滥用政治象征只会带来政治权力表达的不畅。

(一)政治权力的塑造需要

一是政治权力是否需要政治象征进行表达。我们并不否认政治象征"是一座有效的权威工厂,源源不断地生产出权力,以及对权力的忠诚和信

---

① 李恭忠:《"总理纪念周"与民国政治文化》,《福建论坛·人文社会科学版》,2006 年第 1 期。

仰"①,是连接现实领域权力与精神领域权力的桥梁和纽带。然而,在现实政治领域是否需要政治象征来表达政治权力应该是政治象征的首要考虑。某些政治权力是显而易见的,明确而清晰的,无须借助于政治象征进行表达,如公检法的政治权力。某些政治权力不借助于政治象征是难以明确知晓的,如国家主权。虽然公检法的政治权力在很大程度上也依赖于制服、暴力工具等表达出暴力,但是相对于国家主权必须借助于国旗、国歌、国徽、元首等特定政治象征来表达而言,公检法政治权力的表达对政治象征的依赖程度较低。

二是政治象征是否可以有效表达政治权力。如果把政治象征分为概括性的与阐发性的,那么概括性的政治象征"是概括了,展现了,或再现了系统所意味着的东西"。"概括性象征的重要运作方式……是它的汇聚能力,是它吸引、增强和催化对响应者影响的能力。"②也就是说,概括性的政治象征对政治权力的解释是我们不能够清晰界定的,它们的内涵与外延看似被限定在解释框架之内,但实际上却是难以明确而具体说明的。因此,概括性的政治象征对政治权力的解释是模糊而粗糙的,其关键在于可以借助其模糊的形象发挥可能的想象,因此对政治权力的规制能力较弱。阐发性的政治象征借助于"根本的隐喻"与"关键的脚本"使得政治象征的"意义和内容则是相对明确的,秩序化的,有所区别的,并可以清晰地讲述出来的"③。也就是说,阐发性的政治象征是可以清晰解释的,阐发性政治象征对政治权力的解释是被限定在某个解释框架中的,其解释是具体而明确的。因此,阐发性

---

① 王海洲:《政治仪式的权力策略——基于象征理论与实践的政治学分析》,《浙江社会科学》,2009 年第 7 期。

② [美]谢丽·B.奥特纳:《关键的象征》,载史宗主编:《20 世纪西方宗教人类学文选》,金泽等译,上海三联书店 1995 年版,第 204、209 页。

③ "根本的隐喻"与"关键的脚本"是阐发性政治象征的两个方面,前者指的是观念上的阐释力,即象征提供了一套范畴,使得经验概念化,现象之间概念化;后者指的是行动上的阐释能力,将政治象征所意喻的手段与目的相连,既表达了恰当的追求目标,又提出了实现这些目标的有效行为。具体可参见[美]谢丽·B·奥特纳:《关键的象征》,载史宗主编:《20 世纪西方宗教人类学文选》,金泽等译,上海三联书店 1995 年版,第 205～209 页。

的政治象征表达政治权力更加能够使得表达出的政治权力准确无误,不会超越界限,符合其所要表达权力特定的内涵与外延。

(二)政治象征的表述机制

一是政治象征表达政治权力的三个分析层次。政治象征表达政治权力的三个分析层次是可能性、有效性与可持续性。可能性指的是政治象征表达政治权力是可能的,这一点我们已经在前述中充分证明了,此处不再赘述。有效性指的是政治权力通过政治象征予以表达是最为有效率且成本最低的。政治权力的表达方式不外乎强制与非强制,强制性手段是指通过法律、暴力机关、军事力量等,直接地作用于强制对象以确保权力的运行有序;非强制性手段主要是通过政治象征进行精神领域的教育与灌输,这种方式是间接的,通过将权力转化为象征符号,再通过象征符号进行意识形态与价值观念教育,这就使得民众在心理上能够渐渐认同,潜移默化地产生接受权力的制约。可持续性指的是政治象征表达政治权力是可持续的,影响是长久的。政治象征是表达的是意识形态和价值观念,最直接渗透和嵌入民众的内心,通过日常生活、政治仪式、学校教育等不断的灌输从而在民众内心扎根,将意识形态与价值观念通过塑造政治象征以长期稳定地表达,而政治象征的稳定亦在侧面证明意识形态与价值观念的长期稳定。

二是政治象征表达政治权力的三个实践层次。政治象征表达政治权力的三个实践层次是浅层次、中层次和深层次。浅层次指的是政治象征表达的政治权力都是显性的、表面上的,可以是不成文的惯例,也可以是成文的法律法规等。比如法律规定北京是首都,那么北京就理应作为政治象征,成为全国的权力中心。深层次指的是政治象征植根于内心,需要结合想象、知识等进行一定的推理才能够了解其表达的意义,政治权力通过政治象征的作用合法化,无形中让民众感知权力的存在,在心里形成对权力的认可,是隐性的表达,具有嵌入性与渗透性的特征。比如,法律虽然规定五星红旗是国旗,但是如果不了解五星红旗五颗星、红颜色等表达的意义,就难以将它与共产党的领导地位和革命历程联系起来。中层次介于浅层次与深层次之间,也就是介于显性与隐性之间,即在神圣性与务实性之间,既要让民众懂政治象征的符号意义,又不能明确无误地昭示。比如,祭祀人民英雄的政治仪式,这种仪式提供了后辈的"我们"与前辈的"他们"之间的对话空间,"我们"无疑都了解"他们"的功绩,懂得这种仪式背后的含义,但是又提供了神圣的仪式感,让"我们"进入其中。

三是政治象征的夸大解释与象征过多问题。政治权力有效塑造政治象征,集中在对象征符号本身的数量多少和意义表达上,意在解决权力表达中政治象征的夸大解释与象征过多的问题。夸大解释是政治象征在表达政治权力时故意夸大,随意变更,无中生有。象征过多则是同一权力塑造的政治象征重复且没有意义。同一权力塑造的政治象征可以是单一的,也可以是多样化的,但是,却不能是重复的,否则只会淡化象征意义。因此,政治权力对政治象征的规制要求既不能对政治象征夸大解释,也不能同一权力塑造的象征重复且没有意义。

通过政治象征,共产党成功的唤醒与启蒙了民众"潜藏的政治能力、政治表现欲和政治创造性","中国人关于时代、历史与'我们'及其关系的认知程度、对国家政治和外部事务的关注程度、对政治变迁与个人命运之间联系的意识程度、对政治语言运用与政治事务描绘的夸张程度,都达到了无与伦比的高度"。① 但是,在政治象征的塑造过程中,要保持一定的度,确保政治象征有效表达政治权力,政治权力有效塑造政治象征。作为合法性的载体,象征"指导着我们的行为,规劝着我们记住一些东西又忘掉另一些东西,日复一日地从我们的所作所为中营造着我们个人的经历"②。

---

① 陈明明:《作为一种政治形态的政党——国家及其对中国国家建设的意义》,《江苏社会科学》,2015 年第 2 期。

② [俄]谢·卡拉-穆尔扎:《论意识操纵》下,徐昌翰等译,社会科学文献出版社 2004 年版,第629 页。

新时期中国共产党形象建设文献研究述评[①]

（黑龙江大学马克思主义学院　张磊）

【摘要】中国共产党形象建设是中共党建理论研究的热点和难点问题。本文搜集整理了新世纪以来国内外发表的相关学术研究文献，从党的形象建设内涵、特征、历史发展脉络、国家领导人党的形象建设思想、党的形象建设实现途径及党的形象建设与传播学等关系进行了梳理和分析，并对学界当前的研究状况予以评价，提出了今后开展党的形象建设研究的对策。

【关键词】中国共产党　形象建设　综述

何为政党形象？政党形象是指政党展现给公众的风貌和公众对其一种综合性、整体性的印象和评价。中国共产党作为执政党，其自身的形象有着鲜明的阶级性。它的形象表现为先进生产力的发展要求、先进文化的前进方向、人民的最根本利益和实现科学的发展理论。它是党的阶级属性、精神风貌、行为作风等在社会公众群体中的反映，是党执政理念、执政能力和执政业绩在公众中留下的整体印象和看法，是国内外对中共执政成果的重要评价体系之一，关乎执政党建设理论的发展和实践。本文梳理了 21 世纪以来国内、国外众多学者对中国共产党形象建设的研究成果，提出中国共产党

---

①　本文曾发表于《红色文化学刊》2017 年第 1 期。

加强形象建设研究的对策,以期拓展此类问题的研究方向和路径。

一、中国共产党形象建设国内研究评述

中国共产党形象建设研究是党建理论研究的热点问题,也是国外学者研究中共政党理论的聚焦点。改革开放后,学者通过对历史文献的梳理展开了此问题的研究,并取得了部分成果。党的十四大后,改革开放的步伐加快,社会主义市场经济的进一步确立和发展,使得国内经济发展释放出巨大的发展潜力,国民的物质生活得以改善和提高,国内外学者开始关注于中国共产党形象建设的研究。21世纪以来,党的形象建设成为观察中国共产党执政业绩的重要指标,国内外大量的学术研究成果聚焦于此。

中国共产党形象建设的主要代表性专著有:林少雄、陈剑锋的《意识形态的形象展示》(2009);丁柏铨等的《执政党与大众传媒》(2010);于运全主编的《中国共产党国际形象研究》(2014);段功伟的《权力的辩护:执政党公共形象传播研究》(2015)等。通过知网2016年12月检索,期刊学术论文约有近百篇,从党的形象建设的不同视域进行了分析和研究。博士硕士论文文章有:李冉《中国共产党政党文化研究》(2006);黄敏《国家形象的建构与传播——以北京奥运会为例》(2009);刘爱武《国外中国模式研究评析》(2011);张吉寿《中国共产党形象塑造研究》(2012);井凤娇《改革开放以来邓小平、江泽民、胡锦涛党的形象建设思想》(2013);马若云《网络公共领域中加强中国共产党形象建设研究》(2015);何鹏程《长期执政条件下的政党形象塑造》(2015);汪如磊《中国共产党执政形象问题研究》(2016)等。此问题研究的综述类文章有:《关于党和国家形象对外表述的若干问题》[①]《党的

---

① 王浩雷:《关于党和国家形象对外表述的若干问题》,《北京大学学报(哲学社会科学版)》,2008年第3期。

形象研究二十年综述》①《新时期以来中国共产党执政形象建设研究综述》②《中国共产党形象建设研究综述》③《新时期以来中国共产党政党形象研究述评》④《中国共产党形象建设研究综述》⑤《中国共产党形象建设研究综述》⑥等文章均对党的形象建设的研究状况进行了分析,但显少见于对国外关于此类问题的评述。

关于党的形象内涵、特征研究。李海新⑦提出,中国共产党形象就是中国共产党的本质被感知的外在表现,是人们对自身所感知的中国共产党的外在表现所做出的判断。中国共产党的外在表现主要包括党的路线、方针、政策的正确与否,党组织的完善健全与否,以及领导人的风范和情操党员干部的素养和作风,普通党员的言行和表率等。齐卫平⑧认为,21 世纪中国共产党形象建设的内涵包括,创新形象、强大形象、民主形象、务实形象、廉政形象、亲民形象和法治形象。张浩、唐红洁⑨对党的形象内涵、表现和作用进行了分析,指出党的形象,实际上是党的客观实在与公众主观认知、评价的混合物,是党的客观状态在其内部公众(党员)和外部(主要指人民群众)心目中的投影,是内部公众和外部公众作为主体,感受党这个客体而形成的认知、印象和态度的综合反映。根据党的形象空间辐射的范围层次,从党内、国内和国际三个视角来分析党的形象作用。李朝阳⑩对党的形象内涵及如何系统塑造党的优良形象进行了论述。党的形象是指能够引起公众思想情

① 石国亮、梁文杏:《党的形象研究二十年综述》,《山东省青年管理干部学院学报》,2009 年第 6 期。
② 齐燕春:《新时期以来中国共产党执政形象建设研究综述》,《北京电子科技学院学报》,2011 年第 1 期。
③ 龚廷春、王喆:《中国共产党形象建设研究综述》,《宁夏党校学报》,2014 年第 6 期。
④ 刘兴旺:《新时期以来中国共产党政党形象研究述评》,《珠海市委党校学报》,2015 年 3 期。
⑤ 李冬英:《中国共产党形象建设研究综述》,《中共伊犁州委党校学报》,2016 年第 3 期。
⑥ 张震:《中国共产党形象建设研究综述》,《中共杭州市委党校学报》,2018 年第 8 期。
⑦ 李海新:《略论党的形象建设》,《华北电力大学学报》,2000 年第 4 期。
⑧ 齐卫平:《新形势下的中国共产党的形象建设》,《长春市委党校学报》,2003 年第 6 期。
⑨ 张浩、唐红洁:《论党的形象的内涵、表现与作用》,《理论探索》,2007 年第 3 期。
⑩ 李朝阳:《党的形象:关系党的前途的重要课题》,《天津师范大学学报》(社会科学版),2011 年第 1 期。

感的"两个先锋队"的性质、全心全意为人民服务的宗旨和党员、党组织的一切活动等客观情形,又指公众以上述客观情形为基础形成的某种主观评价。

关于党的形象的历史发展研究。孟财①从三个方面总结了建党九十多年来中共形象建设的宝贵经验。熊忠辉②用党史史料论证了延安时期党的形象传播复杂的历史背景和传播形式。贺宇、左伯林③从五个层面论述了延安时期党的形象塑造的外在表现,一是继承和延续了党成立以来一贯重视自身形象塑造的优良传统;二是延安时期,党通过成功的形象塑造,在巩固抗日根据地,发展壮大自身力量中发挥了积极重要作用;三是延安时期,党积极开展的外交活动,打破国民党新闻封锁,成功宣传党的形象,赢得了国内外众多力量的赞誉和支持;四是延安时期,党借助形象塑造,在国共两党斗争过程中占据上风取得了巨大成功;五是通过形象塑造,重视自身建设,永葆政党先进性的根本体现。洪富忠④对抗战时期中国共产党形象塑造研究的兴起、现状及趋势进行了深入探讨。学界对抗战期间中国共产党形象塑造研究在地域上侧重于根据地,对大后方中国共产党形象塑造关注还不够;在研究方法上,多学科的交叉融合有待提升;在使用材料上,第三方材料的使用还有较大的提升空间。

对中国共产党形象塑造的研究有助于我们深刻理解抗战期间中国共产党壮大的多维面相,管窥中国革命成功要诀,一定程度上也可为当下中国共产党的国内外形象塑造提供历史借鉴和启示。于艳艳⑤通过梳理改革开放以来党的纪念活动形式的变化,总结了建党纪念对党的形象塑造表现和影

① 孟财:《建党90年来中国共产党形象建设的经验与思考》,《胜利油田党校学报》,2011年第3期。

② 熊忠辉的:《试论延安时期共产党的形象传播》,《南京政治学院学报》,2011年第6期。

③ 贺宇、左伯林:《论延安时期中国共产党的形象塑造及当代启示》,《西安政治学院学报》,2011年第5期。

④ 洪富忠:《抗战时期中国共产党形象塑造研究的兴起、现状及趋势》,《西南交通大学学报》(社会科学版),2019年第1期。

⑤ 于艳艳:《新时期党纪念与党的形象塑造》,《中国石油大学学报》(社会科学版),2013年第1期。

响。新时期建党纪念主要是会议纪念、文本纪念、文娱纪念和其他纪念所构成,通过对建党纪念主要塑造了党伟大光荣正确的形象、与时俱进的形象、先锋队形象和公开透明的形象,其意义主要有:有利于推进党的建设、有利于增强党执政合法性、有利于改善和提升中国的国家形象。陶厚勇①梳理了革命、建设和改革三个历史时期党的形象建设的历史脉络,并提出了加强执政党形象建设的对策。革命年代和新中国成立初期,是党执政形象的塑造和确立时期,党的形象主要表现为迎难而上、勇于担当、立党为公、执政为民、艰苦奋斗、勤俭建国、独立自主、实事求是、坚持民主集中制和勇于开展批评与自我批评的形象;改革开放后,则表现为勇挑重担、敢于担当的形象进一步增强,执政为民的形象更加凸显,艰苦奋斗的形象得以传承。赵宇②研究了党在抗日战争时期塑造形象的途径和方式,主要是通过印发指导宣传文件、举行纪念大会或集会游行、出版纪念专刊或特辑、发表社论或纪念文章和创作文艺作品等方式进行的。

关于国家领导人党的形象建设思想研究。代红凯③以 1944 年 2 月中外记者西北参观团为历史考察对象,通过史实梳理来肯定毛泽东对国外媒体宣传中共形象做出的努力,包括高度重视访问团的准备接待工作,对国民党诬蔑的阴谋及时反驳与揭露,阐释与实践中共抗日、民主、团结的政治理念,展现在与国外记者交往中的个人魅力,促使西方英美等国家对中共真实政治形象及在抗战中的重要作用和地位给予客观认知和必要评价。李朝阳④指出邓小平立足现实,重新树立解放思想、实事求是的形象,树立改革开放矢志不移地推进中国特色社会主义事业的形象,树立党的领导集体形象,维

---

① 陶厚勇:《我党执政形象建设的历史考察》,《重庆社会科学》,2015 年第 4 期。
② 赵宇:《"七一"纪念活动与抗战期间中共形象塑造的路径问题研究》,《攀登》,2016 年第 2 期。
③ 代红凯:《抗战时期毛泽东对国外媒体宣传中共形象的努力》,《毛泽东研究》,2015 年第 5 期。
④ 李朝阳:《邓小平党的形象观论析》,《求实》,2012 年第 8 期。

护全心全意为人民服务的形象。赵驹①论述了"三个代表"重要思想与中国共产党在新世纪形象定位的关系。吴俊青、张国新②分析了"三个代表"集中体现了党的形象的本质内涵,要高度重视当前党的形象同"三个代表"之间的差距。在建设党的形象中要重视整体设计与实施重点突破相结合,要维护传统形象与坚持求实创新相结合,要加强自身建设与发挥群众作用相结合,要注重教育培养与落实从严治党相结合。李朝阳③指出,江泽民在担任党的总书记时期对于树立党的形象做出的贡献,提出铸造党的形象之魂是高举邓小平理论旗帜,推进改革开放;党的形象之根是"两个先锋队";党的形象之体是"三个代表"重要思想;党的形象之重要内容是发扬优良作风。吴春艳④认为,党的十八大以来,以习近平同志为核心的党中央高度重视党的形象建设,提出了一系列新思想、新观点、新论断、新要求。为塑造清正廉洁、以人为本、勇于追梦和开拓创新的政党形象,总书记采取了肯定党的历史形象、实施群众路线教育、践行"两个一百年"奋斗目标、布局"四个全面"战略等重要举措,表现出我党在新的历史时期赢得民心、巩固执政地位的坚定信念。李若辰⑤论述了"四个全面"战略布局与中国共产党形象建设的关系,提出全面从严治党是党形象建设的重要体现;全面深化改革、全面建成小康社会是党的形象建设有力举措;全面依法治国是党形象建设的基本要求。优化党的形象,就是要实现执政党行为、执政能力和作风要素的优化,通过主动的传播、解释和加强党与公众的沟通互动等多种手段来改变公众的评价。程美东⑥指出,党的十八大以来,习近平同志高度重视党的形象问题,他关于党的建设系列理论表述和实践举措,使的形象立体、全面和丰满,

---

① 赵驹:《"三个代表"——新世纪中国共产党的形象定位》,《重庆商学院学报》,2002 年第 6 期。

② 吴俊青、张国新:《"三个代表"与党的形象》,《南京政治学院学报》,2002 年第 2 期。

③ 李朝阳:《江泽民党的形象观论析》,《学术论坛》,2012 年第 8 期。

④ 吴春艳:《习近平党的形象论析》,《中共山西省委党校学报》,2016 年第 4 期。

⑤ 李若辰:《"四个全面"与党的形象建设》,《湘潮》,2016 年第 2 期。

⑥ 程美东:《论习近平对新时代中国共产党的形象设计》,《毛泽东研究》,2019 年第 1 期。

主要有八个方面的内容：大气的形象、"钙"质充分的形象、民主法治的形象、敢作敢为的形象、清廉洁净的形象、改革开放的形象、浩然正气的形象和好学奋进的形象。

关于党的形象建设实现途径研究。赵大朋①对长期执政条件下的中国共产党形象建构存在的问题展开了分析，并提出了应对措施。中国共产党在政党形象建构方面存在内生动力弱化、建构逻辑异化以及建构方式陈旧化等深层次的问题。从三个层面进一步完善中国共产党自身形象的建构：一是完善形象建构的动力机制，提高政党形象建构的持续性；二是实现形象建构逻辑的转型，提高政党形象建构的针对性；三是推动方式方法创新，提高政党形象建构的科学性。祝灵君②以公共选择理论为分析框架，提出了改善党的形象要把握的原则是用激励办法，用奖励和消费者主权的原则；规范办法，用惩罚和意识形态原则。冯妍③认为，塑造和维护好党的形象，核心是保持党同人民群众的血肉联系，关键是提高党员素质，重点是加强党风廉政建设和反腐败斗争，根本原则是统筹兼顾，维护社会主义公平正义。

胡国金、王员④从五个部分论述了党的形象建设的路径通道，一是准确把握党的形象建设的基本要求，为党的形象建设提供科学前提；二是用当代中国马克思主义理论武装全党，为党的形象建设提供思想理论保障；三是全面优化党的执政行为，为党的形象建设提供价值导向；四是塑造党员干部的良好形象，为党的形象提供中介保障；五是加强党群沟通，为党的形象建设提供机制保障。吴伯奎⑤从三个方面提出了加强党的执政形象的对策，一是提高党的执政能力，关键在于增强"五种能力"，改善党的执政方式，这是党

① 赵大朋：《长期执政条件下中国共产党政党形象的建构：挑战与应对》，《湖北社会科学》，2018 年第 2 期。

② 祝灵君：《党的形象建设中的公共选择分析》，《理论与改革》，2003 年第 2 期。

③ 冯妍：《党的形象对提高党的执政能力至关重要》，《中共银川市委党校学报》，2008 年第 1 期。

④ 胡国金、王员：《论和谐社会视野下党的形象建设的实现路径》，《党的建设》，2009 年第 3 期。

⑤ 吴伯奎：《我国执政党形象建设的途径分析》，《大连干部学刊》，2012 年第 7 期。

的形象建设的基础和根本;二是加强党的作风建设,从制度上建党,是提升党的形象的重要内容;三是积极塑造良好的政党媒体形象是党形象建设的重要策略。李素艳①从五个维度论述了党的理论形象建设的对策,以马克思主义为前提,不断提升党的理论形象的开放性和创新力;以中国特色社会主义为内涵,不断提升党的理论形象的民族性和生命力;以人民群众为价值取向,不断提升党的理论形象的进步性和凝聚力;以党的领导为核心,不断提升党的理论形象的政治性和保障力;以全球为视域,不断提升党的理论形象的国际性和包容力。

王可园、齐卫平②分析了加强中共政党形象建设有助于促进党员的忠诚,提升内部凝聚力;有助于增进民众对党的信任度,巩固和保持党的长期执政地位;有助于提升国际交往能力。王员、王立平③首先提出党的形象建设是凝聚实现中国梦力量的精神支柱,其次分析了优化公众对党的形象认知为外在要求,以推进党的形象建设,最后提出了正确处理党的形象与政府形象、历史形象、组织形象和个体形象的关系为抓手,进而推动党的形象建设工程。王立平④阐述了党的形象建设当前面临的挑战,提出加强党的形象对于凝聚中国梦的影响,提升党的形象有助于增强社会认同力、有助于增强党的凝聚力、有助于增强中国力量的持续力。

孙景峰指出,党的形象面临挑战的诸多因素,一是反腐败斗争任重道远,党的廉洁形象仍有较大提升空间;二是价值多元化背景下主流意识形态的弱化倾向,给党的价值观带来挑战;三是历史虚无主义蔓延,损害了党的历史形象;四是党员队伍个体形象存在问题与不足,影响党的整体形象提升。对党的形象提升指出的路径是加强廉政建设,着力提升党的廉洁形象;

---

① 李素艳:《积极推进党的理论形象建设》,《理论探讨》,2013 年第 5 期。
② 王可园、齐卫平:《政党形象建设及其影响力》,《重庆社会科学》,2014 年第 2 期。
③ 王员、王立平:《基于凝聚实现中国梦力量的党的形象建设路径研究》,《云南社会主义学院学报》,2014 年第 2 期。
④ 王立平:《论党的形象建设对凝聚实现中国梦力量的影响》,《思政党建》,2014 年第 5 期。

加强意识形态工作,促进政治认同,有效提升党的价值观形象;加强作风建设,塑造和提升各级领导干部和基层党员个体形象;科学评价党的历史和领袖,努力塑造党的历史形象。李忠杰①指出,党的形象建设应抓好"两个层面""三个环节""两个范围","两个层面"是外部形象和内部形象;"三个环节"是抓好主体、客体和传播渠道三个关键环节;"两个范围"是布偶内和国际范围。罗嗣亮、江烜②对新时代党的形象建设实践路径做出现实观照,要注重创造人民满意的执政实绩;抓住领导干部这个"关键少数",以上率下;要"照镜子,正衣冠","慎独慎微",促进党员干部形象塑造常态化;注重创新党的形象载体。

党的形象建设与传播研究。学者段功伟在《执政党公共形象传播研究》一书中提到了发展政党文化,采取合法性供给、价值供给、气质供给和伦理供给来提升政党公共形象的有效供给。③ 祝邈④认为,建立党的先进性形象传播的长效机制要坚持党管媒体、以正面宣传为主和改进媒介的传播艺术。黄丽萍⑤指出了借助媒介化塑造党的形象的途径:借鉴企业识别系统提升党的形象,加强政党形象的双重建构,建立政党形象评价机制。李冉⑥提出,党的形象建构首先是理念问题,其次是技术问题。执政党应当对接而不是管控的理念来审视自己的执政形象;执政党建构政党形象的重心,在于提升政党形象的"建构力";执政党应当把评价权交予民众,同时全力配置政党形象的培育机制。储连伟⑦分析了新媒体对党的执政形象带来的挑战,一是党的利益表达功能削弱,对党的形象建设带来直接挑战;二是网络环境中形成

---

① 李忠杰:《大就要有大的样子 论中国共产党的形象建设》,《新湘评论》,2018 年第 9 期。

② 罗嗣亮、江烜:《习近平关于党的形象建设的思考和探索》,《党的文献》,2018 年第 3 期。

③ 段功伟:《权力的辩护:执政党公共形象传播研究》,广东人民出版社 2015 年版,第 218～223 页。

④ 祝邈:《党的先进性形象在舆论传播中的确立与维护》,《山东青省年管理干部学院学报》,2008 年第 6 期。

⑤ 黄丽萍:《媒介化时代党的形象塑造》,《党政论坛》,2012 年第 4 期。

⑥ 李冉:《网络媒介时代中国共产党的形象建构》,《政治学研究》,2012 年第 6 期。

⑦ 储连伟:《新媒体视域下中国共产党执政形象建设研究》,《探索》,2015 年第 4 期。

"意见领袖",直接影响、制约、倒逼党的执政活动,从而影响党的执政形象;三是新媒体极易使党的领导干部形象放大化,尤其是负面形象在网络媒体的迅速传播中产生"蝴蝶效应"。杜刚①提出,大众传媒时代,政府形象再造的路径:加强党和政府正面形象的塑造与传播,提高党委政府工作的透明度;净化网络公关空间,治理网络谣言和极端言论;加强危机治理,开展危机公关,改善党和政府形象。杨莉芸②分析了网络时代中国共产党执政形象建设的困境与实现路径,网络时代的"二律背反"成为构建中国共产党执政形象的关键问题,目前其困境主要体现在网络信息公开工作缺位、部分领导干部的媒介形象和某些网络。

"意见领袖"对中国共产党执政形象的影响。因此,需要在主体主导基础上提高对网络传播现实机制的适应、在客体需求上加强中国共产党的执政绩效建设、在关系和谐基础上构建良好的党群关系,以此构建一个多层次、全方位的中国共产党执政形象。

二、中国共产党形象建设国外研究评述

中国共产党高度重视对外传播工作,进行了创新性实践,但在国际舆论中的形象与其目标形象存在一定的落差。基于政治、历史、社会等多学科考察,探索国外对中共形象认知的变化及导致这种变化的原因,有助于我们在世界多极化这一深刻变化背景下,把握世界政治经济发展趋势和规律,从中总结国外对中共形象变迁的历史规律和相关特征,配合中国共产党政党形象和国家形象"走出去"战略布局,将中国共产党执政理念和实践传播到国外,推动国外认识到中国崛起的正面意义。当前,国外对中国共产党形象研究主要是通过研究中国共产党执政现状来映射党的形象建设问题的,研究是从中国共产党治理下的国家和政府、中国共产党的现代转型和中国共产

---

① 杜刚:《论大众传媒与党的执政形象》,《湖北社会科学》,2016 年第 5 期。
② 杨莉芸:《网络时代中国共产党执政形象建设:困境与路径》,《毛泽东思想研究》,2017 年第 9 期。

党的执政合法性等方面展开的,其研究成果多见于美国、德国、法国、英国和新加坡等国学者的著作中,研究成果丰硕,观点犀利,在批驳国外学者丑化党的形象观点中,还应借鉴国外研究成果的观点,这对加强党的执政形象建设研究具有独特的学术价值和意义。

有学者统计了1993年至2002年《纽约时报》和《泰晤士报》对中国共产党的报道与评价,从报道内容来看充斥着专制统治、权力斗争、合法性危机和身份危机等词语,报道以负面性话语体系为主。有学者对2002年7月1日至2012年6月30日的10年间,美国《时代周刊》与《新闻周刊》有关中国共产党的报道进行统计,结果证明,美国主流媒体10年间对中国共产党执政绩效的报道由全盘怀疑变成某种肯定,中国共产党形象由新中国成立之初的红色政党形象,转为多向度、多元化的政党形象。① 西方媒体还经常在中国发生危机性事件时,歪曲或丑化中国共产党和中国政府的形象。比如,2003年,中国抗击非典取得胜利。《华盛顿邮报》关于"非典"的全部86篇报道中,47%为负面,53%为中性,无正面报道,充斥着意识形态的偏见。其中《缺乏民主导致的谎言》一文用独裁、独裁政权来定义苏联、伊拉克和中国政府。②

关于中国共产党治理下的国家和政府问题研究。李侃如对中国共产党执政下的政治体系作了深入的剖析,提出"中国在很大程度上已经发展出了一种更有效、更透明、更具活力的政治体制","呈现出来的总体状况是一种分散的权力主义图像,它极其复杂、日益分权化"。③ 中国政治体制的本质是"政党——国家"两者相互融合,很难区分开来。当"和谐社会"的思想提出后,国外学者将其视为中国共产党强化国家管控,拒斥西方政治价值观念的重要理论基石。"中国领导人并不喜欢那种被西方视为理所当然的言论、出

　　① 黄庆、朱瑾:《美国主流媒体上的中国共产党形象研究》,《公共外交季刊》,2013年夏季号。

　　② 对外传播中的国家形象设计项目组:《对外传播中的国家形象设计》,外文出版社2012年版,第195页。

　　③ [美]李侃如:《治理中国:从革命到改革》,胡国成、赵梅译,中国社会科学出版社2010年版,第204、201页。

版和机会自由。"中国共产党提升自身的形象时"更关注集体和社会的和谐,因为和谐有利于整个社会"。① 西方学者指出,中国共产党强势统治下的政治体系更有利于实现国家发展的根本目标。中国共产党并未像西方国家所预测的那样,沦为代表某个特定阶层利益的政治工具,而是始终坚持着"泛利性政党"的本质。② 哈佛学者约瑟夫·奈一方面肯定北京模式的积极意义,另一方面批评中共领导的国家缺乏民主、缺乏人权,存在腐败弊端。他认为:"中国威权增长模式或许在威权国家中助长了中国的软实力,但对民主国家没有吸引力。"③

　　关于中国共产党的现代转型问题研究。美国学者迪克逊指出,新中国成立后,中国共产党经历了由传统的革命型政党向现代意义的学习型执政党转变的过程。"中国共产党之所以仍然能够执政,是因为它是一个本土的政党,享有政治垄断,能够给党员带来切实利益,并且成功地吸引了来自现代化社会部门的新成员。这些都不是静态的因素,而且中国共产党已经主动地做出了与时俱进的努力。"④ 有学者从中国共产党人才治理的转型来刻画中共的形象,中国共产党已经从刻板的"工程师治国"(technocratic apparatchiks)演变为更符合当代中国国情的"技术专家治国"——"具有相同社会背景、相同教育、相同意识形态的一组专家"所组成的政治体系。这是对毛泽东时代精英录用政策的修正,也是去政治化的产物。⑤ 中共在治理方式的转型是因为"老一辈革命家求助于他们的领袖魅力、革命忠诚和意识形态,借此动员大众,但是新的领导人不具备这样的权力资源,因此转向求助

　　① 〔美〕约翰. 桑顿:《民主的长征》,吕增奎主编:《民主的长征:海外学者论中国政治发展》,中央编译出版社 2011 年版,第 4 页。
　　② 姚洋:《中国道路的世界意义》,北京大学出版社 2011 年版,第 3 页。
　　③ 路克利:《海外马克思主义中国化研究》,人民出版社 2016 年版,第 148 页。
　　④ 〔美〕布鲁斯·J. 迪克逊:《中国共产党代表谁? ——从"三个革命阶级"到"三个代表"》,吕增奎主编:《执政的转型:海外学者论中国共产党的建设》,中央编译出版社 2011 年版,第 84 页。
　　⑤ 姚洋:《一条中国式的民主化道路?》,《中国道路的世界意义》,北京大学出版社 2011 年版,第 167 页。

于更世俗和更实用主义的政治权威形式"①。由此可知,西方学者认为中国共产党加强自身形象建设而做出了现代的转型是必然趋势。

关于中国共产党的执政合法性问题研究。党的执政合法性是关乎党的形象建设的关键,也是西方学者研究关注的焦点。英国学者昂格认为,历史上中国的政权地位很少是基于"程序合法性",更多是依靠"绩效合法性",比如物质上的小康。1978 年以后,中国共产党的政治合法性已经从意识形态转向物质层面,经济发展改善人民的生活水平成为评价政权的重要指标。一些国外学者认为中共的执政合法性基础正在减弱或已经消失。德国学者舒耕德认为,不能用西方的标准来否定中共执政的合法性,"共产党政权的生命力在更大程度上基于它为保障整个体系的稳定性而获得充足的合法性和创造信任的能力"②。可以说,"党现在的发展势头良好,比十几年前的情况好很多。尽管公众自由问题引发过个别事件,但是在大部分民众眼中,党无疑是合法的"③。沈大伟认为,中共正在赢得民心,推出一系列新的"意识形态运动":从江泽民提出"三个代表"重要思想到胡锦涛提出"科学发展观""构建和谐社会""加强党的执政能力建设",到党的十七大提出"坚持中国特色社会主义理论体系和道路",④都是中共强化自身形象建设的表现。

关于中共的形象建设问题,国外学者从中国共产党执政困境和解决方案层面进行了突破性研究。国外学者认为中共执政的困境主要是对外开放不够、维护稳定越来越困难、利益集团干预政治和经济过程、腐败和裙带关系等;中共未来走出困境的方案,如何树立良好的执政形象,许多学者也提出了见解,一是实现政党分开,二是"集权式简约主义"(centralized minimalism),三是强化"协商式列宁主义",四是实现执政党的进一步转型,五是树

---

① 郑永年:《全球化与中国国家转型》,郁建兴、何子英译,浙江人民出版社 2009 年版,第 38 页。

② 〔德〕舒耕德:《中国的信任与合法性》,吕增奎主编:《民主的长征:海外学者论中国政治的发展》,中央编译出版社 2011 年版,第 83 页。

③ 〔法〕菲利普·德拉朗德:《中国共产党能否坚持一党制?》,吕增奎主编:《执政的转型:海外学者论中国共产党的建设》,中央编译出版社 2011 年版,第 282 页。

④ 路克利:《海外马克思主义中国化研究》,人民出版社 2016 年版,第 8 页。

立新保守主义的政治价值观。① 关于中国共产党执政下的中国国际形象建设,学者多从全球化的视角展开分析,正面评价的观点如下,一是中共执政领导的中国是"全球主义支持者""国际化的推进者""制度性外包者""一个改革的追随着";②二是中国将成为与传统西方国家所不同的国际规则制定者;三是中国将成为地区乃至世界的领导者。哈佛学者费正清认为"党的制度反映党的形象",他主要肯定延安时期中共形成了生动活泼的政治局面,中共在民主制度建设方面取得的进步。负面评价的观点如下:一些学者以批判性的视角描述了中共执政的负面国际形象,从"革命斗士"、"第三世界的领袖"到"唯利是图的商人""崛起的重商主义者""焦躁大国"(restless empire)、"不完全大国"(partial power)和"温和的列宁主义者"等等,评价都带有贬义性色彩。学者段功伟总结了在意识形态方面国外从三个角度的报道:一是中国共产党是善用资本主义发展市场经济的马克思主义政党,如德温·莱纳德于 2010 年 6 月 5 日发表的书评《经济视角下的心灵与思想》(*A Way for Hearts and Minds*, *Econnomically speaking*);二是,中国共产党已经抛弃了马克思主义意识形态,完全拥抱了资本主义;三是中国共产党应该吸收中国传统文化中的儒家思想,采取渐进式政治改革路径。③ 美国主流媒体还更关注中共领导人换届接班问题,每论及此问题,均用"门徒"这个贬义词,认为中共缺乏制度安排,并将换届与交班放在党内派系斗争的冲突框架中放大,以迎合美国大众的口味。对于中共的政治改革,只将其描述为中共为了保持和巩固执政地位而做出的。

　　国外对中共自身形象建设的研究,形成了一定符合当代中国共产党执政实际的观点,也存在大量不符合实际的偏见,特色鲜明,存在着主观主义和多重标准,反映了西方的学术传统和价值观。这些评价为中共树立良好

---

① 郑云天:《国外中国特色社会主义研究评析》,人民出版社 2016 年版,第 114 ~ 119 页。

② [美]谢德华:《中国的逻辑:为什么中国的崛起不会威胁西方》,曹槟、孙豫宁译,中信出版社 2011 年版,第 242、47 页。

③ 黄庆、朱瑾:《美国主流媒体上的中国共产党形象研究》,《公共外交季刊》,2013 年夏季号。

的形象和执政建设提供了参考,但是由于它们基本都是源于国外学界话语体系,因此需要进一步甄别,要科学选择其中符合实际党情国情的有价值的观点加以利用。

三、关于加强党的形象建设研究的思考

21 世纪以来,党的形象建设已成为党建理论研究的热点问题,研究方法和研究领域不断拓展,使党的形象建设问题进入了多维度、深层次的研究阶段,学术成果取得了的突破。从学界研究的整体情况来看,研究中还存在诸多不足,一些研究领域还没有取得进展。一是在党的形象建设的历史研究中,学界多是关注延安时期和改革开放后党的形象建设研究,而关于中央苏区时期、长征时期、解放战争时期、新中国成立后社会主义建设时期党的形象建设研究成果甚少,还有待于展开文献史料的梳理,获得研究成果。二是在研究中运用交叉学科研究方法的成果较少,研究中形成的专著不足。学术论文从"量"上看,成果丰厚;但从"质"上看,研究成果参差不齐,观点相似,重复内容较多,应用研究较多,提出可操作的对策措施较少。学界可尝试运用交叉学科的新方法进行研究,如运用"大数据"和"互联网 +"、运用管理学、运筹学、统计学、社会学等方法展开研究,此研究还有待于进一步展开。三是十八大以来,关于党的形象建设研究多是从微观角度关注领导人党的形象建设思想研究,而宏观角度对于"四个全面"战略布局下的执政党形象建设研究成果较少。四是中国共产党在国际舞台的形象研究解读不够深入,对于国外研究文献关注度不够,要借助海外中共学研究的进展趋势,努力打造良好的中共执形象,强化中共在国际上的正面报道,在国际舞台上形象建设研究切入点和路径还有待于拓展。五是在新媒体视角下的党的形象建设研究还有待于提升,直面传媒领域信息化快速发展的趋势,如何实现党的形象在新媒体时代下的转型刻不容缓,传统媒介视域已不适应当前党的形象建设传播的需求,应在满足大众化需求和社会视野高度聚焦的视域下,做好新时期党的形象传播媒介工作。

　　关于党的形象建设研究的路径拓展，是学界亟待解决的重要问题，也关乎在实现"两个一百年"奋斗目标的征途中党国际形象的展示。一是要加强党的形象建设历史发展研究。党的形象建设始于中央苏区，但从党史学的视角进行理论研究的成果较少，这需要学界在历史文献上下功夫，总结历史发展规律，发掘历史经验，提升历史启示。二是将党的形象建设置身于推进新时期党的建设伟大工程中进行深入研究，研究中既要注意把握好全局性、整体性研究，又要吸收个案研究的成果，在成果评价中建立起绩效评估机制。三是在研究中要注意多学科交叉渗透性研究，为执政党形象研究注入新的研究范式，如在群体中开展调查问卷的研究方法，通过直观统计数字，以利于总结党的形象建设中存在的问题，找准解决问题的突破点，注重应用研究的成果转化。中国共产党的形象建设，是一个兼具理论与时代意义的重要研究课题，加强对中共执政形象问题的深入研究，为中共形象从威严走向具象，从倚重意识形态转向符合民众的诉求，提高执政党的合理性与合法性，以致提升中国的国际形象，提供了可资借鉴的理论参考。

政党形象:理论缘起与文献综述①

(中共中央党校党建教研部　何鹏程)

【摘要】政党认同源于选民利益诉求表达和实现的有效性,而一个政党形象的美丑好坏,是民众或选民亲近不亲近、支持不支持、认同不认同这个政党的先决性条件和前置性因素。本文尝试嫁接中西方学者关于政党形象的学术论点,以在学理上为探究政党形象做一些理论铺垫。

【关键词】政党形象　形象政治　理论缘起　文献综述

历史和现实已经反复证明一个政治规律:一个政党、一个政权的存续发展和前途命运最终取决于人心向背,即这个政党、政权能否代表或实现大多数民众或选民的利益诉求。换言之,政党之所以能够获得追随与忠诚,靠的是它能够真正反映和代表民众的利益诉求,并为之做出努力。② 然而,在具体现实的政治生活选择或抉择中,民众或选民首先接触的是这个政党的直观形象,以及随之而来对这个政党的领袖成员、党旗党徽、意识形态、政治主张、政治动员、社会整合能力、执政绩效、功过是非、媒介报道等各种形象的综合性感知和评价。如此可见,一个政党形象的美丑好坏,是民众或选民亲

---

① 本文节选自作者博士论文《长期执政条件下的政党形象塑造》。
② 参见王可园、齐卫平:《政党形象建设及其影响力》,《重庆社会科学》,2014 年第 2 期。

近不亲近、支持不支持、认同不认同这个政党的先决性条件和前置性因素。

一、问题的提出及研究意义

当今世界,现实政治生活中的评价和选择日趋多元化、非理性、主观化、随意性,尤其是在"意识形态中间化""信息爆炸"和"政治冷漠"等多重政治生态变化背景下,民众或选民往往感知评价一个政党的信息来源就是它的形象,形象政治无疑已经或正要在政党政治领域凸显其特殊重要性。不可否认,在国内理论界,并未对政党形象有一个全面、系统、深入的学理性探究;在各国政党实践案例中,也鲜有政党形象能够长久不衰,或出于种种原因未将自身打造成一个形象良好的政党。因此,政党形象研究的理论价值和实践意义就愈发凸显了,不仅要在学理性研究上通过一般性现象研究而构造出自己的理论范畴和学术地位(特别是中国大陆关于政党形象的学理研究),更要在理论研究的基础之上通过实证案例剖析而总结出经验教训甚至要试图建立一个有利于塑造良好政党形象的指南性行动框架,这对于致力于政党政治的研究学者如此,对于天生就追求长期执政的各国政党更是如此,对于中国共产党更是尤其如此。

二、政党形象的理论缘起

众所周知,西方政党政治发展中政党政治模式的变化大致经历过五种政党政治模式:一是十九世纪封闭型的密室政党(Caucus Party);二是十九世纪末至二十世纪六十年代的群众性政党(Mass Party);三是1945年以来"二战"后的全民党(Catch – all Party);四是20世纪70年代以来的卡特尔政党(Cartel Party)以及第五种20世纪90年代以来的媒体党或者领袖支配型媒体党(Media Partyor Leader – dominated Media Party)。需要特别指出的是,二十世纪末期主要西方发达国家进入后工业社会,传统的政党在选民中的忠诚基础已经动摇,政党的组织形式、规模、政治影响力都在发生明显的变化。政党之间的竞争,愈来愈多地表现为政策、政党领袖(公职候选人)个人魅力和风格,集合和调动各种政治物质资源的能力的竞争。这种资源调配与竞争能力的综合较量,越来越使政党注重跟选民最贴近或对选民最优影响力的大众媒介的互动关系,越来越注重形象塑造。

可以说,在整个 20 世纪的西方国家政治生活中,各国政党都在利用各种大众传媒和现代通讯方式来改进与优化自己的政治事业,尤其是各自政党在大众媒介平台上的政党形象。政党在大众传媒领域展开选举斗争和竞选角逐,并企图利用现代大众传媒工具在作为受众的全体选民面前展现、改善甚至扭转自己的形象,以最终赢得选民支持,这同时也成为现代政党政治领域的一个重要特征。于是,政党形象及政党形象塑造尤其是在大众媒介平台上的塑造不仅仅成为现代专业选举活动中一个广泛传播且日益微妙复杂的因素,而且成为一个政党日常政治活动中的一项重要工作,其重要性,不言而喻。

一些外国学者在以美国政治学家安东尼·唐斯(Anthony Downs)和威廉·赖克(William Rike)为代表的"政党经济学"派系以及西方选战营销理论的影响下,政党形象(Party Image 或 Image of a Political Party)理论研究逐渐迎来兴盛时期并刊发出较多成果,可以说是"政党经济学"和"政治营销学"两大学科的跨学科融合性衍生,成就了"政党形象"这个新的政党政治研究方向的诞生。同时,近两年来,少数中国大陆的科研院所的一些年轻学者开始敏感地认识到政党形象理论研究的重要意义,开始专门针对"政党形象"进行研究并试图将其研究范畴从单纯的一个"工作性研究"提升到"学理性研究"的理论高度,其中河南师范大学的孙景峰、陈倩琳和华东师范大学的王可园、齐卫平四位学者已刊发了少数研究成果,这种探索有力推进了政党形象理论的系统化和专业化研究。

三、国内外文献中关于政党形象的研究述评

在西方学术圈,目前可查证的学术研究文献显示:最早提出"政党形象"(PartyImage)这一概念的,可以追溯到 20 世纪初期的英国政治心理学家、教

育家格雷厄姆·沃拉斯（Graham Wallas），他在 1908 年出版的著作《政治中的人性》一书中阐明"政党是现代民族国家中最有效的政治实体"①，并首次提出了"政党形象"且将其与西方民主政治体制代议制中的选民、选举和投票联系起来。50 年代的英国学者米尔恩（Milne）和麦肯兹（Mac Kenzie），他们通过对英国工党的观察研究，对"政党形象"特别界定为"政党符号（Party Symbolic）"并作了细致研究。60 年代至 90 年代期间，唐纳德·麦修斯和詹姆斯·普洛斯罗（Donald R. Matthewsand James W. Prothro）、理查德·特里林（Richard J. Trilling）、尼夫·坎贝尔（Neve Campbell）、爱德华·卡迈恩和詹姆斯·斯廷森（Edward G. Carminesand James A. Stimson）、马丁·瓦腾堡（Martin P. Wattenberg）等研究者不仅清晰界定和丰富发展了政党形象的内涵与范围，而且将政党形象变动研究逐渐推向深入。这其中，60 年代的唐纳德·麦修斯和詹姆斯·普洛斯罗（Donald R. Matthewsand James W. Prothro）在合著的《政党在美国南方的形象：一项关于白人和黑人不同看法的研究》（*SouthernImages of Political Parties：An Analysis of White and Negro Attitudes*）一书中对政党形象的内涵与范围作了初步界定；到 1976 年，理查德·特里林（Richard J. Trilling）在其专著《政党形象与选举行为》（*Party Image and Electoral Behavior*）中指出"短期政治话题对于民众所持政党形象的影响作用十分有限"和"如果在选举中围绕短期政治话题极端烘托，这个政党将会注定失败"这两个具有辩证性的观点；随后，尼夫·坎贝尔（Neve Campbell）、爱德华·卡迈恩和詹姆斯·斯廷森（Edward G. Carminesand James A. Stimson）等学者研究发现：个人对政党的印象在一定条件下是可以改变的；到 1986 年，美国加州大学教授马丁·瓦腾堡（Martin P. Wattenberg）通过对 20 世纪 50 年代至 80 年代期间政党形象变动情况的细致考证，在其研究成果《美国政党的衰退弱化》（*The Decline of American Political Parties*）中得出一项重要研究结论："政党的形象会在大变动（majorchanges）中受到衰弱。"20 世纪 90 年代

① 参见［英］格雷厄姆·沃拉斯：《政治中的人性》，朱曾汶译，商务印书馆 1996 年版，第 52 页。

以来,政党形象研究迎来较为繁盛的时期,约翰·佩崔西克(John R. Petro-cik)、大卫·希尔斯(David O. Sears)、罗素·道尔顿(Russell J. Dalton)和斯蒂芬·威尔登(Steven A. Weldon)以及马克·布鲁尔(Mark D. Brewer 2008)等一大批学者,将政党形象的研究越来越多地与竞选、投票、选民、媒介、政党认同等联系融合起来,勾画了政党形象在西方政党政治理论研究和实践领域的重要价值。

在中国学术圈,政党形象尚未形成一个规范性的学理范畴,相关研究成果也较鲜有,而且内地研究明显滞后于港台地区。我国台湾学者林创初(Chiung - chuLin)在其专著《台湾政党体制与政党形象的演化(1992—2004)》中深刻剖析了国民党的政党形象变迁历程,而内地关于政党形象的研究成果大多"就事论事",早期成果中绝大多数体现在领袖文章或工作刊物中,真正从"工作性研究"转向"学术性研究"是在政党研究学术禁区被打破、研究方法摆脱"用一套现成的理论去套实际"之后的改革开放以来新时期,但几乎全部研究对象都集中在中国共产党形象概念、内容、特征、作用、路径等实际问题,学理性、规律性探究很少,甚至对政党形象的定义诠释都缺乏一致性,直到2013年后才出现少数学者将政党形象作为政党政治研究领域的一个新范畴进行真正意义上的学理性探究。

改革开放以来,内地学者中较有代表性的政党形象研究观点和成果有:刘朋认为"政党形象的实质和核心是永恒不变的",而中央党校的内部研究认为"党的形象可以随着时代的变化而不断改变和塑造";赵宬斐和陈波在《传媒政治视界中的政党形象塑造》中将党的形象划分为历史形象、现实形象和未来形象,冯妍在《党的形象对提高党的执政能力至关重要》中从政党、国内和国际三个层面进行价值探讨。关于政党形象的建构路径问题,研究者们莫衷一是,主要观点有三种路径:一是何先光、管文虎等认为,可以从党的历史功绩和领袖个人两个维度进行深入研究;二是张俊霞等认为应将党的形象建构当作一项系统工程,从自觉性、自身建设(软硬件系统)、党员形象和执政成绩等方面进行建构;三是祝灵君等引入控制论、博弈论、公共选择及西方政党理论,将党的形象看成全体党员共享的公共物品,强调必须从调整博弈规则出发,依靠奖惩、意识形态和消费者主权原则等激励和约束党员个体维护党的形象,最终克服党的形象下滑、提升党的良好形象。2013 年以来,华东师范大学、河南师范大学等高等院校开启了政党形象学理性探索的专题。其中,河南师范大学的孙景峰、陈倩琳等研究者剖析了诸多西方政党形象建设的经验与技巧,并在《政党形象:概念、意义与建设路径》中给政党形象下了定义:"一般而言,政党形象包括政党的属性、政党符号、党员队伍及政治参与能力、给党内外公众留下的相对稳定的综合感知和整体印象",具有创新精神和开创性价值。2014 年初,王可园、齐卫平在《政党形象建设及其影响力》中也对政党形象有类似定义"政党形象一般指人们对它的看法或印象",并以政党形象的认知主体为分类标准,分党内、党外、党际三个层次探讨了政党形象建设的价值、意义及路径。总的来说,近两年内地学者关于政党形象的概念、内容、特征、建构路径等问题的学理性研究使我国政党形象研究工作有了较为规范性、一致性的进步。

现实观照

中国共产党廉洁形象建设的思考①

（华东师范大学政治学系　齐卫平）

【摘要】政党形象的社会呈现基于一定的因素,政党组织的"基因构造"对其形象具有决定意义。党的形象建设必须处理好应然性与实然性、整体性与个体性、正面性与负面性、历史性与现实性等关系。中国共产党的形象树立于中国革命、建设和改革的历史过程,塑造于领导中国人民为实现民族复兴而奋斗的伟大实践。党的形象建设中,党风与廉政紧密联系,但又不能相互代替。党的十八大以后,推进全面从严治党实践的新形势下,提出廉洁型政党的建设目标顺应党心民心。坚持继承与创新双管齐下,注重共产党人政治本色的时代新形象建设;坚持以人民为中心的思想加强廉洁形象建设,坚决反对"形象工程";抓住"关键少数",发挥领导干部在廉洁型政党建设中的骨干作用;以净化党内政治生态为目标,加强对权力运行的制约和监督;着力政党文化的先进性建设,丰富廉洁型政党的伦理道德思想等,这些将是中国共产党廉洁形象建设的路径。

【关键词】中国共产党　形象建设　政党基因　廉洁型政党

在政党研究中,许多学者更侧重政党性质、意识形态、组织管理、制度架

---

① 本文曾发表于《江西师范大学学报》(哲学社会科学版),2017 年第 5 期。

构、体制特征等角度的研究,对政党形象缺乏重视。相比较而言,政党形象可能较少有理论上的学理基础。但是政党形象又是一个客观存在的事情,它从直观上告诉人们这是一个什么样的政党,人们依据什么去认同、拥护、支持这个政党。因此,研究政党形象十分必要。从社会现实情况看,人们议论中国共产党最多的问题或者说关注最多的方面其实都涉及其形象。本文拟就政党廉洁形象塑造、打造廉洁型政党及其形象建设路径等问题谈些认识。

一、中国共产党的"基因构造"与政党形象的内在规定性

政党形象是政治组织的社会呈现,成为人们从外表认知政党的渠道。政党外表的形象呈现基于一定的因素,这些因素决定着政党形象的内在规定。政党具有什么样的形象,总是有一定的规律可循。马克思主义政党形象具有内在的规定性,这样的规定性表现的是政党形象的潜质,这样的潜质可以把它比作为政党的组织基因。

基因是生命科学的概念。生命领域里的"基因构造"成为人们识别血缘关系的依据。政党组织作为人们政治生活中结成的集合体,也具有生命特征,它诞生后会不会夭折,建立后能不能发展,发展后是不是强固,都与保持政党生命力的"基因构造"健康维系有关。由于受各种因素影响,政党生命力的强弱会出现许多不可预测的境遇,马克思主义政党能够加以控制的就是保持自身组织的良好基因,以先进性和纯洁性的形象展示,支撑组织生命的旺盛活力。

政党生命运动的过程伴随形象展示的过程,马克思主义政党形象是由其组织基因决定的。1847 年马克思、恩格斯创建共产主义同盟,宣告世界上第一个无产阶级政党诞生。此后,苏联、中国以及世界各国共产党先后建立,成为国际共产主义运动的实践力量。马克思主义政党以争取和维护无产阶级利益、实现共产主义为最终目标,由无产阶级先进分子所组成,是工人阶级中最忠诚、最有觉悟的部分结成的先锋队和战斗指挥部。这些根本特征

显示了马克思主义政党与其他任何政党不同的组织基因。正是这样的"基因构造"使共产党从建立开始就以崭新的形象登台亮相于世界政治舞台。

中国共产党是按照马克思主义建党学说创建的无产阶级先锋队组织,其"基因"储存的是关于共产主义理想、无产阶级使命、严密纪律、创造新世界等马克思主义政党组织的基本信息。在领导革命、建设和改革的过程中,中国共产党将这些信息具体化为党的宗旨、群众路线、创新实践、引领发展等一系列思想因子,形成各个时期马克思主义政党形象展示的行动方案。由此可以得出一个结论:中国共产党的"基因构造"决定其形象,党中央经常强调保持党的强大生命力,就是要保证其"基因构造"构造不发生质的改变。党的建设中,"永远保持共产党人的政治本色""坚守共产党人的精神家园""继承和光大共产党人优秀传统"等话语,都表达着维系党的"基因构造"内在规定性的诉求。中国共产党形象与其组织的"基因构造"不能分离。具有内在规定性的"基因构造"发生任何改变,都将破坏党的固有形象,从而导致社会和人们的认知困惑。

值得指出的是,虽然政党组织的"基因构造"对其形象具有决定意义,但由于政党形象的外在性特点,其呈现方式和建设路径却是复杂的。马克思主义关于事物运动的矛盾法则告诉我们,内里与外表不是自然而然的统一,政党形象呈现与政党基因分离裂变的现象事实上存在。加强中国共产党形象建设,必须认真对待和正确处理好以下一些关系。

政党形象的应然性与实然性关系。常识告诉我们,一个事物"应该是怎样的"和"实际是这样的"悖违,往往成为判断上的矛盾和认知上的困惑。"一步实际行动比一打纲领更重要",马克思的这句名言揭示了识别一个政党的实然性要求。就政党形象而言,中国共产党"基因构造"的内在规定只是应然性要求,实践中形象的实然展示与应然要求不相符合的现象常常发生。中国共产党的形象不能停留于应然性的认定,而应强化实然性的建设。

政党形象的整体性与个体性关系。政党是个整体概念,政党形象是完整的组织呈现。党员是政党的组织细胞,"基因构造"的破坏从一个个细胞裂变开始;党员干部是组织的骨干,是展示党的形象最直接的窗口;各级党组织是政党活动的载体,承担着局部形象的建设责任。应该肯定,在革命、建设和改革实践中,党的总体面是好的,正能量代表着主流,但少数不合格党员以及蜕化变质党员干部却给党的形象失分抹黑。因此,党的形象建设中每一个党员、党员干部,每一个组织必须保持对整体负责的使命感和责任心,绝不能以个体形象损害整体形象。

政党形象的正面性与负面性关系。政党组织的“基因构造”不是形象展示的“保险箱”,优质的“基因构造”也存在细胞病变坏死的可能性。中国共产党不是生活在真空里,从来就没有世外桃源的存在,它也会发生错误和经历曲折,它也会出现与党的事业格格不入的事情和令人憎恶的现象,从而造成负面形象。历史和现实表明,中国共产党是一个伟大的党,但同时也是问题较多较大的党。历史上的失误和过错以及现实中不正之风造成的负面形象,虽然不足以抹掉正面形象的光亮,但对于负面形象销蚀正面形象的危害不能掉以轻心。

政党形象的历史性与现实性关系。中国共产党组织的“基因构造”规定着其形象固有的样态,但形象展示则是动态的过程。在不同时期、不同环境下,党的形象是具体的、历史的、发展的,“过去先进不等于现在先进,现在先进不等于永远先进”①。原有的形象可能保持,也可能破坏,维护形象是党的建设永恒的历史运动。已经树立的形象因社会进步和环境改变需要丰富新的内涵,创新是党的形象建设永无止境的实践要求,传统形象与现实形象的有机整合,要求政党形象建设必须坚持继承与创新相统一。

二、建设廉洁型政党是社会和人民的期待

政党形象是一面多棱镜,中国共产党的思想、组织、作风和政治生态都

---

① 胡锦涛:《在庆祝中国共产党成立八十五周年暨总结保持共产党员先进性教育活动大会上的讲话》,《十六大以来重要文献选编》下,中央文献出版社 2008 年版,第 526 页。

是其形象展示的镜像集成,也是社会和人民群众观察、认知、评价其形象的风景标识。近代中国社会出现过面貌各异的政党,历经风雨后遭遇不一、命运迥异。中国共产党的形象树立于中国革命、建设和改革的历史过程,塑造于领导中国人民为实现民族复兴而奋斗的伟大实践。

九十多年来,中国共产党形象的基本面相已经深深地烙在中国人民的心里,它不仅以先进思想理论和鲜明组织宗旨树立起光辉的形象,而且也以引领国家发展和社会进步取得卓越成就的事实,证明了它作为马克思主义政党的先进本质。同时,中国共产党自身建设中铸造的许多鲜明品性成为其形象的展示窗口。例如,全心全意为人民服务的宗旨,理论联系实际、紧密联系群众、批评与自我批评的三大优良作风,艰苦奋斗、戒骄戒躁的座右铭,解放思想、勇于创新的精神,等等,在实践中为广大人民群众所感知,并因此而奠定了拥戴中国共产党领导的执政合法性基础。

中国共产党的"基因构造"决定了它的形象不是可以刻意装扮的,但形象呈现却因为受到社会环境的影响而发生变化。这样的变化有两种基本态势:一是历史发展和工作任务变化要求党的形象呈现必须符合与时俱进的要求,不断结合新情况新问题,以优良传统维护党的形象,在历史的进步中和变化的社会环境下创新党的形象。二是社会环境中消极因子对党的肌体的腐蚀侵害,一些不良作风滋生,破坏党的形象。党的形象建设实践表明,这两种态势始终不同程度地存在,并构成一种博弈关系。第一种态势占压倒地位,党就得以保持和发展先进的形象;第二种态势严重蔓延,党的形象就遭到破坏性的损害。

中国共产党执政后一段特殊时期,党的形象建设经历了曲折的发展过程。20 世纪 50 年代后期"左"倾思想指导的失误和十年"文化大革命"的发生,使党的形象受到极大的创伤。从一定意义上说,改革开放的创新实践也是重新塑造党的形象的历史过程。1978 年后的一段时间里,邓小平反复强调要恢复党的实事求是、群众路线等优良传统,旨意就是将党的形象修复端正过来。在领导中国特色社会主义建设实践中,历届党中央一脉相承地推进党的建设,针对改革开放深入发展出现的新情况新问题,以一系列创新举措改进党的作风,这对维护党的形象具有重要意义。

从总体上看,改革开放新时期党的形象建设主流是健康的,尤其是进入21世纪后,党中央突出以先进性和纯洁性为主线,持续部署开展党内教育活动,推进全面从严治党,保证了党的形象沿着正确方向与时俱进地发展。然而,改革开放三十多年的历史时段,始终处于国内外形势深刻变动的时代环境之中,党的建设发展中的问题也不断产生和暴露出来。从党的文献看,党中央突出强调的问题主要是:理想信念动摇,宗旨意识淡薄,纪律观念松懈,基层组织涣散,作风不正不实不廉,党的先锋模范作用不彰,创造力、凝聚力和战斗力不强等。这些问题虽然不代表主流,但对党的形象产生的破坏作用十分明显。"对党内存在的问题,决不能视而不见,讳疾忌医,而应该坚决纠偏补弊,激浊扬清,认真加以解决",如果任其发展下去,"不是没有亡党亡国的危险啊"!① 这样的告诫,表达了党中央鲜明的忧患意识,从而形成"在党言党、在党忧党、在党为党,把爱党、忧党、兴党、护党落实到工作生活各个环节"②的内在动力。

党的形象最直接的观察窗口就是作风。习近平总书记指出:"党的作风就是党的形象,关系人心向背,关系党的生死存亡。"③"作风反映的是形象和素质,体现的是党性。"④党的作风包括思想作风、工作作风、生活作风,腐败行为是集这三个作风于一体的问题总暴露,因而是败坏党的作风最极端的表现。党的作风建设中树立廉洁形象最为重要,一般来说,廉洁也是作风,因为廉洁与作风直接有关。但在党执政条件下,廉洁对应的是权力,它不仅是作风范畴的问题,更是政治范畴的问题。

---

① 江泽民:《治国必先治党,治党务必从严》,《十五大以来重要文献选编》中,人民出版社2001年版,第1107~1108页。

② 习近平:《在党的群众路线教育实践活动总结大会上的讲话》,《十八大以来重要文献选编》(中),中央文献出版社2016年版,第97页。

③ 《习近平在中共中央政治局第十六次集体学习上的讲话》,《人民日报》,2014年7月1日。

④ 《习近平关于全面从严治党论述摘编》,中央文献出版社2016年版,第154页。

　　党的建设新的伟大工程进展中一个思想认识的变化值得重视。从文献资料看,自党的十三大起,每一次党代会报告都强调反腐倡廉,但却只是放在党的作风建设内容中进行论述。从 2007 年党的十七大开始,反腐倡廉被单列出来,与思想建设、组织建设、作风建设、制度建设相提并论,形成党的"五位一体"建设布局,反腐倡廉在党的建设部署中有了独立的地位。这个变化表明,作风建设不能替代廉政建设。通常提法中"党风廉政建设"这个概念,其实包含的是党风和廉政两个方面的建设。作风建设泛指思想、工作、生活中坚持党性和贯彻党的宗旨的要求,而廉政建设则针对公正公平、运用权力的要求。诚然,不正不良作风是腐败滋生的温床,腐败表现为作风不廉,这样的逻辑关系,表明党风建设与廉政建设不可分割。然而,从一系列腐败案件暴露的问题和性质看,廉政建设就不是一般意义的作风建设可以代表的。基于这样的认识,把廉洁作为最重要的形象突出起来,明确形成廉洁型政党建设的目标,十分必要。笔者在 2011 年发表《党的发展理路新聚焦:"三型政党"建设》的文章,提出了建设创新型、学习型、廉洁型政党的观点。近年来的研究中,笔者始终通过呈送简报、发表论文呼吁树立"廉洁型政党"的概念,学术界也有一些相同主题的文章发表,廉洁型政党的概念已经得到一定的社会回应。① 在党的十八大后推进全面从严治党实践的新形势下,提出廉洁型政党的建设目标顺应党心民心。

　　建设廉洁型政党是解决党自身的问题的需要。长期以来,腐败对党的形象破坏性最烈、杀伤力最大,腐败成为附着于党的肌体的毒瘤,同时也成为社会和人民群众反映强烈的突出问题。近些年不少机构和课题研究进行

---

　　①　笔者发表该主题的相关文章有:《党的发展理路新聚焦:"三型政党"建设》(《理论与改革》2011 年第 5 期)、《建设廉洁型政党的中国意义》(《社会科学研究》2012 年第 5 期)、《再论党的建设中"廉洁型政党"目标定位问题》(《理论学刊》2013 年第 10 期)。其他作者相关研究成果有:刘宗洪《党建总目标与廉洁型政党建设》(《社会科学研究》2012 年第 5 期)、黄红平《中国共产党建设廉洁型执政党的两面镜鉴——苏联共产党与新加坡人民行动党为鉴》(《理论月刊 2015 年第 2 期》)、吴世丽《中国共产党建设廉洁型执政党的历史进程与经验教训》(《廉政文化研究》2016 年第 7 期)、黄红平《马克思主义廉洁型执政党:内涵、特征及其建设价值》(《廉政文化》2016 年第 7 期》)等。

有关社会最突出问题方面的问卷调查,腐败问题都是名列前茅,经常是位列首位。党内很多问题,不管是权力失控、作风不正,还是不守纪律、不讲规矩,都直接或间接地与腐败的发生有关。从抓廉洁入手,打造廉洁型政党,是社会的期待,一定会受到人民群众的拥护。

建设廉洁型政党是中国共产党的一贯诉求,具有思想基础和理论依据。从思想上看,党的一些文献中提出党的建设目标,都有"廉洁"的表述。1987年党的十三大报告就提出要把党建设成为一个"纪律严明、公正廉洁的党"。此后每一次党代会报告中都对廉洁从政进行强调,党中央还针对一些领域党的建设提出"廉洁从业"的要求。此外,进入 21 世纪后,党中央还明确提出建设廉洁型国家的目标,按照"中国的问题关键在党"的逻辑,建设廉洁型国家的前提是建设廉洁型政党。

建设廉洁型政党是马克思主义政党的内在要求,是党的先进性在执政条件下的集中体现。先进性是马克思主义政党的本质,从本质上说,廉洁是党的先进性必须具有的特征。毛泽东在延安时期曾概括了中国共产党与其他政党相区别的三个显著特征,这三个特征其实都与党的形象相关联,正是这三个特征表现了中国共产党与其他政党不同的形象。党的十八以后,党中央将严明党内政治生活、净化党内政治生态,概括为区别于其他政党的标志,是新的发展。党的廉洁形象由于不同历史时期社会环境和党的地位变化,又有不同要求。在执政条件下,由于执掌权力而使廉洁问题更加突出,全心全意为人民服务要求执政党廉洁,立党为公、执政为民要求执政党廉洁,甚至可以说,廉洁是执政条件下党的形象建设最重要的问题,它最能够在党的先进性坐标上得到测量。

建设廉洁型政党是发挥中国政治制度和政党制度双重优势的特殊要求。政治制度不同,政党的运作方式也不一样。在中国社会主义政治制度和政党制度下,中国共产党扮演着执政党和领导党双重角色,权力与政党关系紧密粘合在一起。这与西方国家政治制度和政党制度有很大的不同。西方民主制度安排下,竞选获胜的政党成为执政党,但从权力运作体制看,政党作为一个组织,实际上与权力是分离的,执政党通过其代表人物掌握着一些权力,但不可能控制所有的权力。多党制或两党制的实践中,执政党其实只是制度设计上的一种象征符号,政府、议会、法院行使权力不与政党直接挂钩。总统、首相、总理出了问题,不会牵连政党形象。而中国则不一样,即使基层领导干部出了什么问题,也会成为评价党的形象的说辞。这是因为社会权力资源基本掌握在中国共产党的手里,虽然由于市场经济的实施,社会资源的配置方式呈现多样化,但绝大部分权力还是由执政党掌握着。这一特点决定了建设廉洁型政党的重要性和必要性。

三、全面从严治党中廉洁型政党的建设路径

党的十八大后,在习近平总书记全面从严治党思想指导下,党的建设新的伟大工程展现了新局面。首先出台的"八项规定",拉开了党风建设的序幕。紧接着开展群众路线教育实践活动,突出以"为民务实清廉"为主要内容,重点反对形式主义、官僚主义、享乐主义和奢靡之风,"坚持思想建党与制度治党紧密结合,集中整饬党风,严厉惩治腐败,净化党内政治生态,党内政治生活展现新气象,赢得了党心民心,为开创党和国家事业新局面提供了重要保证"[①]。四年多来,全面从严治党创造了党风转向的良好环境,提出建设廉洁型政党已经具备的条件。

以习近平同志为核心的党中央在推进廉洁政治建设上迈出了新的步伐。习近平总书记指出:"反对腐败、建设廉洁政治,保持党的肌体健康,始终是我们党一贯坚持的鲜明政治立场。党风廉政建设,是广大干部群众始终关注的重大政治问题",提出"要做到干部清正、政府清廉、政治清明,永葆共产党人清正廉洁的政治本色"。[②] 全面从严治党实践形成打"老虎"、灭

---

① 《中国共产党第十八届中央委员会第六次全体会议文件汇编》,人民出版社2016年版;《十八大以来重要文献选编》(上),中央文献出版社2014年版,第3页。

② 《中国共产党第十八届中央委员会第六次全体会议文件汇编》,人民出版社2016年版;《十八大以来重要文献选编》(上),中央文献出版社2014年版,第81页。

"苍蝇"的高压态势,以勇于责任担当的强烈使命感,显示反腐败斗争这场正义之战的威力。2015 年 10 月,中共中央印发了《中国共产党廉洁自律准则》,成为党执政以来第一部坚持正面倡导、面向全体党员的廉洁自律工作规范的基础性法规,以"崇廉拒腐""廉洁从政""廉洁用权""廉洁修身""廉洁齐家"等准则规定,为党员和党员领导干部树立了一个看得见、够得着的高标准,展现了共产党人的高尚道德追求。2016 年 10 月党的十八届六中全会以全面从严治党为主题,审议通过了《关于新形势下党内政治生活的若干准则》和《中国共产党党内监督条例》两个文件,形成加强廉洁政治建设的实践举措。党内政治生活准则将"保持清正廉洁的政治本色"放在第十二条规定殿后压尾;把建设廉洁政治,坚决反对腐败作为"加强和规范党内政治生活的重要任务"进行定位。党内监督条例中"党风廉政"一词出现 4 次,"反腐败"一词出现 4 次,"廉洁"一词出现 8 次,强化党内监督责任围绕这些关键词提出要求、形成规定、设计制度,成为推进廉洁政治建设的行动指南。在全面从严治党的新形势下,建设廉洁型政党必须从以下几个方面着力:

第一,坚持继承与创新双管齐下,注重共产党人政治本色的时代新形象建设。基因遗传铸造本色,中国共产党"基因构造"中储存的马克思主义政党基本信息,不能因历史变迁和环境变化而遗失,以红色为主调的 DNA 染色体必须始终成为基因的记忆,在坚守共产党人精神家园的延续中代代传承。习近平总书记关于"不忘初心"的论述,表达的正是维系中国共产党红色基因的旨意。永远保持共产党人的政治本色,基因遗传要求继承党的优秀传统,使党的本真在现实运动中闪烁时代光彩。新形势下,坚持与时俱进地创新党的建设与不忘初心地光大党的优秀传统相结合,以全面从严治党塑造廉洁型政党的形象,是推进党的建设新的伟大工程,必须提上议程的重大课题。

第二,坚持以人民为中心的思想加强廉洁形象建设,坚决反对"形象工程"。形象塑造靠自己,形象评价在他人。政党形象如何,由人民群众来评价。切实践行中国共产党的宗旨,实际上就是交给了人民群众评价党的形象的一杆秤,这就是谋什么利、为谁谋利、怎样谋利。毛泽东说,中国共产党除了人民的利益之外没有自身的利益。习近平总书记指出:"我们党来自人民、植根人民、服务人民,党的根基在人民、血脉在人民、力量在人民。失去了人民拥护和支持,党的事业和工作就无从谈起。"①以人民为中心的利益诉求和价值取向,决定了党的形象不能扭曲到"面子"上,为追求所谓的政绩,不符合甚至侵犯人民利益的事情坚决不能做,这样的"形象工程"只能破坏党的形象。

第三,抓住"关键少数",发挥领导干部在廉洁型政党建设中的骨干作用。习近平总书记用"关键少数"指称领导干部,突出的不是数量意义上的少数,而是作用上的关键,领导干部,特别是高级领导干部执掌重要权力的特殊地位决定了"发挥示范作用的特殊职责"②。党的作风实不实、正不正,首先看领导干部廉不廉。干部清正是政府清廉、政治清明的前提。党的十八届六中全会确定领导干部是严肃党内政治生活、强化党内监督的重点,表明领导干部在党的廉洁形象建设中扮演着重要角色,"关键少数"如何担当和怎样作为,直接关系廉洁型政党建设的成败。

第四,以净化党内政治生态为目标,加强对权力运行的制约和监督。廉洁型政党建设的核心内容是执政形象,执政形象的关键环节是公正公平使用权力。习近平总书记指出,"加强党的建设,必须营造一个良好从政环境,也就是要有一个好的政治生态","自然生态要山清水秀,政治生态也要山清水秀"。③党的十八大以来,将权力关进制度笼子成为推进全面从严治党的重要指导思想,权力监督沿着制度化的轨道发展。监督是权力正确运行的根本保证,有权必有责、用权必担责、滥权必追责,必须完善权力运行制约和监督机制。立足净化党内政治生态的目标,让权力在阳光下运行,是建设廉

---

① 《中国共产党第十八届中央委员会第六次全体会议文件汇编》,人民出版社 2016 年版;《十八大以来重要文献选编》(上),中央文献出版社 2014 年版,第 309 页。

② 《习近平关于全面从严治党论述摘编》,中央文献出版社 2016 年版,第 154 页。

③ 《习近平参加江西代表团审议》,《人民日报》,2015 年 3 月 6 日。

洁型政党基础性的工作。

第五,着力政党文化的先进性建设,丰富廉洁型政党的伦理道德思想。文化渗入人的骨髓,是思想的精神命脉,国家以文化而立,民族以文化而强,政党以文化而旺。政党文化指包括意识形态、价值取向、制度规范、行为操守等方面的观念体系,体现政党最深层的精神追求,代表政党形象的精神标识。文化打造伦理道德,中国共产党代表先进文化前进方向,首先要以高尚的伦理道德建设自身的先进文化。历史和现实表明,只有站在理想信念、思想情操、伦理原则的道义制高点上,才能充分展示党的先进形象。政党文化的先进性建设是党的先进性建设题中应有之义,以中华民族优秀传统文化为滋养,吸取外国先进文化成果,继承党的革命文化,将先进政党文化建立在高尚的伦理道德思想基础上,是党的廉洁形象建设的必由之路。

新中国 70 年国家形象的建构①

（华南师范大学马克思主义学院　陈金龙）

【摘要】国家形象是特定国家的历史与现状、国家行为与活动在国际社会和国内民众心目中形成的印象和评价。新中国 70 年的国家形象建构，取得了重大成果、积累了丰富经验，这些成果与经验对于新时代国家形象建构、增强文化自信和文化凝聚力等都具有重要的启迪意义。

【关键词】新中国 70 年　国家形象　建构

国家形象是特定国家的历史与现状、国家行为与活动在国际社会和国内民众心目中形成的印象和评价。建构良好的国家形象，对于提升国家地位、促进国家发展、维护国家安全、增强综合国力和国际竞争力具有重要意义。习近平总书记在中共中央政治局第十二次集体学习时明确提出应注重塑造我国的国家形象。新中国 70 年的发展过程，是从站起来、富起来到强起来的历史进程，也是不断建构完善国家形象的过程。新中国 70 年的国家形象建构的成果与经验对于新时代国家形象建构、增强文化自信和文化凝聚力等都具有重要启迪意义。

---

①　本文曾发表于《光明日报》（理论版）2019 年 9 月 6 日。

一、建构多维度立体的国家形象

关于新中国的国家形象,《共同纲领》定位为"独立、民主、和平、统一和富强"①,此后,我们党对此也不断进行完善和发展。党的十九大确立的到21世纪中叶的发展目标,即"建成富强民主文明和谐美丽的社会主义现代化强国"②,某种程度上也可以理解为对国家形象的定位。新中国70年建构的国家形象是多维立体的,蕴含新中国经济、政治、文化、社会、生态等方面的具体形象。

经济形象是国家形象的基础。新中国成立初期,迅速恢复和发展国民经济、实现国家工业化,为的是改变我国经济落后的面貌。经过社会主义建设时期的探索,我国形成了完整的国民经济体系。改革开放后,邓小平同志提出"发展才是硬道理",经济建设成为党和国家工作的中心,我国经济赢得高速增长,一个经济发展充满活力的国家展现在世人眼前。2010年,我国成为世界第二大经济体,成为世界经济发展的重要引擎。中国虽仍属于发展中国家,但正阔步走向全面小康,中国人民摆脱了贫穷落后的状态,走上了富民强国的道路。

政治形象是国家形象的支柱。新中国成立初期,国家统一的实现、各级人民代表会议和人民代表大会的召开、中国共产党领导的多党合作和政治协商制度的确立、民族区域自治制度的实施等,初步建构起我国基本政治制度,也展现了崭新的民主的国家形象。毛泽东同志当年与黄炎培谈到"历史周期率"时就曾指出:"我们已经找到新路,我们能跳出这周期率。这条新路,就是民主……"③改革开放后,随着政治体制改革的推进,党内民主和人

---

① 《中国人民政治协商会议共同纲领》,载《建国以来重要文献选编》(第一册),中央文献出版社1992年版,第2页。

② 习近平:《决胜全面小康社会,夺取新时代中国特色社会主义伟大胜利:在中国共产党第十九次全国代表大会上的报告》,人民出版社2017年版,第19页。

③ 毛泽东:《为建设一个伟大的社会主义国家而奋斗》,载《建国以来毛泽东文稿》(第四册),中央文献出版社1990年版,第554页。

民民主得到发展,协商民主走向多层次、广泛化、制度化,我国国家治理体系与治理能力现代化逐步推进。

文化形象是国家形象的重要组成部分。新中国成立初期,毛泽东同志就确立了将我国"建设成为一个工业化的具有高度现代文化程度的伟大的国家"的发展目标,通过发展民族的、科学的、大众的文化,改变中国文化落后的面貌。改革开放初期,邓小平同志提出,"提高全民族的科学文化水平,发展高尚的丰富多彩的文化生活,建设高度的社会主义精神文明"①。党的十八大在确立全面建成小康社会目标的同时,提出了建设社会主义文化强国的发展目标。习近平总书记将"文化自信"纳入"四个自信"的范畴,对国家文化形象构建提出更高的要求和更丰富的内涵。

社会形象是国家形象的投影。社会连通国家,社会治理水平、社会稳定状态、社会公平程度体现的是国家治理能力和水平。新中国成立初期,在较短时间内解决了旧中国遗留下来的社会问题,实现了传统习俗的变革,新的社会风气逐渐形成。改革开放以来,我国妥善处理了改革发展稳定的关系,确立了和谐社会的发展目标。特别是党的十八大以来,大力创新社会治理体制,打造共建共治共享的社会治理格局,在一系列重大决策、重大举措的带动下,政治安全、社会安定、人民安宁呈现历史性新局面。

生态形象是国家形象不可缺少的要素。新中国成立后的一段时期内,从生态维度建构国家形象的意识并不强。改革开放后,伴随着经济发展及其给生态环境带来的影响,我国愈发认识到保护生态环境的重要性。党的十八大以来,以习近平同志为核心的党中央高度重视生态环境保护,将生态文明建设纳入"五位一体"总体布局,倡导"绿水青山就是金山银山"理念,提出建设美丽中国的目标,保护生态环境的制度体系加快形成,国家生态形象逐步建构起来。

---

① 邓小平:《在中国文学艺术工作者第四次代表大会上的祝词》(第二卷),载《邓小平文选》,人民出版社 1994 年版,第 208 页。

二、利用多种资源建构国家形象

国家形象的构成是多面的,建构国家形象也需要利用多种资源,历史资源、现实资源、民族特点与品格等都成为国家形象建构的要素。

在五千多年文明积淀过程中,我们创造了辉煌灿烂的中华文明,这是国家形象建构的深厚底蕴。在新中国国家形象建构的过程中,注意发掘中华古代文明的当代价值,以中华文明支撑丰富国家形象。习近平总书记在论及国家形象塑造时,要求重点展示中国"历史底蕴深厚、各民族多元一体、文化多样和谐的文明大国形象"[①]。习近平总书记还强调,要努力展示中华文化独特魅力。围绕世界面临的重大问题,着力提出能够体现中国立场、中国智慧、中国价值的理念、主张、方案,让世界知道"为人类文明做贡献的中国"。

新中国在国家形象建构过程中,始终注意展示不同阶段的发展成就。1952 年 8 月,《中央关于第三届国庆节纪念办法的规定》提出,国庆纪念的主要内容是:宣传全国解放三年来国家在政治、经济、国防及文化教育建设等方面的伟大成就;宣传国家经济恢复和财政经济状况的根本好转。事实上,新中国国庆纪念、建党纪念、改革开放纪念,以及历次党的代表大会报告,都包含总结发展成就的内容。这些内容以事实说话,为国家形象建构提供了有力支持。

中华民族的精神特点和优秀品格,是推动国家发展的精神力量。新中国 70 年的国家形象建构,注意展示中华民族的民族品格、民族精神。毛泽东同志在《中国革命和中国共产党》一文中强调:"在中华民族的开化史上,有素称发达的农业和手工业,有许多伟大思想家、科学家、发明家、政治家、军事家、文学家和艺术家,有丰富的文化典籍。"中华民族的优秀品格与精神内

---

① 习近平:《建设社会主义文化强国　着力提高国家文化软实力》,载《人民日报》,2014 年 1 月 1 日。

涵,赋予国家形象以深厚的文化内涵。而改革开放以来取得的巨大成就,也得益于自强、创新、务实、开放、兼容等中华民族优秀品格的弘扬。习近平总书记多次强调民族精神的重要意义,指出"我们要弘扬社会主义核心价值观,弘扬以爱国主义为核心的民族精神和以改革创新为核心的时代精神,不断增强全党全国各族人民的精神力量"①。民族精神集中体现了中华民族的优秀品质,为国家形象建构提供了精神支撑。

三、借助多种途径建构国家形象

新中国 70 年,在建构国家形象方面,注重借助多种途径、运用多种平台进行努力和探索。

通过纪念活动建构国家形象。纪念活动具有表达、动员、感染、聚焦等功能。新中国成立以来,围绕国庆纪念、建党纪念、建军纪念、改革开放纪念等,我国举行了系列纪念活动。在举行纪念活动的过程中,始终注意总结新中国的发展成就和进步,并以报告会、展览、艺术表演等方式加以呈现,全方位展示国家形象。新中国成立初期的国庆纪念,就注重邀请外宾参加观礼,并安排外宾到各地参观,以见证新中国的发展成就。党的十八大以来,以习近平同志为核心的党中央更为重视通过纪念活动建构国家形象。2014 年 2 月,十二届全国人大常委会第七次会议通过决定,将 9 月 3 日确定为中国人民抗日战争胜利纪念日,将 12 月 13 日确定为南京大屠杀死难者国家公祭日。以立法形式设立纪念日、公祭日,旨在铭记历史,启迪未来。2014 年 12 月 13 日,习近平总书记出席南京大屠杀死难者国家公祭仪式并发表重要讲话,表达了对死难同胞、革命先烈、民族英雄的缅怀,与对和平的向往和坚守。2015 年 9 月 3 日,纪念中国人民抗日战争暨世界反法西斯战争胜利 70 周年大会及阅兵式在天安门广场举行,习近平总书记在讲话中,申明了中国人民抗日战争在世界反法西斯战争中的"东方主战场"地位,表达了以史为

---

① 习近平:《在庆祝中国共产党成立 95 周年大会上的讲话》,《人民日报》,2016 年 7 月 2 日。

鉴,坚定维护和平的决心。这些纪念活动的举行,表达了对历史的尊重、敬畏和对和平的向往、追求。庆祝改革开放40年系列活动的举行,则充分展示了国家综合实力和国际地位的提升。

通过对外交往建构国家形象。赢得国际社会对中国的理解和支持,对于新中国的国家形象建构至关重要。和平共处五项原则的提出,向国际社会展示了新中国向往和平、维护和平的国家形象。中国在联合国合法席位的恢复,是建构国家形象的重要步骤,提升了中国的国际影响力。1979年初,邓小平同志访问美国,在改善中美关系的同时,向国际社会展示了中国追求发展进步的国家形象。进入新时代,大国外交的展开、"一带一路"倡议的提出、构建人类命运共同体的努力,都彰显了中国负责任、有担当的大国形象。

通过增进民族团结建构国家形象。民族关系是构成国家形象的重要方面。新中国成立后,十分重视民族关系的协调。毛泽东同志指出:"我们要和各民族讲团结,不论大的民族、小的民族都要团结。"①为了增进民族团结,中国共产党强调民族平等和各民族共同繁荣,并通过实行民族区域自治制度保障少数民族人民当家做主的权利。改革开放后,在坚持和完善民族区域自治制度的同时,通过实施西部大开发、对口支援,建立财政转移支付制度,促进了少数民族地区的发展。进入新时代,习近平总书记强调,"铸牢中华民族共同体意识,加强各民族交往交流交融,促进各民族像石榴籽一样紧紧抱在一起,共同团结奋斗、共同繁荣发展"②。

四、将国家形象建构与政党形象、人民形象构建结合起来

中国共产党是执政党,人民是国家的主人。新中国70年,注意将国家形

①　毛泽东:《接见西藏国庆观礼团·参观团代表的谈话》,载《毛泽东文集》(第六卷),人民出版社1999年版,第311页。

②　习近平:《决胜全面建成小康社会,夺取新时代中国特色社会主义伟大胜利:在中国共产党第十九次全国代表大会上的报告》,人民出版社2017年版,第40页。

象建构和政党形象、人民形象建构结合起来,使国家形象、政党形象、人民形象相互衬托、相得益彰。

　　新中国成立初期,尽管经济基础薄弱、发展水平低,且面临西方敌对势力的封锁、禁运、遏制,但中国共产党人对新中国的发展前景充满信心。周恩来同志指出:"我们有这样多的人口,有这样勤劳、勇敢、智慧的民族,一定会在世界上建设起一个强大的爱好和平的国家。我们完全有这个信心。"①这种自信既是国家形象的构成要素,也是国家形象建构的心理基础。改革开放后,国家形象建构的目标随时代发展而日益完善。进入新时代,国家形象建构的内涵得到进一步丰富。习近平总书记要求"重点展示中国历史底蕴深厚、各民族多元一体、文化多样和谐的文明大国形象,政治清明、经济发展、文化繁荣、社会稳定、人民团结、山河秀美的东方大国形象,坚持和平发展、促进共同发展、维护国际公平正义、为人类做出贡献的负责任大国形象,对外更加开放、更加具有亲和力、充满希望、充满活力的社会主义大国形象"②。这为新时代建构国家形象指明了方向。

　　执政党的价值取向、执政党的能力水平、执政党的清廉程度,直接关系国家形象。1951 年 2 月,毛泽东同志在中共中央政治局扩大会议上指出,"我们的党是伟大的,光荣的,正确的"③。1956 年 9 月,毛泽东同志指出,"我们的党是一个政治上成熟的伟大的马克思列宁主义的政党"④。这是对中国共产党性质和形象的精准表达。新中国成立初期,我们党着力建构执掌全国政权的大党、为人民服务的政党、清正廉洁的政党形象,展现了中国共产党的领导方式,赢得了人民对党的认同和支持。改革开放以来,随着社会主义市场经济的发展和对党的建设认识的拓展,逐步形成以"两个先锋

---

　　① 周恩来:《关于知识分子的改造问题》,载《周恩来文化文选》,中央文献出版社 1998 年版,第 56 页。

　　② 习近平:《习近平主持中央政治局集体学习时强调提高软实力,实现中国梦》,《人民日报·海外版》,2014 年 1 月 1 日。

　　③ 《毛泽东年谱(1949—1976)》(第一卷),中央文献出版社 2013 年版,第 304 页。

　　④ 同上,第 625 页。

队"来表述我们党的政党形象。进入新时代,以习近平同志为核心的党中央坚持反腐败无禁区、全覆盖、零容忍,着力遏制腐败滋生蔓延势头,推动党风廉政建设和反腐败斗争不断向纵深发展,强化了全面从严治党的政党形象。坚持人民主体地位,坚持一切为了人民、一切依靠人民,彰显了以人为本、人民至上的价值取向和立党为公、执政为民的执政理念。推进国家治理体系和治理能力现代化、以新发展理念引领经济高质量发展、推进"两个一百年"奋斗目标,表明中国共产党执政能力、执政水平的提升。坚决维护习近平总书记党中央的核心、全党的核心地位,坚决维护党中央权威和集中统一领导,体现了全党的团结统一和行动一致。

随着中国革命胜利和中华人民共和国的成立,中国人民成为国家的主人,中国历史从此进入"人民的时代",这是人民地位的历史性变化。《共同纲领》明确规定,"中华人民共和国的国家政权属于人民"①。毛泽东同志多次强调人民的重要地位,要求"全心全意为人民服务"。新中国成立初期,从人民地位、人民权利、人民力量、人民利益等维度建构了人民形象。改革开放得到了人民群众的广泛拥护和支持,无论改革还是开放,都凝聚了人民的智慧和力量。1988 年 9 月,邓小平同志指出:"很多事是别人发明的,群众发明的,我只不过把它们概括起来,提出了方针政策。"②人民是推动改革开放的主体,也是推动发展的主体。同时,人民在维护社会稳定方面发挥着重要作用。江泽民同志指出:"人民群众是改革发展的主体和动力,也是稳定的力量源泉和深厚基础。"③这是对人民在社会稳定中重要作用的高度概括。胡锦涛同志在纪念毛泽东诞辰 110 周年座谈会上的讲话中指出,"人民是创造历史的根本动力。中国最广大人民群众是建设中国特色社会主义事业的

---

① 《中国人民政治协商会议共同纲领》,载《建国以来重要文献选编》。
② 邓小平:《总结历史是为了开辟未来》,载《邓小平文选》(第三卷),人民出版社 1993 年版,第 272 页。
③ 江泽民:《目前形势和经济工作》,载《江泽民文选》(第二卷),人民出版社 2006 年版,第 444 页。

主体,是先进生产力和先进文化的创造者,是社会主义物质文明、政治文明和精神文明协调发展的推动者"①。这是人民作为发展主体作用的体现。习近平总书记强调以人民为主体、以人民为中心,并用"伟大的创造精神""伟大的奋斗精神""伟大的团结精神""伟大的梦想精神"来形容人民、赞美人民,使我们牢固树立起"人民是历史的创造者,人民是真正的英雄"②的人民形象。对人民的尊重和敬畏,是对国家发展初心与使命的最好诠释,也是新中国 70 年国家形象建构中的重要内涵。

---

① 胡锦涛:《胡锦涛同志在纪念毛泽东诞辰 110 周年座谈会上的讲话》,《人民日报》,2003 年 12 月 27 日。

② 习近平:《在第十三届全国人民代表大会上的讲话》,《人民日报》,2018 年 3 月 20 日。

论新时代中国共产党的形象设计①

（北京大学马克思主义学院　程美东）

【摘要】政党的政治形象是政党内在气质的自然流露和集中展示，是政党的政治实践内化为文化的重要表现，更是政党软实力的集中体现。党的十八大以来，习近平高度重视党的形象问题，他关于党的建设的系列理论表述和实践举措，使党的形象更加丰满完美、更加健康向上。

【关键词】新时代　中国共产党的形象　习近平

党的十八大以来，习近平高度重视党的形象设计，他多次提出了党的形象问题，"党的作风就是党的形象，关系人心向背，关系党的生死存亡"②，"作风反映的是形象和素质，体现的是党性"③，"公道正派才能出清风正气，廉洁自律才能塑良好形象"④。在以习近平同志为核心的党中央坚强领导下，形成了一系列关于党的建设的理论表述和实践举措，打造了新时代中国共产党更加立体、全面、丰满的形象。

---

① 本文曾发表于《毛泽东研究》2019 年第 1 期。
② 《习近平关于党风廉政建设和反腐败斗争论述摘编》，中国方正出版社 2015 年版，第 8 页。
③ 《习近平关于全面从严治党论述摘编》，中央文献出版社 2016 年版，第 154 页。
④ 习近平：《在纪念胡耀邦同志诞辰 100 周年座谈会上的讲话》，人民出版社 2015 年版，第 12 页。

一、大气的形象

习近平指出："中国共产党是世界上最大的政党。大就要有大的样子。"[①]这个"大就有大的样子"的表述就是要求我们党要有大党的形象。这个大党的形象当然不是简单的党员人数的大，不是所掌握的权力的大，而是一种气势之大，是精气神的大，是见识、胸襟、气度、力量的大。这种大不是简单地定位于与国际上的政党的比较而显示出来的大，也不是与国内民主党派相比较显示出来的大，是定位于历史上的政党比较而显示出来的大，更是定位于与现实和未来的政党比较而显示出来的大。一个大党比较一般的党至少在精神气质上要充分体现以下几个方面的"大"。

（1）大远见。一个大党较一般的党要有深刻洞察时事的能力，要能准确把握时代发展的脉搏，要能敏锐地观察到人类社会发展的趋势，要能据此为国际国内制定科学进取的方针政策做出积极的贡献。在论及中美关系时，习近平提出要看大局，正所谓"得其大者可以兼其小"，这个大局意识就是一种远见的体现，没有远见，根本形成不了大局意识。他所提出的"一带一路""人类命运共同体"也是远见之"大"的卓越体现。

（2）真平等。政党无论大小，都要平等相待、真诚相处、互相学习、互相借鉴，这是毛泽东时代就确立的我党的原则。习近平继承和光大了这个思想，他指出："不同国家的政党应该增进互信、加强沟通、密切协作，探索在新型国际关系的基础上建立求同存异、相互尊重、互学互鉴的新型政党关系，搭建多种形式、多种层次的国际政党交流合作网络，汇聚构建人类命运共同体的强大力量。"[②]在实际的党际交往中，他对待国际上的大党不卑，对待小党不亢，亲诚交流，有礼有节，充分体现了大党领袖的现代意识。

（3）大胸襟。大党必须要有宽广的胸襟，要善于察纳群言，要善于倾听

---

① 习近平：《新时代要有新气象更要有新作为 中国人民生活一定会一年更比一年好》，《人民日报·海外版》，2017 年 10 月 26 日。

② 习近平：《携手建设更加美好的世界》，《光明日报》，2017 年 12 月 2 日。

意见，要让党内外一切积极的因素都能在党内得到生存的空间。习近平强调"虚心公听，言无逆逊，唯是之从"是执政党应有的胸襟；他要求中央政治局的同志必须有天下为公的宽阔胸襟，摒弃任何私心杂念，把为全中国人民谋利益作为自己唯一的追求，为党的事业和人民利益鞠躬尽瘁。他要求中国共产党领导的政协要坚持"以百姓心为心"的原则，"倾听人民心声，汲取人民智慧"，发扬求同存异、体谅包容的优良传统，尊重和包容不同意见的存在和表达，以民主的作风团结人，不断增进思想共识、加强合作共事。这些论述集中起来表达，就是要求中国共产党要有虚怀若谷的大胸襟、容山纳海的大气度。

（4）大责任。不忘初心，牢记使命。党的十九大报告指出，中国共产党人的初心和使命就是为中国人民谋幸福、为中华民族谋复兴，这正是中国共产党的大责任所在。为中国人民谋幸福、为中华民族谋复兴，中国共产党自成立以来就是按照这个宗旨去实施的。中国共产党近百年的历史表明，为了中国人民的幸福、为了中华民族的复兴，坚决抛弃一切私心杂念，敢于牺牲自己的一切，勇于带领人民克服一切困难，同一切困难作坚决的斗争。

大党不仅仅关注国内事务，也要关注国际事务，要对世界、对人类有一种强烈的责任感使命感，要敢于对世界和人类负起责任，要能够对世界和人类负得起责任。中国共产党始终把为人类做出新的更大的贡献作为自己的使命，中国共产党为了促进人类的和平发展做出了符合自己实际的贡献。20世纪50年代开始我们所提出的"和平共处五项基本原则"就是中国共产党人对于世界和人类所做出的积极贡献。党的十八大以来，习近平根据世界发展的新情况、新趋势，提出了人类命运共同体的倡议，主张坚决摒弃冷战思维和强权政治，走对话而不对抗、结伴而不结盟的国与国交往新路，建设持久和平、普遍安全、共同繁荣、开放包容、清洁美丽的世界。对于人类责任，中国共产党不仅仅是口头上说说而已，而是身体力行。我们对于事关人类公平正义的国际问题不避艰险和厉害，在经济和政治文化各个方面都勇敢地承担国际责任。我们对于非洲600亿美元的资助，设立亚投行的积极行为,对于联合国维和的不遗余力地参与,对于"一带一路"的大力投入,都是承担这个国际责任的集中体现。据中国政府网消息,在 2018 年 12 月底联合国通过的 2019—2021 年会费和摊款比额决议中,中国从 2019 年开始成为联合国第二大会费国和维和摊款国。在未来的人类命运共同体建设中,中国共产党领导下的中国政府将继续积极参与全球治理体系变革和建设,为世界贡献更多中国智慧、中国方案、中国力量。

二、"钙"质充分的形象

理想信念是共产党人精神上的"钙","钙"不足则神不足,中国共产党人必须时时补这个精神之"钙"。这是习近平日夜忧虑的事情,因为它事关党是否健康成长的形象。没有"精神之钙",党就会四肢软软不能立体,莺莺细语不能动人,这样的党就是一个病态的不健康的形象。为了防止这个形象的出现,他一直主张"补钙"。习近平指出,"对马克思主义的信仰,对社会主义和共产主义的信念,是共产党人的政治灵魂,是共产党人经受住任何考验的精神支柱。形象地说,理想信念就是共产党人精神上的'钙',没有理想信念,理想信念不坚定,精神上就会'缺钙',就会得'软骨病'"①。

"精神之钙"对于党的健康形象至关重要。一个人有了丰富的"精神之钙",才会充满生机和活力;一个政党有了丰富的"精神之钙",才会有共同的意志和方向,才会形成巨大的合力,才会展示出整体健康活泼、昂扬向上的形象。

习近平不仅指出了"精神之钙"的重要性,还提出了补"精神之钙"的重要性。他认为,要补上理想信念这种"钙",就需要认真学习马克思主义,学习时事政治,学习本职业务知识,不断提高自己的理论水平和业务水平;把理想信念融入平凡的工作中,重要的是行动和实干,要充分发挥党员先锋模范作用,要有强烈的事业心、责任感。

---

① 《习近平关于全面从严治党论述摘编》,中央文献出版社 2016 年版,第 57 页。

三、民主法治的形象

中国共产党为实现人民民主而产生,并因能够实现人民民主而被人民所信任和选择。可以说,人民民主是中国共产党的目标追求,是中国共产党克敌制胜的法宝。习近平指出:"人民民主是社会主义的生命。没有民主就没有社会主义,就没有社会主义的现代化,就没有中华民族伟大复兴。"①要实现人民民主,就必须要坚持法治的原则。没有法治保障的民主是不可靠的民主,不按照法治来实现的民主不是真正的民主。习近平指出,凡属重大改革都要有法有据。在整个改革过程中,都要高度重视运用法治思维和法治方式,发挥法治的引领和推动作用。他要求领导干部要做遵法学法守法用法的模范,每个党政组织、每个领导干部必须服从和遵守宪法法律,在法制轨道上行使权力可以造福人民,在法律之外行使权力则必然祸害国家和人民。

党的十八大以来,中国共产党严格按照民主法治的原则来管理党和国家的事务。公开是民主的重要体现,党的十八大后我们党在管理的公开性上更加规范化,这集中体现在中共中央先后制定的《中国共产党党务公开条例(试行)》《关于建立党委新闻发言人制度的意见》《关于党的基层组织实行党务公开的意见》《关于建立健全信息发布和政策解读机制的意见》等多个主张公开的文件。在这些文件的指导下,违法乱纪案例和数据公开,各级纪委监察部门电话和邮箱公开,案件审判公开,物价调整公开,国家法律修订公开,党内腐败公开,党内统计公报公开。可以说,凡是涉及国家和人民的事情都向人民交代了。这些措施大力推进了人民民主走向严格的制度化、规范化、程序化轨道。

坚持法治也是我们党毫不动摇的原则。反腐败依靠法治,打击各种刑事犯罪活动我们依靠法治,社会治理我们也依靠法治。依靠法治,改革开放

---

① 《习近平关于全面建成小康社会论述摘编》,中央文献出版社 2016 年版,第 83 页。

以来中国社会获得了稳定发展的环境;依靠法治,中国实现了持续而高效的发展。习近平强调:"党的十八大以来,党中央对全面依法治国做出一系列重大决策,提出一系列全面依法治国新理念新思想新战略,强调要坚持加强党对依法治国的领导,坚持人民主体地位,坚持中国特色社会主义法治道路,坚持建设中国特色社会主义法治体系,坚持依法治国、依法执政、依法行政共同推进,法治国家、法治政府、法治社会一体建设,坚持依宪治国、依宪执政,坚持全面推进科学立法、严格执法、公正司法、全民守法,坚持处理好全面依法治国的辩证关系,坚持建设德才兼备的高素质法治工作队伍,坚持抓住领导干部这个'关键少数',明确了全面依法治国的指导思想、发展道路、工作布局、重点任务。"①这些新理念新思想新战略推进党的法治建设取得更加卓著的成绩。

四、敢作敢为的形象

一个大党必须敢于承担,绝不能面对困难畏畏缩缩、推来攘去,那种知难而退的做法是懦夫和胆小鬼的表现,是小人的惯常反应,一个大党不能这么做。中国共产党从成立以来,为了实现自己的理想和目标,坚决果敢、勇于行动,坚持到底、绝不动摇,每一个真正的共产党员都在自己的岗位上认真负责、绝不彷徨犹豫、绝不诿过于人,正因为这样才保证了革命事业的顺利发展,才使得中国共产党领导的民主革命事业和社会主义事业获得了惊人的巨大进步。

改革开放以来,中国共产党依然保持了这种敢作敢为的作风,这极大地保证了改革开放事业的大发展。但是,必须承认,在一些部门、地区,一些共产党员的确也存在着不同程度的不作为、少作为的现象,这自然会影响改革开放事业的发展。习近平对此是绝不容忍的! 习近平在 2013 年和 2018 年

---

① 习近平:《加强党对全面依法治国的集中统一领导　更好发挥法治固根本稳预期利长远的保障作用》,《人民日报》,2018 年 8 月 25 日。

全国组织工作会议上的讲话中指出，"敢于担当，党的干部必须坚持原则、认真负责，面对大是大非敢于亮剑，面对矛盾敢于迎难而上，面对危机敢于挺身而出，面对失误敢于承担责任，面对歪风邪气敢于坚决斗争"①。"我们要在选人用人上体现讲担当、重担当的鲜明导向，把敢不敢扛事、愿不愿做事、能不能干事作为识别干部、评判优劣、奖惩升降的重要标准，把干部干了什么事、干了多少事、干的事群众认不认可作为选拔干部的根本依据，激励各级干部撸起袖子加油干。"②"为官避事平生耻"，这是习近平经常的座右铭。在他看来，坚持原则、敢于担当是党的干部必须具备的基本素质。担当大小，体现着干部的胸怀、勇气、格调，有多大担当就能干多大事业。共产党员只有敢于担当，才能在实际工作中敢作敢为。只有敢于担当，我们党的形象就自然生龙活虎、朝气蓬勃，我们党领导的事业就会生机勃勃。

五、清廉洁净的形象

中国共产党是全心全意为人民服务的党，是以实现中国人民解放和人类解放为使命的党，没有任何的私利。在中国共产党的历史上，虽然在个别时候、个别人的确也存在贪污腐败的现象，但从总体看，中国共产党是罕见的清廉洁净的政党。没有这一条，中国人民不会选择中国共产党。

改革开放以来，随着市场经济的发展，随着国内外环境的变化，中国共产党内贪污腐败的现象不断出现，且在一段时期呈现愈演愈烈的趋势。习近平深知治国必先治党，治党必先治腐，如果让腐败横行，那么党的形象就会彻底在人民心中毁灭。因此，党的十八大以来，他对于反腐倡廉方面采取了比较过去更加坚决严厉、甚至可以说史无前例的措施。在党的十八大后接见中外记者的见面会上，习近平掷地有声地说出了"打铁还需自身硬"的庄严承诺，坚持"老虎""苍蝇"一起打，对腐败零容忍。他反复强调，领导干

---

① 习近平：《着力培养选拔党和人民需要的好干部》，《习近平谈治国理政》，外文出版社 2014 年版，第 413 页。

② 习近平：《在全国组织工作会议上的讲话》，《当代党员》，2018 年第 19 期。

部要"严以修身、严以用权、严以律己",切实提高反腐力度,要"踏石留印,抓铁有痕",严厉推行"八项规定",坚决反"四风"、转作风、树新风,一定要实现"干部清正、政府清廉、政治清明"的大好局面。他这样做的目的,就是要让中国共产党在全国人民面前始终保持清正廉洁的形象。十九届一中全会闭幕后,习近平在率新一届中央政治局常委同中外记者见面时强调,"全面从严治党永远在路上,不能有任何喘口气、歇歇脚的念头"①。实践已经证明,通过党的十八大以来这些雷厉风行的举措,我们党在改革开放之后在清正廉洁的形象上有了突破性的提升。

六、改革开放的形象

改革开放是当代中国最鲜明的特征之一,改革开放使得中国社会主义事业获得了蓬勃发展,改革开放精神充实、丰富、升华了中华民族的精神。而这一伟大的改革开放事业是中国共产党所领导的,中国共产党人若没有改革开放的精神,这一伟大事业不可能进行下去。今天的中国和世界之所以对于中国共产党所领导的事业充满信心,就是因为他们在心中已经把中国共产党视为改革开放的化身,改革开放已经深深烙在中国共产党的形象之中!改革开放的形象使得中国共产党代表了先进、代表了时代潮流、代表了中国前进的方向,使得中国共产党不断获得人民的拥护、信任,这个形象只能不断地丰满和深刻,而不能缩小和浅显。

习近平对于改革开放坚定不移,他反复强调,改革开放只有进行时没有完成时。他在庆祝改革开放40周年大会上讲话时指出,"40年的实践充分证明,改革开放是党和人民大踏步赶上时代的重要法宝,是坚持和发展中国特色社会主义的必由之路,是决定当代中国命运的关键一招,也是决定实现'两个一百年'奋斗目标、实现中华民族伟大复兴的关键一招"②,要推动全社

---

① 《不能有任何喘口气歇歇脚的念头》,《人民日报》,2017年11月14日。
② 习近平:《在庆祝改革开放40周年大会上的讲话》,《人民日报》,2018年12月19日。

会想改革、敢改革、善改革的良好风气。党的十八大以来,在习近平的推动下,我们的改革开放不断向纵深推进——从国有企业改革到计划生育改革,从扩大自贸区到高等教育领域改革,从司法体制改革到军队改革,从文化体制改革到行政体制改革,无一不是往深水区的改革。这些改革较过去更加艰难,是硬骨头,是激流险滩。党的十八大以来习近平一方面坚决反腐,另一方面坚决啃硬骨头、闯激流险滩,就是要在全世界和全中国人民面前继续展示中国共产党的改革开放的形象,使人们对于中国的改革开放事业充满信心和希望!

七、浩然正气的形象

中国人崇尚正气,从政党形象气质的角度来看,就是光明正大、堂堂正正、顶天立地,这种内在的伟大精神所外化出来的形象令人敬畏、令人向往。这样的形象能鼓舞弱者变成强者,激励人从自卑走向自信,引导人从盲目走向理性。中国共产党在中国人的心目中就是一座高山,巍峨壮观;就是一幅英雄塑像,令人肃然起敬。这种高大的形象激励了引导了无数的中国人战胜艰难困苦、走向美好的明天! 习近平对于中国历史、世界历史、中国共产党历史上的充满正气的英雄豪杰、仁人志士一直敬仰有加,他多次提到共产党人要向往这种正气,要弘扬这种正气。他推崇中国传统的"富贵不能淫,贫贱不能移,威武不能屈"的浩然正气,他主张要通过读书来滋养浩然之气;他鼓励广大院士善养浩然正气,培育和践行社会主义核心价值观;他呼吁要特别关注那些心系群众、埋头苦干、不拉关系、不走门子的老实人、正派人,不能让老实人吃亏。习近平不厌其烦地提倡养正气、用正气之人,就是要让浩然正气在党内永远成为主流,永远成为主要代表的形象。只要有了这样的正气满溢的主流形象,那些歪风邪气自然就会在中国共产党内没有存在的市场!

八、好学奋进的形象

中国共产党是一个不断进取、不断超越自己的政党,这是由它的性质和宗旨、历史使命所决定的。那么如何使得中国共产党能够始终保持这样一种先进的状态呢? 只有不断地学习、奋进! 通过不断学习,不断地提高自己,使自己始终立于时代的潮头而不会被时代所抛弃! 一部中国共产党的历史就是一部勤奋刻苦的学习史,一部敢于不耻下问、勇于不耻学习、善于不断提高的历史,正是靠这种好学不倦、奋进向上的精神,中国共产党才征服了一个个的认识盲区,不断登上一个个通向共产主义的高峰。

习近平对于党的学习给予了高度的关注。他警告全党,在信息化时代,要克服"本领荒"的问题,不论是解决长期存在的老问题,还是改变表现形式的老问题,唯一的途径就是增强我们自己的本领。增强本领就要加强学习。他谆谆教导领导干部要爱读书、读好书、善读书;要多方面、多渠道地学习。既要向书本学习,也要向实践学习;既要向人民群众学习,向专家学者学习,也要向国外有益经验学习;既要学习理论知识,也要学习实践知识。他强调党员干部学习的范围要广,要学习马克思主义理论,学习党的路线方针政策和国家法律法规,要学习经济、政治、历史、文化、社会、科技、军事、外交等方面的知识。正是他对党的学习的重要性有如此高度的认识,党的十八大才提出了建设学习型、服务型、创新型马克思主义执政党的重大任务。可以说,在习近平的心目中,好学是奋进的基础,好学奋进是中国共产党的内在气质,是中国共产党永葆青春、热血、智慧的保证,好学奋进就是中国共产党的精神形象。

新时代中国共产党国际形象塑造方法论

（山东大学当代社会主义研究所　崔桂田）

【摘要】政党形象是政党属性的根本标示,是政党领导力和影响力的集中体现,是衡量民众认同度和支持度的重要尺度。政党国际形象是政党在国际社会的地位、影响力以及认可度的体现,是政党形象塑造和传播的国际化。新时代中国共产党国际形象塑造要尊重规律、讲究方法。

【关键词】中国共产党　国际形象　塑造　方法论

第一,政党形象塑造是政党建设的核心,是当代世界政党发展的大势。塑造具有巨大吸引力和高度认同感的政党形象是政党建设的主要目标。所谓政党形象,就是政党在政治舞台上的魅力和风采,在公众心目中的整体性影响和影响力。政党形象是一个综合性概念,包含着政党及其活动的所有方面,既包括党员素质、领导素质、内在素质、外部素质等政党素质,也包括政党的领导能力、建设能力、管理能力、执政能力等政党能力。政党形象塑造实质上就是提升政党的综合素质和能力,扩大政党在公众中的影响力和认同度。从当代世界政党发展的进程看,以政党形象塑造为核心的政党建设和"政党再造"已是大势。

第二,"时势造英雄、英雄造时势",新时代中国共产党国际形象塑造具有客观历史必然性。历史巨变中的世界和中国给中国共产党塑造有为能为、造福人民、贡献世界的具有全球影响力的大党形象提供了"千载难逢"的机遇。一是当今世界正经历着新的国际秩序如何构建、经济全球化如何推进、世界经济如何振兴、各国的关系如何重塑的百年巨变，而提出"人类命运共同体"理念和"一代一路"倡议的中国自然被寄予厚望，作为这个理念和倡议发起者的中国共产党有了发挥国际作用和影响力的更大空间。二是21世纪的世界社会主义将向何处去，在低潮的"触底反弹"中进一步振兴，需要新思想新理念，需要新的"领头羊"，而作为当今世界社会主义建设成就最大的和党员人数最多的中国共产党，客观上就成为世界社会主义的中流砥柱和国际共产主义运动的"领导中心"，中国共产党理应挺身而出，通过中国特色社会主义理论和实践创新，让马克思主义科学社会主义焕发出新的生机活力，让中国特色社会主义伟大旗帜在世界高高飘扬。三是正在推进现代化又不愿意走西方老路的广大发展中国家需要中国现代化的经验和智慧，目前中国道路和中国方案备受热捧，作为中国现代化道路指路人的中国共产党就有了更多的与这些国家的政党加强交流合作的机会，有了进一步扩大国际影响的舞台。四是以习近平总书记为核心的党中央十八大以来所进行的"历史性变革"举世瞩目，中国共产党领袖的魅力极度提升，为中国共产党国际形象塑造提供了新的助力。

第三，新时代中国共产党国际形象塑造的实质是提高政党文化软实力，要"攻心为上"。中国共产党国际形象塑造的实质是中国共产党本质属性和执政绩效的国际展现和国际认同，更多体现的是中国共产党价值和理念"软实力"的世界影响力。塑造和提高中国共产党的国际形象要"攻心为上"，以人类共同价值架起心灵沟通的"桥梁"。当代世界，不同国家的政党，其政治地位和利益表达是不同的、阶级属性和价值追求也存在差异，实现价值认同的国际化是异常艰难的。这就需要在政治制度和历史文化的差异中，在不同文化的相识、相知、相容和互鉴中，探寻不同文化中的共同价值，从而共同推进人类文明进步，建设包容共享的世界。

第四，新时代中国共产党国际形象塑造是一个系统工程，要整体谋划、讲究方法。一是中国共产党国际形象的塑造要整体谋划。新时代中国共产党国际形象塑造是一个复杂的系统工程,要以中国梦和人类命运共同体为导向,以全面建成小康社会为突破口,以提高内涵式高质量发展为后盾,以实现人民对美好生活的向往和富强民主文明和谐美丽的社会主义现代化强国为目标,以全面从严治党为保障,以贡献世界、推进人类文明发展为大逻辑。二是中国共产党国际形象塑造要抓重点、靠实力说话,把实现人民美好生活和共同富裕、全面从严治党、为世界人民谋幸福作为三大抓手,把中国的事情办好,把中国共产党自身治理好,让世界远离战争、毒品、贫穷和封闭。三是中国共产党国际形象塑造要讲究艺术和方法,要制定国际形象塑造提升的战略策略。要形成以中国特色社会主义道路为定力,以中华文明为武器,以人类共同价值为纽带,以国家利益为核心,以高质量发展为后盾,以提高全球治理影响力和主导力为目的的中国共产党国际形象塑造的战略策略。四是中国共产党国际形象塑造要要重视媒体、打造平台。在政党形象的塑造和提升中媒体起着至关重要的传播、转化作用,既要加强和媒体的联系交流又要提高对其影响引导的能力。要对国际社会不同地区、国家、政党进行分门别类的形象"公关",要把世界社会主义国家和政党与发展中国家作为公关的突破口。同时,要利用和打造中国共产党国际形象塑造和提升的国际平台,向世界讲好中国改革开放的故事,讲好中国共产党的故事。

重大主场外交对中国共产党国际形象的建构和传播

（北京大学马克思主义学院
北京市哲学社会科学中国化马克思主义发展研究基地
林绪武）

【摘要】政党的国际形象，是综合性的认知和评价，良好的政党国际形象，能够提升政党的国际地位和话语权，有利于国家形象的建构和传播。党的十八大以来，中国主办了多次重大主场外交活动，成为中国共产党国际形象建构和传播的重要平台，为研究中国共产党的国际形象提供了一个重要视角。透过习近平在多次重大主场外交活动中发表的一系列重要讲话，向全世界建构和传播了中国共产党爱好和平、责任担当、开放包容、务实合作的国际形象。中国共产党国际形象的建构，传播大党形象，彰显大国风范，展示了大国大党的世界情怀。

【关键词】主场外交　中国共产党　国际形象　形象传播

一般而言，政党形象有对内与对外之分，政党的对外形象即是政党的国际形象。政党的国际形象，通常是指国际社会对于政党的有形表象、精神内涵、国际行为及其结果的总体评价①，也就是说，政党的国际形象，既包括有形的，看得到的形象，也包含内在的，看不见的形象，是综合性的认知和评价。良好的政党国际形象，能够提升政党的国际地位，增强政党的国际话语权，体现的是文化软实力。同样，良好的政党国际形象，可以激发国内民众的政党认同。当前，学术界谈论政治认同、国家认同比较多，实际上，政党认同也很重要。政党的国际形象建构，需要多学科、跨学科的学者共同参与，既包括历史学、政治学、马克思主义理论等学科，也包括传播学、诠释学、外交学、语言学等学科。然而，长期以来，在西方主导的国际舆论和话语体系下，中国共产党的国际形象存在被妖魔化、神秘化、边缘化的情形，体现西方对中国共产党的偏见和误解。十八大以来，中国共产党主动作为，相继于2014 年 5 月在上海举行亚洲相互协作与信任措施会议第 4 次峰会（简称"亚信峰会"）、2014 年 11 月在北京雁栖湖举行亚太经合组织第 22 次领导人非正式会议（简称"APEC 会议"）、2016 年 9 月在杭州召开 20 国集团会议（简称"G20 杭州峰会"）、2017 年 5 月在北京举行"一带一路"国际合作高峰论坛（简称"高峰论坛"）、2017 年 9 月在厦门举行金砖国家领导人第 9 次会晤（简称"金砖峰会"）、2017 年 11 月至 12 月在北京举行中国共产党与世界政党高层对话会（简称"高层对话"）、2018 年 6 月在青岛举行上海合作组织成员国元首理事会第 18 次会议（简称"上合峰会"）、2018 年 9 月在北京举行第七届中非合作论坛北京峰会（简称"北京峰会"）、2018 年 11 月在上海举办第一届中国国际进口博览会（简称"进博会"）等重大主场外交活动。这些重大主场外交成为中国特色大国外交的重要组成部分，成为中国共产党国际形象建构和传播的重要平台，向全世界传播了中国共产党爱好和平、责任担当、开放包容、务实合作的国际形象。

---

① 林梓栋、龙欢婷：《增强我党国际形象传播力》，《军事记者》，2017 年第 11 期。

一、中国共产党爱好和平的国际形象

中国共产党从诞生之日起就具有"和平的基因"①，在新民主主义革命时期，中国共产党从中华民族整体利益出发，以和平的方式解决西安事变，继而国共两党共同抵御外侮。在社会主义过渡时期，中国共产党以"和平赎买"的方式解决了民族工商业的问题，实现了生产资料的国有化，为社会主义制度在中国的确立奠定了基础。在社会主义建设时期，中国共产党创造性地提出和平共处五项原则：互相尊重主权和领土完整，互不侵犯，互不干涉内政，平等互利，和平共处，成为指导国际关系的基本准则。改革开放新时期，邓小平提出和平与发展是时代的主题。如今，世界正处于大发展、大变革、大调整时期，和平与发展仍然是时代主题。唯有和平才能促发展，唯有发展才能促繁荣，最终受益于整个世界，造福于全人类。但是纵观整个世界，不和平不稳定的因素依然存在，威胁着世界的安全与和谐。甚至有些国家对中国提出的和平倡议怀有猜忌和误解，认为中国是在走大国霸权的道路，是对国际秩序的新塑造，是"地缘政治战略"的再伪装。然而，习近平多次在重大主场外交活动中强调，中国共产党领导下的中国，始终奉行和平共处五项原则，走和平发展之路，并始终维护国际社会的和平与稳定，是对各种错误论调的有力回应和批驳。

在"G20杭州峰会"上，习近平呼吁各国抛弃过时的冷战思维，树立共同、综合、合作、可持续的新安全观，珍惜难能可贵的和平和安宁，为维护全球和地区稳定发挥建设性作用，并表示中国将坚定不移走和平发展道路。②在"高峰论坛"上，习近平提出把"一带一路"建成和平之路，构建以合作共赢为核心的新型国际关系，打造对话不对抗、结伴不结盟的伙伴关系，强调中国愿在和平共处五项原则基础上，发展同所有"一带一路"建设参与国的友

---

① 张春玺：《不断弘扬中国共产党的"和平基因"》，《人民论坛》，2017年第21期。
② 习近平：《中国发展新起点 全球增长新蓝图——在二十国集团工商峰会开幕式上主旨演讲》，《人民日报》，2016年9月4日。

好合作。① 习近平在"高峰论坛"开幕式上的演讲中提出六个"不会":不会另起炉灶,不会干涉他国内政,不会输出社会制度和发展模式,不会强加于人,不会重复地缘博弈的老套路,以及不会形成破坏稳定的小集团。对此,新加坡《联合早报》称:"一带一路"是开创合作共赢的新模式,间接回应了一些国家的政治顾虑和猜疑。② 回应了一些国家的政治顾虑和猜疑。在"高层对话会"上,习近平多次强调和平发展的重要性,倡议各方努力把世界建设成一个远离恐惧、普遍安全的世界。③ 在"金砖峰会"上,习近平呼吁金砖国家勇担责任,共同维护世界和平安宁。④ 在"上合峰会"上,习近平提出筑牢和平安全的共同基础,继续举行"和平使命"等联合反恐演习等。⑤

习近平在这些重大主场外交活动中的多次讲话向世界宣示,一是中国共产党人深知和平的可贵。中国始终不渝走和平发展道路,不会重蹈地缘政治的老套路,更不会走大国强权、大国霸权的扩张之路。作为马克思主义政党,不管是"一带一路"的倡议,抑或是"人类命运共同体"的构建,都是中国共产党结合国内外发展需求,从人类整体利益出发,在遵循"和平共处五项原则"的基础上提出的,目的是谋求全人类的解放和幸福,中国无论发展到什么程度,都永远不称霸,永远不搞扩张。二是中国共产党人具有维护和平的坚定决心。中国共产党领导下的中国将会同世界各国一道,高举和平、发展、合作、共赢的旗帜,坚持共同、综合、合作、可持续的新安全观,共同维护世界的和平与安全,促进世界的和平与发展。习近平在"高层对话会"上

---

① 习近平:《携手推进"一带一路"建设——在"一带一路"国际合作高峰论坛开幕式上的演讲》,《人民日报》,2017 年 5 月 15 日。

② 《外媒点赞习近平主旨演讲:旁征博引融古通今 为"一带一路"指明方向》,http://news. cri. cn/uc－eco/20170515/15d7c202－5c74－a1de－7e23－a5d08093f0e1. html。

③ 习近平:《携手建设更加美好的世界——在中国共产党与世界政党高层对话会上的主旨讲话》,《人民日报》,2017 年 12 月 2 日。

④ 习近平:《深化金砖伙伴关系 开辟更加光明未来——在金砖国家领导人厦门会晤大范围会议上的讲话》,《人民日报》,2017 年 9 月 5 日。

⑤ 习近平:《弘扬"上海精神" 构建命运共同体——在上海合作组织成员国元首理事会第十八次会议上的讲话》,《人民日报》,2018 年 6 月 11 日。

指出，截至 2017 年，中国累计派出 3.6 万余人次维和人员，成为联合国维和行动的主要出兵国和出资国。① 因此，爱好和平的传统，中国共产党不想丢、不能丢、不会丢。维护和平的决心，中国共产党人坚如磐石，将一如既往为世界和平安宁作贡献，并倡议世界各国政党一道，做世界和平的建设者、全球发展的贡献者、国际秩序的维护者。

二、中国共产党开放包容的国际形象

中国共产党是工人阶级的政党，但为了赶走日本侵略者、实现中华民族的独立，中国共产党同全世界进步力量组成反法西斯战线，共同抵御侵略者，为反法西斯战争的胜利做出了巨大的贡献。为了使中国人民摆脱贫困、奔向小康，中国共产党人提出了改革开放的伟大举措，并建立了社会主义市场经济体制，从此，中国走向了社会主义现代化的进程。新时代，以习近平同志为核心的党中央不断加大改革开放力度，"敞开国门搞建设"，倡导构建共商共建共享的新型国际关系，同时与世界各国加强交流，相互尊重，求同存异，呼吁构建人类命运共同体。

东欧剧变、苏联解体、冷战的结束使马克思主义政党再次面临着巨大的考验，这就导致有人对马克思主义理论、对社会主义制度产生怀疑。而作为最大的社会主义国家的执政党，中国共产党有责任树立起马克思主义先进的政党形象，以现代化的国际政党姿态展现于世界舞台上，而开放包容是一个现代化政党的重要属性。因此，中国共产党利用主场外交的重要渠道，向世界展现出马克思主义政党的先进性、社会主义制度的优越性。

关于经济建设方面，习近平在"APEC 会议"上针对亚太地区经济合作的碎片化风险提出："打破亚太内部的封闭之门，敞开面向世界的开放之门"②，

---

① 习近平：《携手建设更加美好的世界——在中国共产党与世界政党高层对话会上的主旨讲话》，《人民日报》，2017 年 12 月 2 日。

② 习近平：《共建面向未来的亚太伙伴关系——在亚太经合组织第二十二次领导人非正式会议上的开幕辞》，《人民日报》，2014 年 11 月 12 日。

在"G20 杭州峰会"上,习近平对后金融危机时期的种种问题倡导"建设开放型世界经济、促进包容性发展"①,"我们要有'向外看'的胸怀,把'一带一路'建设成开放之路"②,这是高峰论坛上习近平以解决经济增长和平衡问题为中心所倡导的开放包容。关于文明交流方面,习近平在"高峰论坛"上倡导将"一带一路"建成文明之路③,推动各国相互理解、相互尊重、相互信任。在"上合峰会"中,习近平倡导树立平等、互鉴、对话、包容的文明观。④ 习近平在"高层对话会"上提出:"我们要努力建设一个远离封闭、开放包容的世界,共同构建人类命运共同体。"⑤习近平在"进博会"上指出:"各国应该超越差异和分歧,发挥各自优势,推动包容发展","开放、创新、包容已成为上海最鲜明的品格。这种品格是新时代中国发展进步的生动写照"。⑥ 同样,这也建构和传播了中国共产党开放包容的国际形象。因而,中国共产党秉承"天下一家"的理念,倡导相互尊重,彼此理解,求同存异,努力把世界建成一个开放包容的和睦大家庭。

习近平在这些重大主场外交活动中多次谈到建构和传播了中国共产党开放包容的国际形象。意大利通讯社报道称,"一带一路"体现了中国对外关系的新思路,提出了更具包容性的中国特色外交模式。而作为最大社会主义国家的唯一执政党,中国对开放包容国家形象的传播,同时也是对中国共产党国际形象的传播,更是对马克思主义政党形象的传播。马克思主义

---

① 习近平:《构建创新、活力、联动、包容的世界经济——在二十国集团领导人杭州峰会上的开幕辞》,http://www.xinhuanet.com//world/2016–09/04/c_129268987.htm。

② 习近平:《携手推进"一带一路"建设——在"一带一路"国际合作高峰论坛开幕式上的演讲》,《人民日报》,2017 年 5 月 15 日。

③ 习近平:《携手推进"一带一路"建设——在"一带一路"国际合作高峰论坛开幕式上的演讲》,《人民日报》,2017 年 5 月 15 日。

④ 习近平:《弘扬"上海精神"构建命运共同体——在上海合作组织成员国元首理事会第十八次会议上的讲话》,《人民日报》,2018 年 6 月 11 日。

⑤ 习近平:《携手建设更加美好的世界——在中国共产党与世界政党高层对话会上的主旨讲话》,《人民日报》,2017 年 12 月 2 日。

⑥ 习近平:《共建创新包容的开放型世界经济——在首届中国国际进口博览会开幕式上的主旨演讲》,http://www.xinhuanet.com//politics/leaders/2018–11/05/c_1123664692.htm。

政党绝不固步自封,而是具有开放包容特质的现代化政党,在21世纪依旧焕发着生机和活力。因此,中国共产党对开放包容形象的传播,对于树立马克思主义先进性的政党形象具有重要的意义。

三、中国共产党责任担当的国际形象

实现中国人民和中华民族"站起来""富起来""强起来",是中国共产党肩负的责任担当。为中国人民谋幸福,为中华民族谋复兴,为世界谋大同,体现了世界最大政党中国共产党的责任担当,正如习近平所说:"中国共产党是世界上最大的政党。大就要有大的样子。"[①]

"大的样子"体现在对内对外两个方面。对内而言,中国共产党"不忘初心,牢记使命",以大担当、大抱负带领中国人民,为实现中华民族伟大复兴的中国梦而继续努力。人民的公仆、时代的先锋、民族的脊梁始终都是她的"大样子"。对外来说,中华民族经受了百年的屈辱,国际地位始终不高。从新中国成立到1971年中国加入联合国之前,中国一直被拒绝于国际社会体系之外[②],致使"大国"的形象空有其表而无实名,对"大国责任"心有余而力不足。但是随着经济实力及综合国力的提升,中国逐渐树立起大国的形象,然而伴随着中国的崛起,"中国威胁论"的声音时断时续,作为对"中国威胁论"的回击,处于新时代的中国要以责任和担当塑造大国形象。而作为中国唯一的执政党,政党的形象和国家的形象分不开,只有中国共产党塑造有担当的"大样子",中国负责任大国的形象才会被更多的人认可和接受,从而回应西方国家对中国国际责任的质疑[③],增强中国国家话语权和国际影响力。重大主场外交无疑为中国共产党责任担当国际形象的建构和传播提供了重要的平台。

---

① 《习近平总书记在十九届中共中央政治局常委同中外记者见面时的讲话》,http://www.china.com.cn/19da/2017-10/25/content_41790253.htm。
② 李宝俊、徐正源:《冷战后中国负责任大国身份的建构》,《教学与研究》,2006年第1期。
③ 罗建波:《负责任的发展中大国:中国的身份定位与大国责任》,《西亚非洲》,2014年第5期。

　　在西方受到金融危机的冲击下，社会主义制度下的中国经济却焕发出蓬勃的生机，这无疑使世界的目光转移到东方大国。那么作为这个大国的执政党，中国共产党有责任为世界经济的复苏贡献"中国智慧"，这恰恰是负责任大国的标准之一。① 因此，在近年来的重大主场外交活动中，习近平多次为世界经济出现的各种问题"开方抓药"，从而建构和传播一个负责任有担当的政党形象。"APEC 会议"上，习近平提出"共同构建互信、包容、合作、共赢的亚太伙伴关系"的中国方案②，破解区域经济合作碎片化风险，打破互联互通建设面临的融资瓶颈，为亚太地区和世界经济发展增添动力。在"G20 杭州峰会"中，习近平提出"构建创新、活力、联动、包容的世界经济"③，推动世界经济走上强劲、可持续、平衡、包容增长之路。④ 在"高峰论坛"上，习近平重申"一带一路"的倡议，为沿线各发展中国家开辟了一条经济增长发展的新路径，也为处于经济迷途中的世界各国带来了一道新曙光，创建了一条互利共赢的国际合作关系新模式，如此，"一带一路"不仅是造福中国的"独奏曲"，更是惠及沿线各国及世界的"合唱曲"，并将成为世界的"交响乐"。在"高层对话会"上，习近平站在全人类的角度，倡导坚持你好、我好、大家好的理念，创造全人类共同发展的良好条件，共同推动世界各国发展繁荣，共同消除许多国家民众依然面临的贫穷落后，共同为全球的孩子们营造衣食无忧的生活，让发展成果惠及世界各国，人人享有富足安康，充分表明中国共产党对推动世界各国发展进步的责任担当。

　　阿根廷智库国际关系委员会专家纳迪亚·拉杜洛维奇指出："作为全球最大的发展中国家和新兴市场国家的领头羊，中国在其发展道路上始终胸

---

　　① 邵峰：《上合组织和七国集团峰会：比较视野下的中国负责任大国担当》，《当代世界》，2018年第 7 期。

　　② 习近平：《共建面向未来的亚太伙伴关系——在亚太经合组织第二十二次领导人非正式会议上的开幕辞》，《人民日报》，2014 年 11 月 12 日。

　　③ 习近平：《构建创新、活力、联动、包容的世界经济——在二十国集团领导人杭州峰会上的开幕辞》，http://www.xinhuanet.com//world/2016 – 09/04/c_129268987.htm。

　　④ 习近平：《携手推进"一带一路"建设——在"一带一路"国际合作高峰论坛开幕式上的演讲》，《人民日报》，2017 年 5 月 15 日。

怀世界。"①正是胸怀世界的责任感,中国共产党人对世界上的"疑难杂症""望闻问切",并开出一副标本兼治的"中国药方",彰显大国风范,传播大党形象,展示大国大党的世界情怀。俄新社在《杭州峰会:我们还没见过这样的 G20》的报道中称:"这次峰会,展示了一个明智且负责任的大国形象。"②一个负责任的大国形象,自然离不开中国共产党责任担当的领导和执政。

四、中国共产党务实合作的国际形象

党的十八大以来,习近平多次强调"空谈误国,实干兴邦""一份部署,九分落实""抓铁有痕,踏石留印""发扬钉钉子精神""撸起袖子加油干",体现新时代共产党人的务实精神。这种务实,不仅体现在国内的治国理政,也体现在中国共产党的国际形象建构上。习近平在多次的主场外交活动讲话中强调,各国不要做碌碌无为的"清谈馆",而要做知行合一的"行动队"。③

"一个行动胜过一打纲领",中国共产党务实合作的国际形象,有利于打破西方国家对中国共产党的偏见和误解。中国共产党爱好和平、开放包容和责任担当的国际形象,最终也要落实到具体工作和行动中。事实上,中国共产党领导的革命、建设和改革,得到世界很多支持、帮助。今天,作为世界上最大的政党,作为世界第二大经济体国家的执政党,中国共产党理应承担起对世界更多的责任和义务。重大主场外交活动,是中国特色大国外交的"大手笔",中国共产党抓住这一机遇,对务实合作的国际形象建构和传播起到了事半功倍的作用。

在爱好和平方面,习近平曾多次强调中国是维护世界和平的重要力量,截至 2017 年,中国累计派出维和人员多达 3.6 万余人次,五百多名中国官兵

---

① 孙萍、赵卓昀:《杭州峰会:指引世界经济航向的"灯塔"》,http://opinion. people. com. cn/GB/n1/2016/0910/c1003 – 28705959. html。

② 俄新社:《杭州峰会:我们还没见过这样的 G20》,http://cn. chinagate. cn/opinions/2016 – 09/07/content_39251799. htm。

③ 习近平:《深化金砖伙伴关系 开辟更加光明未来——在金砖国家领导人厦门会晤大范围会议上的讲话》,《人民日报》,2017 年 9 月 5 日。

在 8 个维和任务区进行着维和任务。① 在开放包容方面,中国共产党的"朋友圈"不断地扩大,与世界上四百多个政党和组织保持亲密的联系,习近平提出中国共产党将向世界各国政党提供 1.5 万名人员来华交流的机会以支持各国人民加强人文往来和民间友好。② 为开展同"一带一路"沿线国家的各个领域的民间交流,中国政府承诺每年将提供 10000 个政府的奖学金名额。③ 为加强世界民众对上合组织的了解,习近平承诺给各成员国将提供 3000 个人力资源开发的培训名额。④ 在承担责任方面,作为"一带一路"的倡导者,习近平在"高峰论坛"上宣布向丝路基金新增 1000 亿元人民币的资金用于促进务实合作,并预计投入约 3000 亿元人民币用于金融机构开展人民币海外基金业务,还分别向中国国家开发银行、进出口银行提供 2500 亿元和 1300 亿元等值人民币的专项贷款。⑤ 为促进上合国家的发展,习近平宣布中方在上海合作组织银行联合体框架内设立 300 亿元人民币等值专项贷款。⑥ 在"APEC 会议"中,习近平宣布,中方捐款 1000 万美元用于开展同各国各领域务实合作。⑦ 在"金砖会议"上,习近平承诺设立首期 5 亿元人民币用于加强经贸等领域的务实合作。⑧

智库欧洲研究中心主任托斯登·耶里尼克说:"经济数字本身也许说明

---

① 习近平:《携手建设更加美好的世界——在中国共产党与世界政党高层对话会上的主旨讲话》,《人民日报》,2017 年 12 月 2 日。

② 习近平:《携手建设更加美好的世界——在中国共产党与世界政党高层对话会上的主旨讲话》,《人民日报》,2017 年 12 月 2 日。

③ 习近平:《携手推进"一带一路"建设——在"一带一路"国际合作高峰论坛开幕式上的演讲》,《人民日报》,2017 年 5 月 15 日。

④ 习近平:《弘扬"上海精神" 构建命运共同体——在上海合作组织成员国元首理事会第十八次会议上的讲话》,《人民日报》,2018 年 6 月 11 日。

⑤ 习近平:《携手推进"一带一路"建设——在"一带一路"国际合作高峰论坛开幕式上的演讲》,《人民日报》,2017 年 5 月 15 日。

⑥ 习近平:《弘扬"上海精神" 构建命运共同体——在上海合作组织成员国元首理事会第十八次会议上的讲话》,《人民日报》,2018 年 6 月 11 日。

⑦ 习近平:《共建面向未来的亚太伙伴关系——在亚太经合组织第二十二次领导人非正式会议上的开幕辞》,《人民日报》,2014 年 11 月 12 日。

⑧ 习近平:《深化金砖伙伴关系 开辟更加光明未来——在金砖国家领导人厦门会晤大范围会议上的讲话》,《人民日报》,2017 年 9 月 5 日。

不了什么问题，但如果数字与有吸引力的事实相联结，就会产生真实存在的巨大价值。"①那么这些数字与中国共产党的形象联系起来，就整体上建构和传播了中国共产党务实合作的国际形象。正是中国共产党的务实合作，逐渐打破了西方人的偏见和误解，使"所有人都想成为中国的朋友"②。除此之外，《北京宣言》《二十国集团创新增长蓝图》《北京倡议》《金砖国家服务贸易合作路线图》《厦门宣言》等一系列文件的签订，都是中国共产党在重大主场外交活动中建构和传播务实合作形象的体现。

　　综上，中国共产党国际形象的研究和探讨，可以从不同层面不同视角展开，而重大主场外交活动为我们提供了一个重要视角，本文对这一视角的分析主要是基于习近平在重大主场外交活动中发表的一系列重要讲话，其实，这一视角还需要结合世界各国政党、政要、传媒对中国主场外交活动的认识和评价，还需要结合中国共产党在这些重大主场外交活动中所宣布的重大政策的实施和落实情况展开深入分析，因时间精力有限，这将留待今后作进一步探索。

---

① 《世界评说"一带一路"高峰论坛的五大热词》，http://www.rmlt.com.cn/2017/0516/474634.shtml。

② 《"一带一路"高峰论坛：所有人都想成为中国朋友》，http://m.haiwainet.cn/middle/3542296/2017/0425/content_30879433_1.html。

十八大以来中共执政形象观的逻辑向度

（华中师范大学马克思主义学院　李敬煊　范伟）

【摘要】十八大以来中共执政形象观内容深刻，结构严谨，始终贯穿着求实创新的认识论向度，凸显着强国富民的价值论向度，呈扬着全面从严治党的实践论向度，表征着廉洁法治的方法论向度。这四重向度分别阐述了中共执政形象建设的灵魂精髓、主旨要义、内涵外延和路向趋势，共同回答了如何认识中共执政形象、为何重视中共执政形象、建构什么样的中共执政形象及怎样维护中共执政形象四个层面的重大理论和现实问题。对于习近平中共执政形象观逻辑向度的剖析，有助于我们全面理解和把握习近平中共执政形象观，正确修护和优化中共执政形象，有效抵制和防范执政风险，切实提升执政能力和水平，带领人民加快推进"四个全面"战略布局，早日实现中华民族伟大复兴的中国梦。

【关键词】习近平　中共执政形象　逻辑向度

执政形象是指执政党自身的素质、特征及其执政理念、行为和方式在社会公众心目中的主观反映和整体印象，执政形象内在表现为社会公众对执政党的看法、评价和要求；其外在体现为执政党在国内外公众中的知晓度和美誉度。作为中国无产阶级、中华民族和中国人民的先锋队，中国共产党在长期的革命、建设和改革实践中树立了良好的执政形象。党的十八大以来，以习近平为总书记的中共中央领导集体,针对中共执政形象建设的新变化、新情况、新特点,创造性地提出了一系列旨在建构中共执政新形象的新论断、新观点和新思想,进一步继承并发展了中共执政形象建设理论,从而构建起特色鲜明、内容丰富、结构严谨的中共执政形象观。本文尝试从认识论、价值论、实践论和方法论这四个逻辑向度,对习近平中共执政形象观加以新的阐释与注解。

一、中共执政形象观的认识论向度:求实创新

任何一种思想理论的创立,都必须以一定的认识论作为自己的理念基础。执政理念是党的执政形象的精髓和灵魂。"它体现了党的性质,反映了党的宗旨,浓缩了党的使命和执政的全部任务,是党的立党之本、理论之源、先进性之所在。"①"科学的执政理念在实践过程中产生正面导向作用,保证了执政实践的顺利进行。"②不断发展和创新科学的执政理念,使之既体现党的宗旨和任务,又符合国家和社会需求,对于巩固党的执政地位和提升党的执政形象具有重要意义。

理念是行动的先导,一定的实践都是由一定的理念来引领的。党的十八大以来,习近平总书记反复强调各项工作应该做到"既尽力而为又量力而行","愿望和效果相统一"。③"量力"必须尊重规律、实事求是,"尽力"需要解放思想、开拓创新,既求实又创新,二者相辅相成,互相促进,辩证统一。求实创新是习近平中共执政形象观得以形成和发展的根本理念,也是习近平中共执政形象观得以完善和成熟的必然要求。为此,习近平总书记秉承求实的精神,彰显创新的态度,大胆改革,勇于实践,提出了一系列旨在构建中共执政新形象的新观点、新论断和新思想,开创了党的建设的新局面,优

---

① 何芹:《中国共产党科学执政论》,郑州大学出版社 2008 年版,第 39 页。
② 金晓钟、唐晓清:《中国共产党执政党建设基本理论研究》,中国社会科学出版社 2009 年版,第 89 页。
③ 习近平:《干在实处永无止境,走在前列要谋新篇》,《人民日报》,2015 年 5 月 28 日。

化了党的执政形象。在执政的战略目标上,以习近平为总书记的党中央提出了"两个一百年"的奋斗目标,绘制了"实现全面建成小康社会、建成富强民主文明和谐的社会主义现代化国家的奋斗目标,实现中华民族伟大复兴的中国梦"①的美好图景;在执政的战略布局上,党中央立足事业全局实际,秉持求实创新的精神,"逐步形成并积极推进全面建成小康社会、全面深化改革、全面依法治国、全面从严治党的战略布局"②;在执政的战略思维上,党中央坚持立党为公、执政为民的执政理念,"鲜明提出了创新、协调、绿色、开放、共享的发展理念"③。

欲求长远者,必思求实而创新。新形势下,我们要深入学习贯彻习近平总书记系列重要讲话精神,把求实创新的理念和作风,在党的执政形象建设上加以真真切切地体现和发扬。"真抓才能攻坚克难,实干才能梦想成真。"④唯有如此,才能统一全党行动、动员群众力量,认清发展全局、把握发展走向,坚定不移地协调推进"四个全面"战略布局和切实贯彻五大发展理念,"不忘初心,继续前进"⑤,为实现"两个一百年"奋斗目标和中华民族伟大复兴的中国梦提供坚强的思想基础和路线保证。

二、中共执政形象观的价值论向度:强国富民

中国共产党从创建之日起,就把谋求民族独立、国家富强和人民幸福作为自己肩负的历史使命和社会任务。中国共产党坚持把代表工人阶级和全国各族人民的根本利益作为党的一切活动的出发点和落脚点,以全心全意为人民服务作为党的最高行为准则,型塑了自己以强国富民为核心价值的

---

① 习近平:《在第十二届全国人民代表大会第一次会议上的讲话》,《十八大以来重要文献选编》上,中央文献出版社 2014 年版,第 234 页。

② 习近平:《协调推进"四个全面"战略布局》,《十八大以来重要文献选编》(中),中央文献出版社 2016 年版,第 249 页。

③ 中共中央宣传部:《以新发展理念引领发展》,《习近平总书记系列重要讲话读本》,学习出版社 2016 年版,第 127 页。

④ 习近平:《实干才能梦想成真》,《习近平谈治国理政》,外文出版社 2014 年版,第 48 页。

⑤ 习近平:《在庆祝中国共产党成立 95 周年大会上的讲话》,《人民日报》,2016 年 7 月 2 日。

执政形象。这是中国共产党区别于其他任何政党的执政形象的显著标志之一，它为中国共产党赢得历史的选择和人民的拥护提供了重要支撑。

党的十八大以来，以习近平为总书记的党中央，将习近平治国理政思想应用并贯穿到党的执政形象建设领域，并将强国富民作为习近平中共执政形象观的核心内容和价值取向。习近平总书记始终把强国富民作为中国共产党执政的首要任务，以及形塑中共执政新形象的目的和归宿。他指出中国共产党肩上担负着对民族和人民的重大责任。党团结和带领人民经过几十年的艰苦奋斗，把贫穷落后的旧中国变成繁荣富强的新中国，全面现代化和中华民族复兴实现在望。同时党还要"继续解放思想，坚持改革开放，不断解放和发展社会生产力，努力解决群众的生产生活困难，坚定不移走共同富裕的道路"①。强国富民不仅是习近平中共执政形象观的核心内容和价值取向，而且是实现"两个一百年"奋斗目标的应有之义和客观要求。作为"两个一百年"奋斗目标的第一个奋斗目标，全面建成小康社会是当前中华民族伟大复兴征途上的一座重要里程碑。这一宏伟目标实现之时，"中国经济总量将达到17万亿美元，中国人民将在全面解决温饱问题的基础上，普遍过上比较殷实富足的生活"②。中国共产党向历史和人民做出的庄严承诺将得以兑现，中国才能真正改变近代以来民族饱受屈辱、国家积贫积弱、人民困苦不堪的局面，从此迈向强国富民的坦途大道，并为"两个一百年"奋斗目标的下一个奋斗目标——实现中华民族伟大复兴的中国梦，打下牢固坚实的物质基础。习近平在2012年11月参观《复兴之路》展览时感慨道："实现中华民族伟大复兴，就是中华民族近代以来最伟大的梦想。这个凝聚了几代中国人的夙愿，体现了中华民族和中国人民的整体利益，是每一个中华儿女的

---

① 习近平：《人民对美好生活的向往，就是我们的奋斗目标》，《习近平谈治国理政》外文出版社2014年版，第3～4页。
② 中共中央宣传部：《奋力实现第一个百年奋斗目标》，《习近平总书记系列重要讲话读本》，学习出版社2016年版，第55页。

共同期盼。"①而"实现中华民族伟大复兴的中国梦，就是要实现国家富强、民族振兴、人民幸福"②。简言之，中华民族伟大复兴的中国梦的实质是全面实现强国富民，让中华民族重新屹立于世界民族之林。中国共产党作为执政党，更应坚定立党为公的宗旨，秉持承强国富民的要义，不断提升执政能力和水平，优化中共执政形象，凝聚党内外正能量，攻坚克难，确保如期全面建成小康社会和实现中华民族的伟大复兴。

三、中共执政形象观的实践论向度：全面从严治党

马克思曾说过："理论在一个国家的实现程度，总是决定于理论满足这个国家的需要的程度。"③习近平中共执政形象观的形成和发展，固然离不开经典作家和革命先辈的执政形象思想的浸润，而净化政治生态、巩固执政地位的现实要求和价值期待则更为迫切。在中国革命、建设和改革的各个历史时期，虽然党承担的历史使命和时代任务不尽相同，但从古田会议、延安整风，到新中国成立后的"三反""社教"运动等，再到改革开放新时期明确提出治国必先治党、治党务必从严，党的建设始终贯穿着从严这一主旨。实践证明，"良好的形象是保持党与人民群众密切联系的关键，中国共产党获取执政地位并长期执政的成功经验可以总结出许多条，而最根本的一条，就是党在长期的革命与建设实践中，依靠自己不懈努力，在人民群众中树立了崇高的威望，保持了良好的形象"④。党的十八大以来，以习近平为总书记的党中央，以对国家、民族、人民前途命运的深邃思考，以对党肩负历史使命的清醒认识和勇毅担当，把全面从严治党提到战略布局的新高度，开创了党的建

---

① 习近平：《实现中华民族伟大复兴是中华民族近代以来最伟大的梦想》，《习近平谈治国理政》，外文出版社 2014 年版，第 36 页。

② 习近平：《在第十二届全国人民代表大会第一次会议上的讲话》，《十八大以来重要文献选编》（上），中央文献出版社 2014 年版，第 234 页。

③ 马克思：《〈黑格尔法哲学批判〉导言》，《马克思恩格斯选集》（第一卷），人民出版社 1995 年版，第 11 页。

④ 徐昕：《执政资源论》，中共中央党校出版社 2009 年版，第 226 页。

设新局面,党的执政形象建设也为之耳目一新。

毋庸讳言,在现阶段,"我们党面临着许多严峻挑战,党内存在着许多亟待解决的问题。尤其是一些党员干部中发生的贪污腐败脱离群众、形式主义、官僚主义等问题"①。这些不良现象和问题,事实上已经对中共的执政形象造成了一定程度的损害,削弱了党在群众中的威信,影响了党在社会上的形象。鉴于此,不断加强党的执政形象建设,有效修护党的执政形象,应是全面从严治党的客观现实要求和题中应有之义。党只有在总结中共执政的历史经验、继承党的优良传统的基础上,不断探求管党治党的基本规律,不断拓展管党治党的有效途径,贯彻落实全面从严的要求,才能维护党的良好执政形象、抵制执政风险,才能永葆党的生机和活力、才能巩固党的长期执政地位。

"党的作风是党的形象,关系人心向背,关系党的生死存亡。"②作为一个长期执政的马克思主义政党,中国共产党对于党的作风问题,在任何时候都不能放松懈怠,掉以轻心。党的"作风建设永远在路上",只有进行时,没有完成时。加强党的作风建设是一项经常性工作,"要发扬钉钉子精神,保持力度、保持韧劲,善始善终、善作善成,不断取得作风建设新成效"③。为此,我们党从 2013 年到 2014 年开展了党的群众路线教育实践活动,着力解决形式主义、官僚主义、享乐主义和奢靡之风问题;2015 年在县处级以上领导干部中开展以"严以修身、严以用权、严以律己,谋事要实、创业要实、做人要实"为主要内容的"三严三实"专题教育;2016 年在全体党员中开展"学党章党规、学系列讲话,做合格党员"的学习教育。这一系列的党内思想教育活动从中央到基层,由作风建设带动其他建设,常抓不懈,力求逐步解决党员

① 习近平:《人民对美好生活的向往,就是我们的奋斗目标》,《习近平谈治国理政》外文出版社 2014 年版,第 4 页。

② 习近平:《坚持从严治党落实管党治党责任把作风建设要求融入党的制度建设》,《人民日报》,2014 年 7 月 1 日。

③ 《习近平、李克强、张德江、刘云山、王岐山、张高丽分别参加全国人大会议一些代表团审议》,《人民日报》,2014 年 3 月 10 日。

队伍在思想、组织、作风、反腐倡廉等方面的问题，进而修复党的执政形象，纯洁党的政治生态，保持党的生机活力。

四、中共执政形象观的方法论向度：廉洁法治

中国共产党是中国特色社会主义事业的坚强领导核心。但党在社会主义建设中的领导地位不是自封的，也不是一劳永逸的，它来源于党永葆马克思主义政党固有的先进性和纯洁性，来源于人民群众的衷心拥护和大力支持。因此，坚持党的领导，确保党的执政地位，就必须加强和改善党的领导，保持党在人民群众中的良好的执政形象；必须牢牢把握加强党的执政能力建设、先进性和纯洁性建设这条主线，不断提高党的建设科学化水平，切实提升党的执政水平和执政能力，"不断增强党的创造力、凝聚力、战斗力，为中国特色社会主义事业提供根本保证"[1]。那么如何继续保持党的先进性和纯洁性，长期赢得广大人民的信赖和支持呢？破解中国共产党长期执政所面临的困境的关键所在和救命一招，就是要坚持把全面从严治党与全面依法治国相结合，加强党的反腐倡廉和法治建设，全面推进党的建设新的伟大工程，重构廉洁法治的中共执政形象。党的十八大以来，以习近平为总书记的党中央，继承并发展了马克思主义党建理论，把全面从严治党提升到"四个全面"战略布局的高度，认真贯彻全面依法治国和协调推进全面从严治党，开创了党的建设的新局面，优化了党的执政新形象。

以习近平为总书记的党中央，一方面加强反腐倡廉建设，坚定党员的理想信念，补足他们精神的"钙"，共同固守共产党人的精神家园。另一方面，坚持以零容忍的态度进行反腐败斗争，依法查处各级各类腐败案件，党的十八大以来开展的反腐倡廉行动，有效遏制腐败滋生蔓延的不良势头，初步形成不敢腐、不能腐和不想腐的治理机制，增强了人民群众对党的信任和支

---

[1]　中共中央宣传部：《打铁还需自身硬》，《习近平总书记系列重要讲话读本》，学习出版社2016年版，第103页。

持,修复了廉洁的中共执政形象。防腐倡廉必须常抓不懈,拒腐防变必须警钟长鸣。在当前环境和形势下,党的反腐倡廉建设要坚持综合治理、标本兼治、惩防并举、注重预防的原则和方法。一方面抓好思想道德教育,引导党员坚定理想信念,固守预防腐败的思想道德防线;另一方面建立健全惩治和预防腐败体制机制,完善健全权力制约监督体系,铲除腐败滋生的土壤和空间。

法律乃治国之利器,法治是执政之依托。全面依法治国,不仅是我们党执政兴国的基本方略和"四个全面"战略布局的重要组成部分,而且是修护优化中共执政形象的战略保障和路径选择。党的十八大以来,以习近平为总书记的党中央,立足于国家治理体系和治理能力现代化的客观实际,提出全面依法治国这一重大战略部署,开启了党和国家法治的新时代,为坚持和发展中国特色社会主义提供了法律保障。"党和法的关系是一个根本问题,处理得好,则法治兴、党兴、国家兴;处理得不好,则法治衰、党衰、国家衰。"①全面从严治党,既要治标更要治本,德治要与法治紧密结合,思想建党和制度治党相互配合,重点在于建立健全权力制约和监督的体制机制,真正地"把权力关进制度的笼子里"②,更多运用国法和党规等制度手段来治党、管权、督吏,从而让党在人民心目和社会舆论中,重新塑造法治的执政形象。

综上所述,习近平中共执政形象观内容深刻,结构严谨,始终贯穿着求实创新的认识论向度,凸显着强国富民的价值论向度,呈扬着全面从严治党的实践论向度,表征着廉洁法治的方法论向度。这四重向度相互作用、相互制约、不可偏颇、不能分割而视,分别阐述了中共执政形象建设的灵魂精髓、主旨要义、内涵外延和路向趋势,共同回答了如何认识中共执政形象、为何重视中共执政形象、建构什么样的中共执政形象和怎样维护中共执政形象

---

① 习近平:《在省部级主要领导干部学习贯彻党的十八届四中全会精神全面推进依法治国专题研讨班上的讲话》,《人民日报》,2015 年 2 月 3 日。

② 习近平:《依纪依法严惩腐败,着力解决群众反映强烈的突出问题》,《十八大以来重要文献选编》(上),中央文献出版社 2014 年版,第 136 页。

等四个层面的理论和现实问题。如是之,以习近平为总书记的新一届党中央领导集体在中共执政形象问题上,本着求实创新的态度,在廉洁法治的方法指引下,积极推进全面从严治党战略,认真贯彻强国富民的价值理念,正确修护和优化中共执政形象,有效抵制和防范执政风险,切实提升执政能力和水平,带领人民加快推进"四个全面"战略布局,早日实现中华民族伟大复兴的中国梦。

中国共产党形象传播的互联网内容生产能力研究

（复旦大学马克思主义学院　薛小荣）

【摘要】提升中国共产党形象传播的互联网内容生产能力，是中国共产党加强对网络空间领域意识形态领导权的重要步骤。要加强对互联网特别是新媒体平台的应用和管理，科学把握其特点和规律，理顺管理体制，引导网上舆论，有效防范和遏制有害信息传播，使互联网等新兴媒体成为做好意识形态工作新平台。

【关键词】形象传播　互联网　内容生产能力

一、"中央厨房"：技术、信息与共享

打造新闻"中央厨房"，是中国共产党强化网络意识形态领导权的关键环节。互联网的迅猛发展和普及，在增强人们的社会信息获取能力的同时，无论是信息的生产、供给，还是流通、获取，互联网时代的网络新媒体都对以纸质媒体为主体构建起来的传统信息管理体系造成了巨大冲击。据第 41 次中国互联网络发展状况统计数据显示，截至 2017 年 12 月，中国网络新闻用

户规模为 6.47 亿。其中,手机网络新闻用户规模达到 6.20 亿。① 这一数据表明人们获取新闻信息的渠道已然发生了巨大变化。根据全球领先的移动互联网第三方数据挖掘和整合营销机构 iiMedia Research(艾媒咨询)权威发布的《2017 年中国新媒体行业全景报告》显示,53.9% 网民以手机、电脑等互联网媒介作为获取知识的主要途径,电视、广播等传统媒体占比为 31.1% ,报纸杂志类传统纸媒仅占一成左右。②

易观于 2017 年 7 月 5 日发布的《中国移动阅读市场年度综合分析 2017》的年度综合分析也显示,在整个中国阅读产业生态图谱中,移动阅读已经成为用户的主要阅读入口。互联网巨头如腾讯、阿里巴巴、百度等,传统数字阅读品牌如中文在线、阅文集团、掌阅科技、塔读文学等,电信运营商阅读基地如咪咕阅读、沃阅读、天翼阅读等,以及电商品牌如亚马逊、当当、京东、苏宁等都成为移动阅读的内容供给方。③ 更为关键的是,移动阅读通过智能手机终端能够对各个年龄层次的人提供分众化的信息内容。

可以说,互联网时代带来的信息生产方式、信息获取能力和社会阅读习惯的深刻变化,都要求传统纸质媒体必须主动适应、勇于变革。特别是对中国共产党来说,意识形态从来都是党和政府高度重视的国之大事。出于对意识形态的领导权的掌握,要求中央各大媒体必须因时变革,积极促进传统媒体和新兴媒体的高度融合。2015 年 12 月 25 日,习近平在视察解放军报社时的讲话中指出,"我对互联网一直高度关注,特别关注传统媒体和新兴媒体融合发展问题。在全国宣传思想工作会议和中央全面深化改革领导小组第四次会议上,我突出强调了这个问题。推动传统媒体和新兴媒体融合发展,是占领信息传播制高点、扩大宣传思想文化阵地的必然要求"④。他要

---

① 《第 41 次中国互联网络发展状况统计报告(2018)》,http://www.cnnic.net.cn/hlwfzyj/hlwxzbg/hlwtjbg/201801/P020180131509544165973.pdf

② http://www.100ec.cn/detail - - 6391330.html,阅读时间:2018 年 2 月 19 日 8 点 55 分。

③ 易观:《中国移动阅读市场年度综合分析 2017》。来源:http://www.useit.com.cn/thread - 15869 - 1 - 1.html.

④ 《习近平国防和军队建设重要论述选编(三)》,解放军出版社 2016 年版,第 87 页。

求中央媒体要积极贯彻中央《关于推动传统媒体和新兴媒体融合发展的指导意见》(2014 年 9 月 9 日由中共中央办公厅、国务院办公厅联合印发),研究把握现代新闻传播规律和新兴媒体发展规律,强化互联网思维和一体化发展理念,推动各种媒介资源、生产要素有效整合,推动信息内容、技术运用、平台终端、人才队伍共享融通。打造新闻"中央厨房"的概念就是这样提出来的。

所谓"中央厨房",即是指通过传统媒体和新媒体的高度融合,形成"一次采集、多种生成、多元传播、全天滚动"的新闻生产机制和传播格局。新闻中央厨房的理论基础来自于美国的道琼斯公司的"水波纹"理论。即一个重大的新闻事件发生之后,首先是道琼斯公司做出首轮的新闻报道服务,注重的是新闻的"时效性"。紧接着是《华尔街日报》新闻网站继续跟进报道,并且滚动播报实时信息,要的是受众的"持续关注";然后就是道琼斯和 GE 合资的 CNBC 电视台,用更丰富的内容信息和更生动活泼的介质来满足受众多元需求,以扩大"传播广度";第四个参与其中的是道琼斯广播电台,利用窜电波赢得最大范围的受众注意力;《华尔街日报》再来展开更为详细和丰富的报道,满足读者对于"新闻深度"的需求;然后是《精明理财》等系列刊物进行深度报道。最后,所有的信息进入道琼斯和路透社合资的 Factiva 商业资讯数据库里,为收费用户提供检索服务,进一步放大新闻事件的"波纹圈"。[①]在中共中央办公厅、国务院办公厅联合印发《关于推动传统媒体和新兴媒体融合发展的指导意见》之后,中国各大报业集团先后开始了"中央厨房"的探索和建设。比如,浙江日报社于 2013 年年底建立"中央大厨房"数字采编中心;广州报业于 2014 年年底成立了中央编辑部;新华社于 2015 年 7 月启动"中央厨房"全媒体报道平台。在众多传媒集团探索"中央厨房"发展模式,打造主流媒体网络平台高地的过程中,人民日报社已然成为打造"中央厨房"的一面旗帜。根据中国社科院新媒体研究中心联合人民网舆情监测室

---

① 刘晓萍:《国内新闻中央厨房模式探究》,浙江传媒学院 2017 年度硕士论文。

共同发布的《2015 年传媒集团"两微一端"融合传媒排行榜》显示,人民日报社以融合传媒指数 98.7 的综合评分高居榜首。

据人民日报媒体技术股份有限公司总经理叶蓁蓁介绍,在"中央厨房"的顶层建设思路中,人民日报社始终把握三个关键词:打通、整合、提升。打通,就是要打通人民日报社内部的内容生产、运营管理和用户,促进媒体机构和用户的高度融合;整合,就是整合内部资源、行业资源和产业资源;提升就是通过媒体与各行各业的深度融合,以提升媒体的生产效率、社会效率和盈利能力。从 2014 年 10 月立项开始,经过三年调研、考察及不断摸索,构建了由空间平台、技术平台和业务平台构成的人民日报"中央厨房"体系。

在空间平台架构上,人民日报社新媒体大厦 10 层是"中央厨房"的空间平台,是融合指挥部和整合生产线,建筑总面积 3200 多平米,2017 年 1 月建成并投入使用。整个空间平台由东南西北四个厅构成,南厅和北厅是自由组合、灵活办公的创意空间,东厅是技术中心和融媒体实验室,东南北三厅构成"中央厨房"的融合生产线。西厅是核心指挥区,是融合指挥部。

在业务运行架构上,"中央厨房"配有总编调度中心和采编联运平台。总编调动中心在统筹报道策划、整合新闻资源、调度采访力量、协调技术支持等方面发挥了核心作用。采编联运平台根据上级报道指令和总编调度中心布置的任务,实行采访、编辑、技术部门联席办公,随时会商,全天候值守、全领域覆盖、全链条打通、全流程协作。采编联运平台分设全媒体编辑中心、采访中心和技术中心。

在技术支撑架构上,共分为全媒体新闻平台数据中心和云服务基础架构层,以及用户资源云服务、操作层、数据展示层四个层面。技术中心根据前方采访需求及时调度采访设备,为前方记者提供技术支持、提出技术方面的建议,同时根据各编辑中心要求,做好多媒体呈现的个性化方案。各中心根据需要随时召开协调会、碰头会等,沟通情况、会商选题、交流观点、讨论问题,协调解决采编流程和前后方协作中遇到的问题。

通过"中央厨房"全媒体建设,人民日报社逐步形成了技术产品集群、合作伙伴集群、媒体资源集群、融媒体工作室集群、优质内容集群等五大集群，初步构建起强而有力的新媒体传播体系。[①]

其他中央媒体在探索和建设"中央厨房"方面也走出了符合自身特点的路子。经济日报社"中央厨房"全媒体中心于 2017 年 2 月启动试运行。[②]

iiMedia Research(艾媒咨询)权威发布的《2017 年中国新媒体行业全景报告》显示,2016 年中国各类传统媒体在移动端传播渠道占有情况中,报纸媒体融合传播度最高,百强报纸微信公众号开通率高达 100% ,93% 转型 APP,广播、电视类传统媒体转型 APP 占比相对较低。艾媒咨询分析师认为,未来 1 ~ 2 年将是传统媒体转型的黄金期。随着手机网民规模的扩大,用户需求趋于多样化,为了占据手机用户市场,移动端成为继微信公众号的下一个转型风口。[③] 总之,打造各大主流媒体"中央厨房",是中国共产党顺应互联网信息传播新趋向,占领互联网平台高地,巩固意识形态领导权的积极应对,是在网络空间领域传播党的声音的主要阵地和战略依托。

二、用户生成:粉丝、流量与算法

互联网时代企业内容生产最为重要的意义在于它打破了传统内容生产的制作和传播机制,赋予用户更多的信息自主权力,并通过网络平台传播个性化的价值体验。从这一意义上讲,互联网时代的内容生产与其说是信息内容创作的技术和渠道变革,更毋庸说是网络社会普罗大众个体张扬的价值和情感嬗变。因此,开展互联网企业党建并实现对企业及其产品的政治引领,应该在理解和掌握互联网内容生产的机制、特点和规律基础之上,不断增强和提升主流媒体"中央厨房"的内容供给能力。

用户生成内容(user generated content,简称 UGC)是互联网内容生产机

---

① http://www.100ec.cn/detail − −6391330.html,阅读时间:2018 年 2 月 19 日 8 点 55 分。
② 《我国媒体融合步入深水区 各媒体"中央厨房"建设一览》,来源:http://www.xinhuanet.com/zgjx/2017 −08/11/c_136517090_5.htm.
③ http://www.100ec.cn/detail − −6391330.html,阅读时间:2018 年 2 月 19 日 8 点 55 分。

制中的关键环节。所谓用户生成内容,泛指以任何形式在互联网上发表由用户创作的文字、图片、音频、视频等内容,是一种新兴的网络信息资源创作与组织模式。它的发布平台包括微博、博客、视频分享网站、维基、在线问答、SNS 等社会化媒体。① 从相当意义上讲,没有用户生成内容也就没有社会化媒体的高速规模性发展。

以新浪微博为例。作为一款全民性社交媒体平台,新浪微博迅猛发展的关键就在于充分发挥了用户生成内容机制的作用。在人即为媒体的时代,借助于移动智能手机终端的广泛普及,遍布各地而又从事不同职业的用户提供的信息成为微博持续发展的动力之源。事实上,自新浪微博开通以来,由于发布门槛低、互动性实效性强,用户生成的微博文、短视频、随手拍图片等信息通过微博的传播,不断制造引起社会普遍关注的热点话题。前面所提到的"赵薇事件"就是一个典型案例。如果没有用户在微博上发文提出异议,也许后续事件就不会发生。但是互联网对信息管理带来的一个重要影响就是使"痕迹管理"在成为可能的同时又为普通人提供了信息搜集的极大便利。于是,"赵薇事件"在被网友抽丝剥茧般还原后,完整地展现在全民面前,从而迅速成为社会热点话题并激起了社会的反感情绪。再比如,网络谣言借助各类社交媒体工具具有了更加快速蔓延的传播效力,因而成为互联网治理的重要内容。新浪微博由于用户生成内容的低监管,往往成为谣言传播的主要平台工具。尽管存在诸多亟待解决的问题,但是同其他社交媒体工具一样,新浪微博的用户生成内容依然是其发展的关键和根本。而对新浪微博来说,不断完善的平台则进一步演变成为满足用户生成内容需求的多元化社会生态环境。新浪微博数据中心发布的《2017 微博用户发展报告》显示,微博目前已覆盖 55 个领域,2017 年 Q3 单月阅读量过百亿领域达 25 个。与此同时,图文类博文仍然是微博用户最主要的发布形式,但包

---

①   赵宇翔等:《用户生成内容(UGC)概念解析及研究进展》,《中国图书馆学报》,2012 年第 5 期。

含链接、视频、音乐类博文的占比则实现全面提升。微博的内容形态更加丰富多元,用户体验进一步提升。①

以主打短视频的"梨视频"为例。作为一个资讯短视频平台,2016 年 11 月 3 日正式上线的梨视频主要为年轻一代提供适合移动终端观看和分享的短视频产品,涵盖商业、社会、科技、娱乐、生活方式等领域。梨视频的资讯以不同的版块呈现。例如"微辣 Video"以趣味性为长,"冷面"是新闻人物回访类视频,"风声视频"瞄准社会问题,"老板联播"则是关注大佬动向。还有关注海外的如"时差视频""digger",以及文娱类的如"文娱小队长""眼镜儿视频"。大部分视频时长在 30 秒到 3 分钟之间,偶有的一些纪录片也多在 10 分钟的篇幅内。

在视频类社交媒体竞争激烈的情况下,正是通过有意识地强调用户生成内容的价值,梨视频在上线后迅速获得发展。所有梨视频 APP 的用户,都可以通过"报料"成为拍客。在注册成为拍客后,用户自己就可以申请梨视频号,成为立栏目制作能力的自媒体。通过分布全球的拍客,梨视频实现了它的自我告白:"我们身处一个浩瀚无垠的世界,你永远不知道世界的另一端正发生着什么。所以我们欢迎你使用梨视频 APP,用简单有趣的短视频,了解此时此刻。"

打造主流媒体"中央厨房"是中国共产党加强互联网内容建设、提高互联网内容供给能力的战略举措。就目前来看,众多主流媒体在聚焦互联网内容供给能力上做出了积极而有益的探索。比如人民日报、环球时报、参考消息、共青团中央、中央电视台、新华社、人民网等众多媒体和中央机构等微信公众号和官方微博相继上线,以及 APP 的适时开通,使主流声音在互联网空间有了可以依托的组织阵地。

尤其是在一些社会热点问题上的及时发声和正确引导,都显示了主流

---

① http://www.useit.com.cn/thread－17562－1－1.html,阅读时间:2018 年 2 月 19 日 10 点 5 分。

声音的严谨性和权威性。同时，一些重要栏目的推出也获得了网民的认可。比如，人民日报 APP 的"直播"栏目就在 2018 年春节期间通过向网友征集短视频来展现各地的发展变化。这一做法迅速得到网友们的热烈支持。

再比如共青团中央的"青听"节目也获得了网友们的赞赏。

总体来说，主流媒体通过借鉴和模仿社交媒体平台而在互联网空间发展起来，第一次使党和政府的声音在互联网空间得到大规模传播，迈出了党和政府互联网治理的第一步。

但是我们也要看到，与其它社交媒体平台的内容生成和供给能力相比，主流媒体的互联网内容供给能力还有很大的发展空间。其中，制约主流媒体互联网内容供给能力的最大因素就是用户生成内容机制的欠缺。尽管主流媒体在一定程度上采用了社交媒体平台的类似做法，但是后台控制的高标准和自身定位的"高大上"都使用户生成内容机制存在无法克服的困难。事实上，打造"中央厨房"的作法在更大程度上讲是有利于主流媒体资源的内部整合和机制融通，但是就其对互联网生态环境的适应而言，却仍然摆脱不了"互联网 +"外衣下遮掩的纸质媒体心态。尽管主流媒体力图用语言表达的"接地气"来展示网络亲和力，但是由于在内容来源的大众化、内容资讯的广泛性和内容焦点的平民性等方面的不足，这种亲和力往往因为缺乏生活感而有失厚重并略显单薄。以人民日报的"直播"节目与梨视频的"直播"节目相比即可见一般。

三、网络平台：进驻、自建与融合

除了资讯内容制约外，另外一个制约主流媒体互联网内容供给能力的重要因素就是平台欠缺。目前来看，主流媒体的通常做法就是入驻微信和微博两大社交媒体平台。但是由于平台政策及用户行为习惯发生改变，特别是随着各类进驻平台不断增加，公众号、今日头条号等平台内容同质化现象严重，新媒体战斗力与影响力不断上升，主流媒体对于微博、微信平台的承载力和控制力明显降低。①

　　因此,在互联网平台泛社交媒体化的时代,要真正使"中央厨房"烹饪出适合用户品味的互联网内容产品,主流媒体还需要不断努力才能在竞争激烈残酷的互联网市场上立足脚跟。其中,一个关键性的举措就是要搭建自身的主流网络平台。

---

① 　http://www.100ec.cn/detail － －6391330.html,阅读时间:2018 年 2 月 19 日 14 点。

高校大学生党员形象建设的现状及路径探析

（西南大学政治与公共管理学院
西南大学马克思主义学院　　胡静　李强）

【摘要】党的形象是衡量党政治影响力的重要指标，是一种特殊的执政资源，这种影响力的产生需要通过党内各个鲜活而又具体的党员展现出来。大学生党员作为党员队伍中最具青春朝气的群体，是我国社会主义建设的核心储备力量。加强大学生党员的形象建设，不仅有利于党的总体形象建设的发展，也对党执政根基的巩固、历史使命的实现起到至关重要的影响。当前大学生党员形象建设还存在着"前重后轻"、部分大学生党员主体意识缺失等问题，必须采取针对性的措施加强大学生党员形象建设。

【关键词】大学生党员　形象建设　现状及路径　探析

"政党形象是指它在成员或追随者心中的看法或印象，包括政党的属性、政党符号、党员队伍及政治参与能力、给党内外公众留下的相对稳定的综合感知和整体印象。"[①]中国共产党形象建设是指党通过各种有意识的组织和活动，使组成自身形象的各要素日臻完善，从而激起社会公众对党在理论、思想、情感以及实践上的理解和认可的实践活动。在新的世情国情下，

---

① 孙景峰、陈倩琳：《政党形象：概念、意义与建设路径》，《探索》，2013 年第 3 期。

良好的政党形象不但能增强社会公众对党的认可感与支持度,还能提升党的国际形象和地位。所以加强中国共产党的形象建设是党完善党的建设、增强凝聚力和提高社会影响力的关键所在。而这些有意识的组织活动需要各个具体的党员通过实践来实现。

大学生党员作为党组织中一支年轻而优秀的队伍,是当代大学生中的骨干力量,也是党和国家发展事业的核心储备人才。据中组部 2018 年中国共产党党内统计公报显示,截至 2018 年 12 月 31 日,中国共产党党员总数为 9059.4 万名,其中学生党员为 180.5 万名,2018 年发展党员 205.5 万名,其中发展学生党员 70.4 万名,约占全年发展党员总数的 34%。[①] 大学生党员在全党的比重成上升趋势,加强大学生党员形象建设成为党的未来事业建设和发展的重要力量。

一、加强大学生党员形象建设的重要性

一个政党只有拥有良好的形象,才会得到公众的支持并自觉执行它的路线、方针和政策,党的执政根基和执政地位才会巩固。胡锦涛指出:"一个有远见的民族,总是把关注的目光投向青年;一个有远见的政党,总是把青年看做推动历史发展和社会前进的重要力量。"[②]习近平总书记也勉励:"中国的未来属于青年,中华民族的未来也属于青年。青年一代的理想信念、精神状态、综合素质,是一个国家发展活力的重要体现,也是一个国家核心竞争力的重要因素。"[③]大学生党员为青年队伍中可堪大用、能担重任的栋梁之材,加强大学生党员形象建设具有重大而深远的意义。

(一)高校党组织发展的需要

加强大学生党员的形象建设可以提升他们自身对党的认可感和支持

[①] 引用自 2018 年中国共产党党内统计公报。
[②] 《迈向新世纪　创造新业绩——在中国共产主义青年团第十四次全国代表大会上的祝词》,《人民日报》,2006 年 6 月 27 日。
[③] 《在中国政法大学考察时的讲话》,《人民日报》,2017 年 5 月 4 日。

度,增强党的向心力和凝聚力,使大学生党员对党有强烈的归属感。大学生党员是经过高校党组织精心培养与考察的,他们在思想理论、专业学习、道德品质、社会实践上都具有较强的能力。这些优良的素质能够使他们在校园中充分发挥积极性和主动性,在思想政治、专业学习、道德品质方面起带头和模范作用;在学生工作和日常生活中发挥团结和表率作用;在老师和学生的沟通联系上起桥梁和纽带作用。这样不仅充分展示出大学生党员的优良品质与责任担当,同时也会不断激发广大学生加入中国共产党的愿望,使他们自觉以大学生党员为学习榜样,积极向党组织靠拢,从而给党的队伍带来更多新鲜血液。

(二)历史与现实的使命需要

"青年兴则国兴,青年强则国强"。2013 年 5 月 4 日,习近平总书记同各界优秀青年代表座谈时鼓励说:"历史和现实都告诉我们,青年一代有理想、有担当,国家就有前途,民族就有希望,实现我们的发展目标就有源源不断的强大力量。"[1]习近平总书记还强调:"中国梦是全国各族人民的共同理想,也是青年一代应该牢固树立的远大理想。中国特色社会主义是我们党带领人民历经千辛万苦找到的实现中国梦的正确道路,也是广大青年应该牢固确立的人生信念。"[2]大学生党员作为马克思主义理论的传承者,中国特色社会主义事业的接班人,加强其形象建设、增强其理想信念教育,不仅可以促使他们在校园中充分发挥先锋模范作用,未来走向社会也会成为各个行业的优秀骨干、祖国建设的栋梁之才。

其次,当今世界各国之间的竞争已不仅仅局限于经济实力的较量,更多的开始关注于政治、文化等软实力的较量。在国际舞台上,政治交流除了政府之间、政党之间的交流外,青年学生间的国际交流也成为一种重要途径和

---

[1] 《在实现中国梦的生动实践中放飞青春梦想　在为人民利益的不懈奋斗中书写人生华章》,《人民日报》,2013 年 5 月 5 日。

[2] 《在实现中国梦的生动实践中放飞青春梦想　在为人民利益的不懈奋斗中书写人生华章》,《人民日报》,2013 年 5 月 5 日。

形式。大学生党员树立的良好形象在国际交流中能充分展现出当代中国大学生的精神面貌与素养,这也是中国共产党在世界范围内展示政党新形象的重要方式,有助于提升党在国际政治舞台上的吸引力,对于推动中外学生交流乃至最终提高我国国际影响力具有重大意义。

二、当前大学生党员形象建设存在的问题

充分认识加强大学生党员形象建设的重要性对于高校党建和大学生党员党性教育工作具有重要的意义。认清高校大学生党员形象建设工作的重要性,必须从高校党组织、大学生党员自身、新世情等各方面分析当前大学生党员形象建设中存在的问题,我们才能采取更加合理有效的措施加强大学生党员的形象建设工作。

(一)高校党组织发展学生党员存在"前重后轻"的现象

所谓"前重后轻"是指高校党组织在培育和发展大学生党员时存在重视入党前的组织考察培养,而忽视入党后的组织再教育问题。大学生党员虽思维活跃、政治觉悟较高,但他们主要是在校学习,环境相对简单,经受困难挫折的磨砺较少,缺乏社会实践的经验,如果没有扎实的理论素养和政治立场,就容易受到复杂社会环境影响,缺乏理性的判断,易出现精神迷茫、理想信念动摇现象。高校党组织发展的大学生党员是在思想政治、专业学习、道德理论等各方面表现优秀的学生,经过了递交入党申请、团员推优、党课培训和结业考试、组织考察、党支部大会讨论等发展程序。但是,在吸收大学生进入党的组织队伍后却存在忽视入党后的再教育的现象。大学生党员理论学习的主要渠道是党课培训和高校党组织开展的党团活动。但无论何种方式都不同程度地存在着流于形式,学生积极性不高、参与性不强,甚至逃课逃会的情况,这就使得大学生党员很难对党的历史和理论有全面深刻的理解和把握。

(二)部分大学生党员主体意识的缺失导致产生了政治冷漠的心态

大学生党员的主体意识是指大学生党员对自己在学校、社会所处的位

置及其作用的自我认识,是对自己所扮演的角色的一种觉察。大学生从入党积极分子到党员,要适应角色转变就必须提高大学生党员的主体意识。作为党和国家事业的接班人,大多数学生党员思想觉悟高、政治立场坚定,有着"以天下事为己任"的担当和为中国特色社会主义事业奋斗终身的理想和抱负。但是在高校,部分大学生党员的主体地位常常被弱化甚至忽视,陷入服从领导、接受管理、听取教育的被动局面。这就使得大学生党员对自己在党内党外的角色扮演缺乏清晰的认识,对于怎样行使权利、怎样履行义务、怎样担当使命没有明确的定位,长此以往就会导致大学生失去主体意识,缺乏政治情感和政治参与兴趣,久而久之产生"事不关己、高高挂起"的政治冷漠心态。

(三)新环境对大学生党员的形象建设形成了重大挑战

伴随新媒体技术的迅速发展,现代大众传媒成为人类信息沟通的主要渠道之一,其开放、即时、迅速等特质弥补了传统媒界的不足,形成了以开放性大、传播面广、参与度高、互动性强等为特点的新媒体传播环境。互联网+为党的形象塑造提供了更广的平台和更丰富的形式,对党的形象建设发挥着重要作用。在西方,新媒体一度被称为继立法、行政、司法之外的"第四种权力",但是信息全球化的大环境也为党的形象建设带来了更多挑战,各种不经过滤的信息通过互联网广泛传播,西方多元政治和文化思潮通过新媒体渗透至中国社会,不良思潮和负面信息的传播也随之而来,对党的执政形象与执政地位形成巨大挑战。

当代大学生党员基本属于"95后",这一代大学生是伴随新媒体技术的迅速发展而成长起来的。新媒体已成为大学生日常学习生活交流不可或缺的工具,他们喜欢通过微信、微博、QQ、门户网站等进行人际交往、情感表达以及资源共享。大学生党员虽视野开阔、思维活跃,但毕竟政治辨别力低,分析问题不够深刻。互联网平台的开放性使得大量信息自由涌入,势必会产生很多的垃圾信息,许多不负责、非真实的有损党的形象的负面信息大量产生,西方资本主义国家甚至把颠覆中国共产党执政地位的妄想寄托在中国的青年一代身上,通过网络进行西方文化渗透,在一定程度上煽动了社会的负面情绪,使得大学生党员对党产生误解、怀疑心理,进而影响党的整体形象塑造,对党的建设带来了极大的挑战。

三、加强大学生党员形象建设的措施

（一）加强大学生党员的党史、新中国史教育

"了解自己的历史很重要。青年人不了解这些历史,我们要用历史教育青年,教育人民。"①青年人要学习历史,通过党史、新中国史的学习加深大学生党员对我们党领导人民进行艰苦卓绝的斗争历程的了解,让大学生党员认识到党是如何在曲折中领导人民实现了中华民族的重新独立和建立了新中国、进行社会主义改造进入社会主义初级阶段的;是如何高举改革开放伟大旗帜,确立社会主义初级阶段的基本路线,开辟中国特色社会主义道路的;是如何始终代表最广大人民根本利益,践行全心全意为人民服务宗旨的;是如何在新形势下提出中国梦的伟大构想,团结并带领全国各族人民开启社会主义现代化建设新时期的。通过全面的党史、新中国史学习,使大学生党员从党走过的风云激荡的历史中、从党开创和推进社会主义的伟大事业中、从党"为人民服务"的宗旨和不断探索社会主义的长期实践中深化对党的认识,深刻理解一代人有一代人的担当的本质内涵,发扬革命精神和斗争精神,勇担历史重任,使他们自觉意识到作为中国特色社会主义事业的建设者和接班人自身所要承担的责任与使命,激发大学生党员的民族自豪感和国家荣誉感,并把这种情感融入到社会主义现代化建设的实践中去。

（二）注重引导大学生党员主体意识的回归

引导大学生党员主体意识的回归是加强其形象建设的重要途经。强化大学生党员的主体意识,首先让他们进行政治角色定位,认识到自己在党组

① 邓小平:《用中国的历史教育青年》,《邓小平文选》(第三卷),人民出版社 1993 年版,第206 页。

织中所扮演的角色,让他们时刻以党章的标准严格要求自己,在思想、学习、生活上对广大学生起到模范带头作用。让他们自觉学习党的理论来武装头脑,培养较强的政治辨析能力和高尚的政治责任感。其次,激发大学生党员的政治参与热情,让他们明确自己是学校和国家的主人,培养"家事国事天下事,事事关心"的高尚政治情操。最后,要支持大学生党员沉下心来、扎根人民,走出校园积极参与社会实践,把自己的理想同祖国的前途、把自己的人生同民族的命运紧密联系在一起,通过教学实习、勤工俭学、科技服务以及青年志愿者活动进入社会、深入实际、了解国情,把课堂知识和社会需求自觉地衔接起来,在实践中提升能力,锻炼意志,增长才干。

(三)加强新媒体传播的健康化、规范化管理

在现代社会中,传播媒介尤其是新媒体、自媒体已成为"政治形象"的最佳传递者和塑造者,在政党政治生活中的地位和影响力越来越大,对党的形象建设发挥着巨大作用。大学生党员作为新媒体技术的重要承载者,每天通过微信、微博、门户网站等工具接收到大量信息,其中不乏有抨击中国共产党形象、反对党的领导甚至是西方敌对势力对我国进行和平演变的战略图谋,大学生党员还处于洞察力和判断力不成熟的阶段,这些未经筛选的信息会对他们的政治立场造成不良冲击。因此,面对当前全球互联网信息传播影响下复杂的国际国内形势,要使互联网等新媒体成为传播主流信息的平台,党和国家必须紧紧把握住新媒体传播的脉搏,加强对社会舆论的制约和引导,掌握舆论的方向和主导权,引导各媒体对党的路线、方针、政策等进行积极且深入全面的正面宣传,努力在社会公众中树立中国共产党的良好形象。在面对网络谣言时,党和政府要坚持科学治理、有效治理和依法治理的原则,不断完善在网络谣言治理方面的法律法规。综合采取网络教育、媒体引导、政府监管、法律制裁等措施,加快建立个人自觉、行业自律、社会监督、依法监管的网络传播新秩序,保障国家网络信息健康、安全、有序地传播。

中共共产党的形象建设作为党的建设的一项伟大工程,需要每个党员的共同努力来实现。大学生党员作为党的事业的重要接班人,要担当起全

面建成小康社会、实现中国梦的光荣使命，就必须充分意识到作为一名中共党员的重责，明确自己的言行代表着党的形象和面貌，要时刻以党章为标准来规范自己的言行，自觉履行作为中共党员应尽的责任与义务，展现新时期大学生党员的良好形象，进一步增进对党的情感认同，自觉地将理论知识运用到实践中去，成为一名拥有坚定理想信念的青年马克思主义者。

新时期共产党员"老实人"形象建构如何可能

（同济大学马克思主义学院　李振）

【摘要】"老实人"的本质是一种生存方式,而不是一个政治口号。处于全球化、市场化、大数据时代,在全面深化改革的大潮中,面对一系列的更加深刻、复杂的经济和社会难题,如何坚持中国共产党员"老实人"形象,并非是一个自然而然的"令行禁止"的简单"政治命题",而是一个涉及整个社会存在的本体论、认识论、价值论和历史观的评判难题。就此而言,在"建构现代性"的逻辑和事实背景下,深入探问"老实人"形象确立可能与否,并在此基础上追问中国共产党人的"老实人"形象建构逻辑,并探讨形象对于整个世界"人"之存在的积极意义,是我们研究的重点内容。显然,这是一个超越任何狭隘意义的"政治逻辑"之外的、涉及人类存在"本真方式"讨论的现代哲学论题,亦是马克思主义时代化、大众化、中国化、世界化的一个基础性的研究课题。

【关键词】新时期　共产党员　老实人　形象

　　处于全球化、市场化、大数据时代,一切都处于不断的变革、变动和流动之中,作为站在时代前沿及作为中华民族先锋队和人民利益代表的中国共产党,在应对这个更为复杂的时代变革过程中,必然经历和经受各种"前所未有"的机遇与挑战。在此语境下,如何按照"三严三实"的要求,"老实做人,做老实人,是共产党员先进性的内在要求,是领导干部'官德'的外在表现,也是我们党的一贯主张"①。我们认为,全面从严治党,使全党党员都能够按照"共产党人"的严格要求,做遵纪守法、尊重规律、尊重人民的"老实人","空谈误国,实干兴邦",绝对不是一个简单的"政治要求"或"行政命令",而是一个必然涉及当下整个社会存在和发展的更为深层次的思想意识和价值判断问题,涉及人类存在方式的本质问题。尤其在现代性视野中,将中国共产党的"老实人"形象与普罗大众的日常认识结合起来,突出中国共产党党员的"老实人"形象得以确立的特殊性及其内在依据,并讨论建构这一形象的社会现实基础,凸显该形象所具有的特殊的时代建构意义,是马克思主义时代性的一个基础性内容。

一、现代世界中的"老实人"形象

众所周知,"现代世界"的确立及其运转模式,既是深入探究相关论题的一个"客观逻辑和基本事实",亦成为我们讨论几乎所有问题的一个基本前提和大众语境。我们的问题是:"老实人"作为一种踏实、本分、务实、朴素、守规矩、敦厚、善于服从的存在方式,在遭遇到现代世界的种种挤压后,是否已经成为"人类存在"的一种"主流形式"呢?

显然,答案是否定的。仅就日常最直观的角度看,"秀"已经成为各行各业的流行词汇,也成为各类"创新"的重要元素。所谓"秀",其看重的往往不是其"内在的本质",而是其"外在的表现"。"秀"与流行、时尚、酷等元素具有相同的含义与运行逻辑,都具有鲜明的"时间性"特征,以至于甚至可以将我们这个时代称之为"秀时代"。在竞争、流动性、机会、机遇等已经成为"主流价值"评判标准和内容时,"抓住机遇"比任何时候都显得重要和关键。正是在这一现实语境下,"老实人"作为与农业社会、农耕文明相适应的一种存

---

① 《习近平在中央党校 2008 年春季学期第二批进修班暨师资班开学典礼上的讲话》,《新华网》,2008 年 5 月 13 日。

在方式,作为一种"以不变应万变"的存在智慧,必然受到"现代文明"的压制和贬损。

在现代文明和传统文明的彼此交战、相互纠缠的过程中,"老实人"形象已经成为现代文化不断书写和讨论的重要主题。法国启蒙思想家伏尔泰就以《老实人》①为写作对象,对"非老实"的各种强制、压迫、剥削、欺骗、欺凌现象进行了激烈的批判。就当时资本主义兴起的"伟大转折"时期而言,这里充满着太多的"悲惨故事"。这里的批判重点,当然不是"资本主义",而是尖锐地揭露和批评了战争的残酷性、宗教的狭隘和虚伪性、封建统治的奴役和剥削,并对贪婪、拜金、弄虚作假、吝啬等人性层面的弱点进行了抨击。作为结论,伏尔泰奉行的并不是抽象的历史进步主义或历史悲观主义,而是让主人公避免玄谈,采取"脚踏实地"的"老实"态度,用自己的双手创造属于自己的、当下的现实生活。可见,伏尔泰的"老实人"形象,代表这一类社会现象,是针对时代巨大变革反思的一种"现实结果"。面对诸多社会问题,许多资产阶级哲学社会科学学者的根本态度或者一般倾向,就是倡导大众"脚踏实地"地勤奋工作、辛苦劳动;唯有如此,才可能改变自己的命运。② 这显然是一种针对"劳动大众"的"老实人"告诫与劝导。但是,面对市场经济运行的诸多机遇和不确定性,遵循"老实人"策略,其结果必然与这个"资产阶级时代"③的"流动性逻辑"相背离。这必然造就一种"特殊"的社会现实:一方面存在大量崇尚勤奋、劳动和诚实的普通人,另一方面则充斥着大量的、基于机遇的"财富英雄故事"。有效连接和贯穿二者的"中介",恰恰就在于市

---

① ［法］伏尔泰:《老实人》,傅雷译,安徽文艺出版社1998年版。

② 显然,这是与马克思主义截然相反的一种立场和行为逻辑。马克思主义认为,只有改变整个无产阶级的存在命运,而不是个别成员自身,才可能解放全人类。这里显示出马克思主义的未来性和全人类性。而资产阶级人文学者,尽管也意识到社会弊端和问题,但其关注重点则是个体对于发展机遇的把捉。

③ 马克思在《共产党宣言》中明确指出:自资产阶级革命以来,历史已经进入到一个"资产阶级时代"。在强大的资本主义的竞争和威压下,一个民族或国家如果不想灭亡的话,就必须采取资本主义的生产方式。正是在这种语境下,我们可以理解马克思特别强调"全世界无产阶级联合起来"、世界社会主义"一下子""同时革命"的内在根据。

场经济、货币流动、资本价值的内在逻辑。正是基于此，我们认为，作为现代性的"老实人"形象，仅仅是资产阶级的有意制造的"大众意识形态"而已。

也正是基于这种意识形态批判的视角，我们可以深刻理解自资本主义产生以来就一直与其相伴的一种"残酷的现实主义"倾向。也就是说，批判资产阶级意识形态的虚幻并非马克思主义一家所独有，而是许多人文学者共同的价值判断和思想内容。比如现代政治的逻辑源头，一般认为是从马基亚维利的《君主论》，而不是卢梭的《社会契约论》开始。其最突出的论据，就在于马基亚维利公开承认现代政治的本质，是赤裸裸的利益，而不是温情脉脉的道德，或者神学；现代西方经济学的源头，一般认为是蒙德维尔，而不是亚当·斯密，其最突出的论据就在于，蒙德维尔论证了"个体利益至上"行为逻辑的自然性、合理性；现代哲学的重要转折点的标志性人物，不是高扬人的理性的黑格尔，而是尼采。因为尼采揭示出一个致力于"权力意志"的"新主体存在"的现代性，而不是温顺秉承固有的存在样式。后现代主义批判现代性的一个最突出论据，就在于现代性已经使得"人"远离了"人"，老实、诚实、本分作为现代社会控制的产物，必然被强调异质性、差异性、标新立异的各种"新人""新玩意""新鲜事"等所替代。①

在社会剧烈转型的现代中国，各类厚黑学、狼道之学盛行，而"太老实"作为贬义词被广泛地拒斥，"不嫁老实人"甚至已经成为一种流行的网络口号。"不要太老实"也成为一种广泛盛行和被认同的社会意识。我们的问题是，"做人要老实""老实人不吃亏"的主流价值和社会意识是如何被解构的呢？这里最大的问题还是缘于我们对于市场经济的理解仅限于"抓住机遇"，而对其内在的制造和创新有所偏失；缘于剧烈的社会转型带来的社会秩序、文化价值观的巨大冲击，而对积极建构任务的复杂性、艰巨性和长期性，缺乏理性的认知和战略上的贯彻。

①　在后现代主义、现代主义的争论中，我们认为，后现代主义的内在逻辑，依然归属于"现代性"之中。这里的反叛、分裂、差异、碎片等，是现代性运动的必然结果，而不是"另类"。

可以说，"老实"和"不老实"形象的纠葛在各个时代皆存在，而在我们这个强调开放、虚拟、机遇的时代，则体现出完全不一样的显著特征。在强调流动、速度、效率的竞争前提下，善于利用各种外在条件和社会心理学特点，加快货币循环和资本周转，已经成为一种"社会性"的"经济学共识"。这种"共识"外溢的最直接体现，落实到人的行为方式的选择方面，就必然展现为对于"老实人"的拒斥。

深入解析，我们会发现"老实人吃亏"事件频发的社会机理和社会机制，不在于"老实人"太老实，而在于整个社会财富获取的主流方式已经发生了某种转移或者偏向。这意味着"老实人"所信守的社会规则正在发生某种"重大变化"，不世故、不张扬、不圆滑，仅专注于自己的范围，往往被认为不适应世界的飞速发展与千变万化，而"投机专营者"被诠释为灵活、创新，善于把捉商机。作为结论，我们认为：现代性开启了一个更加重视"机会""虚拟""符号"而获得财富和成功的新时代，在此语境下的"老实人"必然带有大众意识形态策略的含义。而"劳动者"的本来面目和价值，则通过极其正常的"机会比能力更为重要"的价值存在方式，被资本机会、货币运动所控制、肢解。

二、共产党员"老实人"形象建设的本体根据

马克思主义作为扬弃和超越西方哲学社会科学的一个"特殊"理论，其最大的特点就在于对一切抽象逻辑、理论玄思进行了最彻底、最无情、最致命的批判。这一理论批判的"彻底性"，即使是被称为20世纪最伟大的哲学家的海德格尔也不得不宣称："马克思的理论已经深入到历史的最深处。"而判断理论"彻底性"的逻辑表现，则不在限定于理论本身内部"打转转"（类似于伽达默尔的"解释学循环"或者结构主义的"逻辑同构"），而是善于将"实践"作为检验真理的唯一标准，理论的最核心问题不在于解释世界，更重

要的在于改造世界。① 也就是说,在逻辑本体、基因选择、价值追求上,马克思主义作为中国共产党的理论指导思想,已经内涵了以辩证唯物主义、历史唯物主义看待世界的基本方式,实事求是、理论联系实际、走群众路线等已经成为中国共产党的基本认识路线和政治原则。

在《整顿党的作风》中,毛泽东同志就明确提出"什么是老实人"的问题。毛泽东同志用列举方式的回答:"马克思、恩格斯、列宁、斯大林是老实人,科学家是老实人。"②坚持"老实人"的态度和行为准则,是我们做好事情的根本保证,"任何调皮都是不行的"。在谈及共产党员的标准时,毛泽东同志明确指出:党员要"忠实","没有发洋财的观念"。③ 这说明,加入共产党的目的,已经不再是"个人小我"的幸福,而是为了"他人"。这就排除了任何机会主义、个人主义滋生的思想土壤。这种信仰的真实表达和严格要求,是中国共产党能够从弱小走向强大的信仰之根。尤其在面临重大历史转折的时刻,毛泽东特别强调"老实"的重要性。"共产党员应是实事求是的模范,又是具有远见卓识的模范。因为只有实事求是,才能完成确定的任务;只有远见卓识,才能不失前进的方向。因此,共产党员又应成为学习的模范,他们每天都是民众的教师,但又每天都是民众的学生。只有向民众学习,向环境学习,向友党友军学习,了解了他们,才能对于工作实事求是,对于前途有远见卓识。"④共产党员要成为"老实人"的模范,而"最老实"的群体就是最普通的老百姓。因此,向百姓学习是"老实与否"的最直接标准。针对现实存在

---

① 海德格尔接着马克思的这一命题继续追问,认为如果不能真正"解释"世界,如何能够"改造"世界呢? 言下之意就是,对于理论工作者而言,"解释世界"是第一位的,而"改造世界"则属于实践家们的事情。参阅《晚期海德格尔的三天讨论班纪要》,丁耘译,《世界哲学》,2001年第3期。阿多诺尽管质疑海德格尔的生存本体论,但亦坚持"哲学可能性"必然远离"现实性",这是"理论生成"的内在逻辑。参阅[德]西奥多·阿多诺:《否定辩证法》,张峰译,重庆出版社1993年版,第1页。

② 毛泽东:《整顿党的作风》,载《毛泽东选集》(第三卷),人民出版社1991年版,第822页。

③ 毛泽东:《中国共产党红军第四军第九次代表大会决议案》,载《毛泽东文集》(第一卷),人民出版社1993年版,第90页。

④ 毛泽东:《中国共产党在民族战争中的地位》,载《毛泽东选集》(第二卷),人民出版社1991年版,第522~523页。

的各种"聪明"现象,毛泽东认为,"不少的人对工作不负责任,拈轻怕重,把重担子推给人家,自己挑轻的。一事当前,先替自己打算,然后再替别人打算。出了一点力就觉得了不起,喜欢自吹,生怕人家不知道。对同志对人民不是满腔热忱,而是冷冷清清,漠不关心,麻木不仁。这种人其实不是共产党员,至少不能算一个纯粹的共产党员"①。毛泽东的《实践论》《矛盾论》的精髓就在于提倡共产党人的"老实态度",反对任何意义的虚假和不实在。"就是要讲真话,不偷、不装、不吹。偷就是偷东西,装就是装样子,'猪鼻子里插葱——装象',吹就是吹牛皮。讲真话,每个普通的人都应该如此,每个共产党人更应该如此。"②显然,共产党不是"一般的群体",共产党员也不是"一般的人",而是襟怀坦白,心系民众,忠实于未来发展事业的,有着积极信仰、老实态度,脚踏实地,为民服务的特殊群体。

众所周知,周恩来同志"天下作伪是最苦恼的事情,老老实实是最快乐的事情""世界上最聪明的人是最老实的人,因为只有老实人才能经得起事实和历史的考验"的这两句名言,切实反映出共产党人的胸怀与处事态度。周恩来同志认为,"老实"不仅是一种态度,更是一种行动、一种社会机制。他指出:"我们对待任何问题,都必须坚持'知之为知之,不知为不知'"的老实态度,不懂决不要装懂,但是必须由不懂变为懂。""要大家讲真话,首先要领导上喜欢听真话,反对说假话。"③刘少奇在《论共产党员的修养》中也明确指出:"我们无产阶级革命家忠诚纯洁,不能欺骗自己,不能欺骗人民,也不能欺骗古人。"④这充分说明中国共产党人已经将"老实"内化到自己的血脉之中,将其作为"实事求是""理论联系实际"的马克思主义精神的最直观表达。

---

① 毛泽东:《纪念白求恩》,载《毛泽东选集》(第二卷),人民出版社 1991 年版,第 660 页。

② 毛泽东:《在中国共产党第七次全国代表大会上的口头政治报告》,载《毛泽东文集》(第三卷),人民出版社 1996 年版,第 349 页。

③ 周恩来:《关于知识分子问题的报告》《说真话,鼓真劲,做实事,收实效》,载《周恩来选集》(下),人民出版社 1984 年版,第 188、349 页。

④ 刘少奇:《论共产党员的修养》,载《刘少奇选集》(上),人民出版社 1981 年版,第 111 页。

　　邓小平同志的语言平实、实在、朴素，许多论断都非常直白，如大家耳熟能详的"猫论""摸着石头过河"，等等。用邓小平自己的朴实语言来说就是"说老实话"。美国学者张大卫曾评价道："邓小平一直保持着自己坦率直言的表达方式，这是他著名的个人特点。"①邓小平曾经反复强调："做老实人，说老实话，办老实事，这是一个共产党员的起码标准。"在 1949 年新中国成立前，邓小平同志就以"论忠诚和老实"为题，对"老实"进行了马克思主义的阐述。他明确指出："党内不少同志态度不老实，自以为不老实占便宜了。"这仅仅是片面的看法，实际上，"不老实总是倒霉的"。"不老实只能蒙混一时，当党的组织、上级、同级或下级没有发觉时确实可以占一些小便宜，但是一经发觉就完了，就吃亏了。"而"唯物主义本身就叫'老老实实'，马列主义、唯物主义的执行人更必须老老实实"②。无论从历史、还是现实的革命与经济建设而言，"小聪明"形象确实大量存在，但这仅仅适用于社会"不透明"的时期。"在旧社会还有可能蒙蔽，在新社会，尤其是在党内一定要被戳穿的，因为看你的是多少双眼睛，有些虽然现在未看清楚，将来终究是要看清楚的。相反地，越老实越能得到党与同志的信任，老实的人才真正吃得开。"邓小平同志用平时的语言将"老实"与马克思主义、毛泽东思想联系起来，显示出其鲜明的政治觉悟。"在延安中央党校，毛泽东同志亲笔题的四个大字，叫'实事求是'。我看大庆讲'三老'，做老实人，说老实话，干老实事，就是实事求是。"③显然，邓小平同志已经将中国传统意义的"老实"上升到马克思主义基本原理的高度，将其等同于马克思主义看待世界的一种基本的科学态度和行为准则。

　　综观马克思主义坚持实事求是的"内在基因"，至少包括以下五个方面的本体根据：

---

① 金羽等主编：《海外人士心中的邓小平》，红旗出版社 1993 年版，第 143 页。

② 邓小平：《论忠诚与老实》，见 toutiao. com/a6283106449485873410/。

③ 邓小平：《完整地准确地理解毛泽东思想》，载《邓小平文选》（第二卷），人民出版社 1994 年版，第 45 页。

（1）遵循客观规律的"老实人"形象。规律是客观现实最深刻的表达，按照客观规律的要求做事，而不是单凭主观判断和狭隘的经验主义，是马克思主义的基本要求，也是共产党人行动的基本遵循。显然，这里的"老实人"绝对不是循规蹈矩、不敢越雷池一步的消极行动者，而是对传统老实人的积极扬弃，是善于探寻规律、发现规律、推进规律的积极行动者。

（2）遵循"实践是检验真理唯一标准"的"老实人"形象。面对越来越纷繁复杂、开放变异的世界，面对诸多新鲜、新奇的事物和问题，我们所选择和坚持的基本判定标准，就是实践，而不是抽象的规则、逻辑的推演。只有具有诸多差异性、多样性的实践诉求和客观结果，才可能成为检验政策决策成效的根本标准。

（3）遵循人民群众路线的"老实人"形象。群众路线是我们党的生命线。在对待群众的态度和行为方式上，我们必须向群众求教、走进群众。对待人民群众的态度和行为方式绝对不是一个小问题，而是涉及政治立场和看待世界方式的大问题。

（4）遵循政治信仰的"老实人"形象。共产党人心中的政治信仰绝对与西方的民主政治（利益集团政治）有着完全不同的概念。这里的核心内容就是为了国家、民族的幸福，最终实现全人类的解放。显然，这一政治信仰具有鲜明的道德价值判断含义，体现出共产党人的存在高尚性、纯洁性。

（5）遵循人类共同利益"老实人"形象。共产党在当代西方资本主义世界依然屹立的一个关键合理性因素，就在于在实现人类共同利益这个最终的目标方面，欧美的政治、经济和文化已经显示出其无法胜任、无能为力的窘境。欧洲债务危机的持续和英国脱欧、美国否决政治机制，都把发展视野局限于自身，遗忘了世界发展的大局与大势。

三、共产党员"老实人"形象的现实建构

按照马克思主义的一贯立场和方法，理论如果缺乏现实性，就始终滞留于抽象的可能性领域，对现实不会产生根本的触动与改变。在革命战争时

代,共产党员"老实人"的经典形象,是无数革命先辈为了共产主义和新中国的解放,老老实实地遵循党的教导,抛开"聪明人"的"小我幸福观",甚至不惜抛头颅洒热血;在社会主义建设时期,就是以焦裕禄、杨善洲、沈浩、谷文昌等无数时代先锋、时代楷模为代表,依然是抛开"聪明人"的小我幸福,为了人民的利益鞠躬尽瘁。可以说,这些形象是现代中国共产党人关于"做人要实"的经典形象。

在当下全球化、市场化、大数据时代,人的内在的基因源于对客观发展规律的自觉把握和遵循。但是,面对更多的变化、机遇和机会,"客观规律"被越来越复杂的"机会现象"所掩盖。在此现实条件下,表里不一的"两面人"形象也以"聪明人"的形象不断出现和滋生。习近平在十八届中央纪委六次会议上严肃指出:"党内一些人修身不真修、信仰不真信,很会伪装,喜欢表演作秀,表里不一,欺上瞒下,说一套做一套,台上一套台下一套,当面一套背后一套。"这些"两面人"形象存在的根源,就在于这些人名为共产党员,实际上却被现实"功利主义"所左右,遗忘了"共产党"本身的精神含义和内在价值追求。从正面概括,"就是要对党、对组织、对人民、对同志忠诚老实,做老实人、说老实话、干老实事,襟怀坦白,公道正派"。如何在现实生活中积极建构这一形象?

(1)做坚持共产主义信仰的"老实人"。中国共产党作为一个致力于无产阶级和全人类解放事业的伟大的政党,其与任何资产阶级的政党的最大差别,就在于她没有任何个人"私利",不代表任何狭隘的"利益集团"的利益,而是全体人民的代表。正是基于这种信仰,我们才加入中国共产党,并为共产主义事业而奋斗。这是我们坚定中国特色社会主义道路自信、理论自信、制度自信和文化自信的根源所在。倘若没有这种对于信仰的"老实"态度,就必然会在思想认知和日常行动中,随波逐流、阳奉阴违,限于各种利益纠葛之中而无法脱身。

(2)做脚踏实地的"老实人"。我们正处于一个大变革、大流动的时代,许多"经验"都面临着贫乏、衰竭、无用的问题。这就决定了理论学习和实际调查的重要性。在日常行为和政治行动中，必须放下官架子、文人架子，甘当小学生，深入调查研究，虚心向群众学习，倾听群众呼声，善解群众民意，敢为群众所谋。① 这实际上就是坚持实事求是，一切从实际出发，把人民群众满意不满意、人民群众答应不答应作为衡量工作的出发点和落脚点。

（3）做淡泊名利的"老实人"。既然共产党没有自身的利益，那么共产党员作为共产党的承载者、行动者和体现者，必须善于处理好"个人私利"和"公共利益"之间的关系，说老实话、办老实事，不做表面文章，不弄虚作假。在工作和事业上务求实效，不追名逐利，不好大喜功，不争功论赏，任劳任怨，敢于担当，兢兢业业，勤勤恳恳，乐于吃苦，甘于奉献，敢于担当，勇于负责。每做一项工作要经得起历史的检验，经得起群众的监督。尤其在消费主义、感官主义盛行的时代，尤其要继承和发扬艰苦奋斗、厉行节约的优良传统和作风，生活俭朴，勤俭持家，不盲目攀比、不追求享乐、不铺张浪费。

（4）做社会关系的"老实人"。在强调"社会关系资本"的现实中国，既然选择了共产主义这个信仰，就必须要在社会关系中树立一种诚实守信、讲道德、重品行、严格要求自己、公道正派的社会形象，接受群众的监督，干干净净干事，清清白白为官，不刁尖耍滑，不坑蒙拐骗，做身正、心正、关系正的老实人，在日常社会关系交往中传播引领社会风气的正能量。

凡是有利于党和人民事业的，就坚决干、加油干、一刻不停歇地干；凡是不利于党和人民事业的，就坚决改、彻底改、一刻不耽误地改。

四、共产党员"老实人"形象建设的现代意义

如果放眼全球，可以发现一个十分奇怪且十分盛行的"不老实现象"。

---

① 有人将其总结为：以感恩的心回报群众，以真诚之意服务群众，以敬畏之心尊重群众，以爱戴之心贴近群众，真心实意为群众做好事、办实事、解难事。坐得下农家凳，吃得下粗茶淡饭，语言上与群众谈得拢，生活上与群众贴得近，感情上与群众合得来，工作上与群众干得成，以心交心，以心换心，以真心换真情，真心诚意和群众交朋友，实心实意把群众当"亲人"。其核心思想就是与群众打成一片。

政治领域,许多政治现象已经变成一种"表演",而实质的内在反而不再显现;在经济领域,虚拟经济异军突起,成为盈利的一个重要领域,金融经济、概念经济、眼球经济等已经成为现代经济存在的重要形式和内容;在社会生活领域,许多人变得越来越原子化,个性张扬、自由奔放成为年轻人主流的行为方式。在文化领域,致力于怪诞、离奇的各种文化符号和时尚文化极其盛行,"看不懂"已经成为一种文化存在的经典方式。我们会看到一个完全颠覆性时代,以至于我们可以甚至得出这一判断:我们已经进入到一个不再崇尚"老实"的时代。

但是这仅仅是人类历史发展中的一个片段而已,我们不能被这种"时代虚幻性"所遮蔽。要看清世界,真正为人类的未来做出贡献,保持耳目心神的最好手段,就是老老实实地对待人类的历史、现在和未来。马克思主义就是这一种老老实实的立场、方法和观点的理论体系,在这一思想武器指导下,决定了共产党员是一群敢于老老实实承担人类发展责任、敢于实实在在付出的特殊群体。正是基于此,我们认为共产党"老实人"形象的建构意义和价值在于,尽管其针对官僚主义、形式主义和反腐,但最深层的冲击却是对整个世界存在的"非老实现象"的彻底反驳与纠正。也许只有共产党才可能真正将世界从各种危机、危难中解救出来,共产党承担着一种历史使命,而不是单纯的当下利益之争。我们应该向在物质世界、欲望世界、消费世界依然坚持自身的伟大的共产党人致敬,这是一种重整山河、许诺一个更美好未来的、舍弃诸多个体利益的高尚群体与组织,我们应该以此为荣,并始终坚持我们的理想与追求。

历史镜鉴

延安时期中共的政治传播艺术①

（南京大学马克思主义学院　王建华）

【摘要】延安时期，中国共产党实现了由弱到强的力量转化，并逐渐走向中国政治舞台的中心。这不仅表现为强大的组织力量、坚强的领导集体与统一的指导思想，更有政治传播艺术的成熟。梳理中共在政治传播领域的创造性成果，无疑有着重要的理论与现实意义。

【关键词】延安　政治传播　艺术

一、他者诉说

在国共对抗与合作时期，中共把自己的政治理念与政治主张传播出去，需要有他者的在场，他者代表了客观与中立，是赢得社会信任的基础。1936年6月，埃德加·斯诺访问了西北苏区，其所著《西行漫记》向外界展现了一个完全不同于国民党宣传的中共形象。斯诺报道的政治溢出效应，使得中共意识到他者评价对于赢得生存空间的重要性，对于到根据地的外国记者，中共领导人都给予了热情接待。

---

①　本文为"第三届国际中国共产党研究——新时代中国共产党国际形象塑造"学术研讨会上的发言提纲。

抗战全面爆发后,让他者诉说成为中共表达政治诉求经常采用的方式。1942 年 5 月,由牛友兰、刘少白等为代表的晋西北士绅参观团对延安进行了为期两个多月的参访,切身感受到共产党代表着社会进步的方向,离开延安后,积极宣传中共的各项政策与主张。其后,让西方军事代表团和记者去延安参观,成为中共极力想促成的事情。1944 年 6 月,中外记者参观团(参观团成员全部由国民党指定、挑选)访问延安,可谓意外的惊喜。中外记者离开延安后,陆续发表了自己的边区见闻。其中,虽有对中共的不实报道,但以《新民报》赵超构为代表的部分记者,还是客观报道了延安的真实情况,成为中共向外界传达资讯的重要渠道。正是这些信息改变了中共在国统区乃至国际社会的形象。

二、融入生活

融入生活就是要消除主客体之间的距离感。马克思主义是来自西方的理论,唯有和中国实际相结合才能发挥效力,而中共对乡村社会的改造也是一个外部植入的过程。如何通过报纸融入乡村社会是中共面临的棘手问题。毛泽东指出,乡村消息不灵通,见闻狭隘,报纸应贴近群众,以激发斗争热情。"语言措辞要完全用当地土话,字体应使用极大黑墨字,稀松七八条,看上去明明朗朗,看完了爽爽快快。"①其后,发动群众办报,办群众满意的报纸成为根据地报纸努力的方向。融入生活还表现为在乡村成立读报组。早在 1943 年,中共西北局便指示宣传部门建立读报组,利用农民耕作之余的休息时间组织农民读报,引导他们了解政治局势,进行革命宣传。同时,读报组也是普及农业生产与卫生常识的有效形式,有利于提高群众生产热情与改造落后观念。

在陕北,传统艺术有秧歌、大鼓书、皮影戏等多种形式。其中,秧歌是一

---

① 毛泽东:《普遍地举办〈时事简报〉》,载《毛泽东文集》(第一卷),人民出版社 1993 年版,第265 页。

种有故事情节、可以表现人物冲突的民间艺术、表演过程中强调演员与群众的互动,是一种最适合于广场演出的艺术形式。旧瓶装新酒,在边区文教大会上,毛泽东提出对旧戏班、旧秧歌队应逐步地加以改造,以建设为人民服务的新文化。所谓"新"是就内容而言的,新秧歌多是反映生产劳动、军民关系、自卫防奸的时代主题。根据地的新秧歌运动,是以生活化的乡村艺术形式,开展了一场新民主主义的文化改造运动,形成了具有时代特色的艺术符号,并直接影响了未来国家建设中革命艺术的呈现方式。

三、差异化表达

国共两党抗战的路径是有差异的,表现为国家抗战与人民抗战的分歧。但中共的政治地位决定了其政治主张的表达受到环境的严格制约。根据地、国统区与游击区的政治生态差异,使得中共对一些问题有着差异化的表达。换句话说,面对国民党对根据地生存空间的挤压,中共既要从抗日民族统一战线的大局出发,与国民党团结合作共同抗日;又要采用有理、有利、有节的斗争策略,同顽固派做斗争,并保证统一战线不至于破裂。实现上述目标,当然离不开差异化表达的斗争艺术。

差异化表达是与政党双重话语联系在一起的。以话语表达的空间场景为参照,政党话语分为内部话语与外部话语。透过话语表达的空间转换,可以揭示政党内、外部话语间的差异性特征。话语表达的双重性是政党与生俱来的性格特点,但这种差异性是相对的,不能固化为其本质性特征。厘清话语表达的双重性并不是一件容易的事情,因为当所谓的空间差异通过个体的声音呈现出来时,个体身份角色的模糊性经常使其话语表达的内容"真假难辨"。

四、人民立场

从大量知识青年奔赴延安和国际社会对根据地认知的转变可以看出,中共逐渐赢得了生存与发展的空间。成绩的取得离不开中共局部执政的绩效,当然也离不开中共政治传播的艺术。当民歌"共产党像太阳,照到哪里哪里亮"在陕北唱响的时候,人们可以感受到中共乡村治理与政治传播的成功。从他者诉说到融入生活,从差异化表达到结构化叙事,中共政治传播取得的成绩,不是投机取巧的不当竞争,而是源于人民立场的实践创新。作为先进生产力的代表,共产党人坚信人民群众是历史的创造者,理论联系实际,在实践中发展与创新,由此产生了具有中国特色的政治传播艺术,并极大地激发了共产党人的四个自信。这既是理论本土化的方法自信,更是源于人民立场的政党自信。

延安时期中国共产党局部执政形象塑造[①]

（上海交通大学马克思主义学院　张玲　李艳）

【摘要】延安时期是中国共产党执政发展史上极为重要的时期,中国共产党立足自身建设,在陕甘宁边区立法建制,初步建成相对独立的行政、司法、税收、货币体制;探索了"三三制"民主执政模式、发展边区经济和文化、确立大众化司法制度、改造社会不良分子,打造了健康、向上的执政环境,扩大了中国共产党的影响力。中国共产党还注重运用各种方式宣传其方针政策,使务实为民、民主执政、执法为民和艰苦奋斗的形象扩大到国统区和国外,也为新中国成立后全面执政奠定了良好基础。

【关键词】延安时期　中国共产党　局部执政　执政形象

一、引言

1937 年 3 月,中国共产党取消边区的苏维埃建制,改为中华民国特别行政区,同年 9 月 6 日成立陕甘宁边区,受国民党政府领导。[②] 1939 年之后,尤

---

① 本文曾收录于《治国理政:新理念·新思想·新战略——上海市社会科学界第十四届学术年会文集(2016 年度)》。

② 中共中央文献研究室、中央档案馆编:《建党以来重要文献选编(1921—1949)》(第 16 册),中央文献出版社,第 57 页。

其是皖南事变后,国共双方摩擦增多,国民政府停发八路军军饷,对边区实行严密的军事经济封锁,中国共产党开始实行独立自主的新民主主义政治、经济政策,其社会性质、政治制度、经济和社会政策、司法制度等,与国民党统治区截然不同。因此,延安时期,中国共产党领导的陕甘宁边区,客观上形成了局部执政局面,并树立了良好的执政形象。

执政形象,就是执政党在执政过程中所体现出来的整体素质、执政能力、执政理念、执政业绩和精神风貌等,给公众留下的综合印象或看法,是知名度和美誉度的有机统一。①

学术界对中国共产党执政形象之研究始于 2001 年。黄明伟、艾晓丽、唐平秋等、齐燕春②等,对改革开放新时期中国共产党执政形象建设的途径、重点及意义进行了积极探索。

延安时期是中国共产党局部执政实践的重要时期。美国记者斯诺的《西行漫记》③,是最早客观地向全世界宣传中国共产党良好形象的纪实作品。近年来,大陆学者对延安时期党的建设④、民主政治建设⑤、社会建设⑥、对外关系⑦等进行了专题研究,掀起"延安学"研究的小热潮。

学者亦对延安时期中国共产党的局部执政经验进行了开创性研究。梁

---

① 黄明伟:《应加强中国共产党执政形象建设研究》,《理论探讨》,2009 年第 1 期。

② 参见黄明伟:《应加强中国共产党执政形象建设研究》,《理论探讨》,2009 年第 1 期;艾晓丽:《加强党的执政形象建设》,《求实》,2005 年第 2 期;唐平秋、刘寿礼:《论中国共产党执政形象的目标定位和路径选择》,《广西大学学报》(哲学社会科学版),2006 年第 3 期;齐燕春:《新时期中国共产党执政形象建设研究》,曲阜师范大学,2011 年硕士研究生毕业论文。

③ [美]斯诺:《红星照耀中国》,董乐山译,生活·读书·新知三联书店 1979 年版。

④ 李东朗:《毛泽东对延安时期党的组织建设的重大贡献》,《理论学刊》,2004 年第 1 期。文章从党的建设目标、全党的团结、党员干部队伍建设、民主集中制原则四个方面阐述党的组织建设。

⑤ 杨峰玉等:《探析延安时期的民主政治建设》,《山西大学学报》(哲学社会科学版),2007 年第 6 期。文章从民主主义理论的指导、人民当家做主的原则和党的正确领导等方面,探讨延安时期民主政治建设的成就。

⑥ 王世禹:《论延安时期中国共产党的社会建设思想》,华东师范大学,2011 年硕士研究生毕业论文。

⑦ 李文:《延安时期中国共产党发展对外关系的经验及启示》,《中国延安干部学院学报》,2008 年第 3 期。

星亮等主编的《中国共产党局部执政史论》①,对中国共产党在延安时期局部执政的特殊性、合法性和执政制度建设作了较全面的论述。逄锦科的《党在延安时期执政为民的基本经验初探》②概括了执政为民的举措。卢少求的《延安时期中国共产党执政文化建设研究》③,分析了中国共产党执政文化建设的理念、方针、政策、制度、党的作风等。贺宇等的《论延安时期中国共产党的形象塑造及当代启示》④概述了中国共产党的政权建设、土地政策、作风建设,但并未着重研究共产党的执政形象,实证资料偏少。

有关延安时期党的执政形象的研究体现以下特点:执政经验研究多,执政形象研究偏少。本文立足于执政形象视角,立体展示延安时期中国共产党塑造执政党形象的过程、措施、效果及经验启示,对于进一步发展"延安学"研究,丰富中国共产党的党建理论,有重要的理论意义。同时,亦对中国共产党在新时期加强执政能力建设,塑造和传播党的国际形象,有重要的现实意义。

二、注重自身建设,彰显执政形象

延安时期,中国共产党成功地建成一个"全国范围的、广大群众性的、思想上政治上组织上完全巩固的布尔什维克化的中国共产党"⑤,按此目标要求,中国共产党不断推进自身建设,逐步发展、壮大、成熟,成为新民主主义革命和陕甘宁边区建设之领导核心。

延安时期,中国共产党确立了实事求是的思想路线和"为人民服务"的宗旨,培训干部的综合素质和领导能力,把维护人民的根本利益作为制定各项政策方针的出发点,制定了建立"最广泛的反日民族统一战线"的策略方

---

① 梁星亮等主编:《中国共产党局部执政史论》,陕西人民出版社 2005 年版。
② 逄锦科:《党在延安时期执政为民的基本经验初探》,《广西社会科学》,2005 年第 1 期。
③ 卢少求:《延安时期中国共产党执政文化建设研究》,安徽大学出版社 2009 年版。
④ 贺宇、左柏林:《论延安时期中国共产党的形象塑造及当代启示》,《西安政治学院学报》,2011 年第 5 期。
⑤ 毛泽东:《〈共产党人〉发刊词》,载《毛泽东选集》(第二卷),人民出版社 1991 年版,第 602 页。

针。同时,在物资匮乏、战火硝烟的环境下,身体力行地领导边区军民实现了"丰衣足食",使延安呈现和谐兴盛之景。延安时期,中国共产党塑造了为民服务、求真务实、艰苦奋斗的执政形象。

（一）加强培训,提升干部素质和领导力

延安时期,中国共产党为建设一个能够担当起打倒日本侵略者、建设新中国的大党,亟须具备马克思列宁主义理论素养、有较高文化水平和领导能力的党员干部。中共中央把学校教育与在职培训有机结合起来,让干部系统地学习政治、经济、军事、文化和技术,各方面能力均得到提升,为局部执政奠定了干部基础。

中国共产党自成立以来,以艰苦奋斗、富有牺牲精神和极强的组织能力而著称。然而,也有一极大的弱点,"就是党在思想上的准备、理论上的修养是不够的,是比较幼稚的"[1]。因为共产党领导的是几千万、几万万人的革命,需要几十万、几百万的共产党员,更需要"有大批的有学问的干部做骨干"。而"提高党员干部的文化程度,是巩固、加强党,巩固边区、提高边区争取全国抗战胜利的最重要保证"[2]。

学校教育对个人成长和发展有重要作用,延安时期为了培养大批干部,形成了较为完整的干部学校教育体系,包括二十余所干部学校,涵盖政治、军事、经济、科技、文学、艺术、教育、党务、民运等各种专门学校和专业。为实施党的统战政策教育,实行干部轮训,陕甘宁边区所属的地方党委也办起了一些学校。这些学校培养了一大批优秀人才,为边区建设做出了极大的贡献:抗日军政大学主要培养军事和政治干部;陕北公学主要培养宣传、组织和武装民众的群众运动干部;鲁迅艺术学院、马列学院专门培养革命的文学艺术干部和党的理论工作干部。

除了正规的学校教育,在职干部教育也得到发展。1939 年 2 月,设立了

---

① 刘少奇:《答宋亮同志》,载《刘少奇选集》(上),人民出版社1981年版,第220页。

② 中央档案馆编:《陕甘宁边区抗日民主根据地》(文献卷下),中共党史资料出版社1990年版,第571页。

中共中央干部教育部,负责全党的学习培训工作,制定了《延安在职干部教育暂行计划》,延安在职干部的学习运动广泛开展,各级党部、边区各级政府、各民众团体、各类学校,乃至军队,制定相应的学习制度,提升干部理论、文化水平和政治能力,扩大其国际视野,提高分析和解决实际问题的能力,使"工农干部"变为"工农知识分子","求得干部教育制度彻底更新"。①

1940 年,中共中央又先后发出了《关于干部学习的指示》和《关于在职干部教育的指示》,系统提出干部教育的方针、课程设置和在职干部的学习安排,把在职干部按文化水平从高到低分成四类,制定渐进式学习计划,使文化水平较低的干部"能读普通书报",掌握党建理论,分析中国问题;低级学员通过学习可升入上一级课程。② 在职干部的学习制度普遍建立起来,边区政府和军队干部的文化水平、理论水平和政策水平得到很大提高,工作能力明显增强,为中国共产党培养出一大批德才兼备的抗日人才。

通过学校教育和在职培训,党、政府、军队、学校、社会团体的干部素质得到很大提升,塑造了中国共产党的学习形象和领导形象。

(二)全心全意为人民服务的形象

中国共产党历来把为广大人民群众谋利益作为自己的根本宗旨。毛泽东在中共七大《论联合政府》政治报告中阐明:"全心全意为人民服务,一刻也不脱离群众;一切从人民的利益出发,而不是从个人或小集团的利益出发。"③中共七大把"全心全意为人民服务"首次提为"党的唯一宗旨",并写进了党章。

延安时期,中国共产党把"全心全意为人民服务"这一政治准则贯彻到执政行动之中。毛泽东住在枣园之时,1941 年春节的前一天,他主动到乡里

---

① 中共中央文献研究室、中央档案馆编:《建党以来重要文献选编(1921—1949)》(第 16 册),中央文献出版社 2011 年版,第 115 页。

② 中共中央文献研究室、中央档案馆编:《建党以来重要文献选编(1921—1949)》(第 17 册),中央文献出版社 2011 年版,第 222～223 页。

③ 毛泽东:《论联合政府》,载《毛泽东选集》(第三卷),人民出版社 1991 年版,第 1094～1095 页。

给群众拜年,并征求大家对党和政府工作的意见和看法,群众开始只讲了形势大好的客套话,毛泽东推心置腹地说:"我们共产党是真心实意为老百姓服务的,但如果听不到你们的心里话,得不到你们的批评帮助,不知道你们在想什么,不了解你们的希望和要求,我们的工作就失去了方向,我们的决策就会出现偏差和失误。"①老乡才开始畅所欲言,党和政府听到了真实的声音,了解群众所需,制定出群众拥护的方针政策,解决了他们的实际问题。

张闻天告诫党员干部,工作中要更多地关心群众的切身问题,不能只善于动员群众、向群众提要求,更要"迅速的反映他们的要求与意见",经常讨论当时当地群众中所发生的一切问题,"把解决这些问题当作同动员工作一样重要的党的任务"。坚决清除党内贪污腐化分子和高高在上的官僚主义者,党同人民群众才能保持长期的亲密关系。②

陕甘宁边区政府终保持同人民群众密切联系,做人民的"公仆",忠心耿耿为人民服务,被誉为"人民的政府",从而造就了众多的毫无自私自利的人,纯粹的人,有道德的人。普通战士张思德是杰出代表。中国共产党以对人民的真诚赢得了边区民众的拥护和支持。

(三)艰苦奋斗、克己奉公的形象

自力更生、艰苦奋斗,是中国共产党人在长期革命实践中培养起来的优良传统。延安自然环境恶劣,交通闭塞,经济落后。面对日本侵略者的围剿和国民党的封锁,边区党政领导人号召根据地军民"自己动手、丰衣足食",开展轰轰烈烈的大生产运动。经过几年奋战,在物资匮乏、战火硝烟的环境下,根据地军民并没有被饿垮,精诚团结渡过难关,客观上塑造了艰苦奋斗的形象。

勤俭廉洁、克己奉公是边区政府中中共党员鲜明的特征。毛泽东指出:"共产党员在政府工作中,应该是十分廉洁的、不谋私利、多做工作、少取报

---

① 孟素:《鱼水情深——毛泽东在延安给群众拜年》,《世纪桥》,2012 年第 1 期。

② 中共中央文献研究室、中央档案馆编:《建党以来重要文献选编(1921—1949)》(第 17 册),中央文献出版社 2011 年版,第 354 页。

酬的模范","自私自利,消极怠工,贪污腐化,风头主义等等,是最可鄙的;而大公无私,积极努力,克己奉公,埋头苦干的精神,才是可尊敬的"。[①]

边区政府把"厉行廉洁政治、严惩公务员人员之贪污行为"写入施政大纲,对政府内的共产党员提出更高要求,"共产党员有犯法者从重治罪"[②]。中共党员并非特殊化,而是良好风气的引领者,彰显其为民服务本色,处处做表率,在民众心目中铭刻了克己奉公的廉洁形象。

边区政府秘书长李维汉提出"要注意一张纸、一片布、一点灯油、一根火柴的节省,要爱惜每一件公物,使之多用些日子"[③]。边区政府财政厅厅长南汉宸主管边区的财政和物资,他告诫工作人员,以身作则,率先垂范,决不能占公家便宜;他自己孩子连鞋都穿不上,但从不利用职权去谋取个人利益。

中国共产党在陕甘宁边区执政期间,切实做到全心全意为人民服务、遵纪守法、廉洁奉公,给民众留下了良好的执政形象。

三、建设边区见成效,赢得民众信任

陕甘宁边区政府成立之前,民众长期遭受封建剥削和军阀统治。边区政府成立后,于1939年4月和1941年5月1日,相继颁布了《陕甘宁边区抗日时期施政纲领》《陕甘宁边区施政纲领》,系统提出施政目标,涵盖土地政策、财政税收,直选政治,保护妇女权益,发展文化事业,消灭文盲,肃清贪腐,铲除鸦片等。共产党大刀阔斧地进行社会改革和治理,将边区建设成模范抗日根据地和抗日战争的总后方。

(一)执政民主,深得人心

延安时期,边区政府实施民主选举、参议会制度和"三三制"等,集中体

---

① 毛泽东:《中国共产党在民族战争中的地位》,载《毛泽东选集》(第二卷),人民出版社1991年版,第522页。

② 中共中央文献研究室、中央档案馆编:《建党以来重要文献选编(1921—1949)》(第18册),中央文献出版社2011年版,第242页。

③ 李维汉:《陕甘宁边区简政实施纲要》,载《李维汉选集》,人民出版社1987年版,第174页。

现了边区的民主政治。

1939 年,边区政府的"施政纲领"提出直接民主的施政目标,"采用直接、普遍、平等、不记名的选举制"①,增强人民的自治能力。

边区实行普遍平等的选举制,定期选举各级政府官员和参议员,是陕甘宁边区民主政权的首要特点,使一切抗日的阶级、阶层、党派和各族人民享有充分的民主权利,即凡满 18 周岁赞成抗日根据地的中国人,不分阶级、党派、职业、宗教、民族、财产和文化程度,均有选举权和被选举权。

1937 年至 1945 年,进行了三次普选。选举中,坚持普遍、直接、平等、自由的原则,实行一人一票,效力相等,并根据交通不便和群众的文化程度实际情况,采取灵活多样的投票方式,有票选法、豆选法、画圈法、画杠法、烧洞法、背箱法等。

在民主制度下,地主、绅士、资本家已事实上恢复了公民权、选举权和被选举权,有的当选为参议员;各抗日党派,也有了公开活动和竞选的自由。下表是固林、延长、安定、曲子四县 1939 年群众直接选举的结果,当选各阶级、阶层代表的百分比②如下:

固林、延长、安定、曲子四县 1939 年群众直接选举的结果

	县级	区级	乡级
工人	4	4	5.6
贫农	65	67	71.4
中农	25	22	17
富农	1	2	2
商人	1	1	2
知识分子	2	2	1
地主	2	2	1

---

① 中共中央文献研究室、中央档案馆编:《建党以来重要文献选编(1921—1949)》(第16册),中央文献出版社 2011 年版,第 159 页。

② 参见中共中央文献研究室、中央档案馆编:《建党以来重要文献选编(1921—1949)》(第16册),中央文献出版社 2011 年版,第 61 页。

各级选举会议中，边区民众参政议政的积极性很高，除看家的、有病的及个别小脚妇女外，百分之七十以上选民参加选举；听取各级政府报告，提出质问，均有提案和批评意见；选举名单公布后，乡民热烈讨论，反对者被取消；拥护者当选。① 在 1939 年选举中，安塞四区一乡，盘龙区，一、三、五乡干部，群众批评最多；而延安北一区干部广泛获得选民赞誉。②

边区选举已把程序公正和事实公正有机融合起来。百姓传唱着"青青的天，白白的云，选举不分各阶层，男女穷苦齐平等，自己来管自己事，不许任何人来欺压我们"③的歌谣，表达对民主选举的拥护。

1940 年 3 月 6 日，中共中央正式提出抗日民族统一战线的政权在人员构成上实行"三三制"。1941 年制度化为政权组织形式，"本党愿与各党各派及一切群众团体进行选举联盟，并在候选名单中确定共产党员只占三分之一，以便各党各派及无党派人士均能参加边区民意机关之活动与边区行政之管理"，"共产党员应与这些党外人士实行民主合作，不得一意孤行，把持包办"。④

"三三制"原则在共产党局部执政区域全面实施后，参议会使各个阶层的意见得到充分反映，进一步把中国共产党实施的民主政治制度化和规范化，保证了抗日民主政权阶层构成的广泛性，并因将政权基础扩大至工农群众以外的其他进步阶级阶层，而使其具有了更广泛的民主性。

抗日政府的民主还体现在：民选政府的权力源于群众，倾听群众呼声，为群众做事，为群众谋幸福；群众敢于批评政府、监督政府，撤换不满意的政府工作人员，觉得政府是自己的政府，是自己手中的工具；实行党政分开，政

---

① 参见中共中央文献研究室、中央档案馆编：《建党以来重要文献选编（1921—1949）》（第 16 册），中央文献出版社 2011 年版，第 62 页。

② 参见中共中央文献研究室、中央档案馆编：《建党以来重要文献选编（1921—1949）》（第 16 册），中央文献出版社 2011 年版，第 61 页。

③ 《要在全国人民面前作出更好的榜样》，《解放日报》，1945 年 10 月 15 日。

④ 中共中央文献研究室、中央档案馆编：《建党以来重要文献选编（1921—1949）》（第 18 册），中央文献出版社 2011 年版，第 242 页。

府工作人员不经政府主管领导不能随意调动工作。① 这种政权模式既保证边区人民有权参政,又提供了人民监督政府和中共领导的制度保证。

(二)发展经济,举措得力

发展边区经济,增强抗战实力是建设边区的首要问题。1939 年至 1945年,陕甘宁边区政府先后制定和实施一系列发展经济的法律、法令、条例、章程、办法等,形成了比较完整、系统的经济法律体系。具有较强政策内容的法律法规共 77 条。其中税务税收类 26 条;商业贸易类 12 条;农林土地类 11条;金融类 8 条;经济管理机构及社团类 8 条;工业交通类 7 条;财政公债类4 条;债务类 1 条。②

边区政府颁布的 76 条法律法规集中在 1941—1944 年,这与国民党 1941年初大规模封锁边区、停发军饷有关。自 1941 年,边区政府制定、完善并实施相对完备的经济政策,使边区经济管理和经济活动在法律调节下有序运行。

政府施政纲领规定了发展经济的各项举措,如在土地分配区域,保证农民私有土地制;土地未分配区域,实行减租减息政策。确定了私人财产所有权,保护边区人民由土地改革所得之利益。实行合理的税收制度,实施程度不同的累进税制。发展工业生产和商业流通,奖励私人企业,实行自由贸易,反对垄断统制,发展合作事业,扶助手工业发展。"废止高利贷,政府举办低利借贷,奖励合作社之发展。"③

经济法规规范了经济秩序,推动了边区经济迅速发展:减租减息政策减轻了农民受地租和高利贷的剥削程度:奖励优待移难民垦荒等政策,增加

---

① 参见中共中央文献研究室、中央档案馆编:《建党以来重要文献选编(1921—1949)》(第 17册),中央文献出版社 2011 年版,第 490 页。

② 《陕甘宁边区政府文件选编》(1-9 辑),档案出版社 1986—1990;《抗日战争时期陕甘宁边区财政经济史料摘编》(1-9 辑),陕西人民出版社 1981 年版;《陕甘宁边区革命根据地史料选辑》(1-3 辑),甘肃人民出版社 1981-1983 年版。

③ 中共中央文献研究室、中央档案馆编:《建党以来重要文献选编(1921—1949)》(第 16 册),中央文献出版社 2011 年版,第 160 页;《建党以来重要文献选编(1921—1949)》(第 18 册),第 242～243 页。

563 万亩可耕地面积,解决了缴纳公粮问题。成立农贷委员会,为农业发展提供了有力的资金支持;修建水利工程,解决灌溉问题;改进耕作方法,提倡多种途径积肥,提高土壤肥力;实行互助合作,形成各种劳动互助组织,提高了劳动生产率。

边区政府也采取一系列发展工商业的方针和政策:大力发展公营工业和商业,保护和发展合作社经济、个体经济及有利于国计民生的资本主义工商业。1944 年各类合作社达六百三十四个,股金达到七亿三千万元(边区货币)①,对支援工农业生产、活跃市场、稳定物价起了重要作用。

建立和完善财税体系,仅在 1939 年就取消 42 种苛捐杂税,实行统一税制,减低税率,边区人民税收的负担比革命前减少了一倍以上。②

边区的一系列经济法律法规不仅促进经济发展、生产有序,还有效地促进各种经济成分的合法权益。边区私有土地、租赁权利、债务、私有财产、私营厂矿企业和私营商业都受到法律保护,使新民主主义经济呈现百花齐放的局面。

(三)严明法纪,人民司法

延安时期,中国共产党根据边区建设的实践经验,制定了具有宪法性质的文件《陕甘宁边区施政纲领》,陆续颁布了陕甘宁边区《惩治贪污条例》《婚姻条例》《抗战时期惩治盗匪条例(草案)》等 12 个实体法律③,以及《陕甘宁边区选举条例》《陕甘宁边区政府关于安置难民的指示》等具有法律性

① 《林伯渠:陕甘宁边区政府对边区第一届参议会的报告》,载西北五省区编撰领导小组:《陕甘宁边区抗日民主根据地》(文献卷上),中共党史资料出版社 2011 年版,第 25 页。

② 参见中共中央文献研究室、中央档案馆编:《建党以来重要文献选编(1921—1949)》(第 16 册),中央文献出版社 2011 年版,第 70 页。

③ 主要有《惩治贪污条例》(1939)、《婚姻条例》(1939)、《抗战时期惩治盗匪条例(草案)》(1939)、《抗战时期惩治汉奸条例(草案)》(1939)、《债务条例(草案)》(1941)、《保障人权财权条例》(1942)、《土地租佃条例草案》(1942)、《抗属离婚处理办法》(1942)、《关于土地典当纠纷处理原则》(1943)、《关于旧债纠纷处理原则》(1943)、《抗属离婚处理办法》(1943)、《地权条例草案》(1944)。参见侯欣一:《从司法为民到人民司法——陕甘宁边区大众化司法制度研究》,中国政法大学出版社 2007 年版,第 207 页。

质的文件。

这些实体法及文件，成为边区社会发展的基本准则。1937年10月，军功卓越的老红军黄克攻逼婚未遂，开枪打死了女学生。时任陕甘宁边区高等法院院长雷经天，面对络绎不绝为黄克攻说情的人，感到为难。毛泽东致信雷经天说："他犯了不容赦免的大罪……如为赦免，便无以教育党，无以教育红军，无以教育革命者，并无以教育一个普通的人。"①案件的审理在延安引起了强烈反响，所有人认识到：共产党不是凌驾于社会和人民之上，新民主主义社会是法纪严明的社会。

中国共产党经历近7年的探索实践，辩证地否定了陕甘宁边区初期的苏维埃司法制度和1942—1943年的司法专门化改革，1943年确立了大众化司法制度——"马锡五审判"方式：深入调查研究，联系群众，了解案情；把政府法令、照顾群众习惯和利用群众中有威信的人物进行调解有机结合；其诉讼手续简单轻便，审判方式是座谈式而不是坐堂式。不敷衍，不拖延，早晨、晚上、山头、河边，群众随时随地都可要求拉话，审理案件。②"马锡五审判方式"使"审判"与"调解"、"法庭"与"群众"有机结合，初步实现了"建立便利人民的司法制度"的目标。③

大众化司法制度的最大特点是民众广泛参与审判活动，参与方式主要有：人民参审、就地审判、旁听发言、人民团体代理、人民调解、群众公审等。对影响较大的案件，采用公开、群众集会的方式，既使民众知晓、接受民众监督，又教育民众。在大众化司法制度确立过程中，人民调解制度也逐步形成，人民群众广泛参与到司法过程之中，与司法人员共同审判案件。

大众化司法是党的群众路线贯彻到司法领域的必然结果。人民司法制

---

① 《毛泽东致雷经天信》，载西北五省区编撰领导小组：《陕甘宁边区抗日民主根据地》（文献卷下），中共党史资料出版社1990年版，第160页。

② 《马锡五同志的审判方式》，《解放日报》，1943年3月3日。

③ 中共中央文献研究室、中央档案馆编：《建党以来重要文献选编（1921—1949）》（第16册），中央文献出版社2011年版，第159页。

度的确立意味着共产党实现了从司法为民到人民司法的转变,极大提高了边区办案效率,减少了诉讼案件,对发展生产、节约资源、安定社会秩序起到积极作用。中国共产党司法为民形象深入人心,创立的人民司法制度影响深远。

(四)廉洁政府,政治清明

边区政府建立 2 周年之际,主席林伯渠宣布,边区已建成廉洁的抗日的全民政府,各级政府的工作人员一律实行津贴制度,不发薪俸,收入不超过普通工人工资的水平。"边区行政长官每月最高的津贴也只有五元,各县县长每月津贴二点五元,每天粮食一斤四两,菜钱四分,县政府每月办公费平均在二十元至三十元之间。"①对于管理拥有一百多万人口和十几万平方公里地域的边区政府,行政开支如此少,实属罕见。

为保证边区政权工作人员廉洁奉公,边区政府制定了一系列制度和公约。1943 年的《政务人员公约》中规定:"公正廉洁、奉公守法。"其注释写道:"这是我们政务人员应有的品格,要在品行道德上成为模范、为民表率。"边区政府工作人员严格按照此规定行动,树立了廉洁奉公的形象。边区银行行长黄亚光长期居住在延安,多次收到家书,得知母亲生病,女儿生活需要接济,他愧疚万分,但他从不向组织伸手,只拿自己节约的津贴或向别人借钱寄给家里。政府领导的身体力行,为边区工作人员做出了榜样,边区政府成为廉洁政府。

(五)改造社会,成效显著

中国共产党在延安局部执政时期,通过普及文化教育,改造社会不良分子、倡导文明生活方式,发展社会医疗卫生事业,边区社会风气逐渐纯正。

改善卫生条件,民众相信科学。陕甘宁边区地处偏僻、贫穷落后,当地巫神活动泛滥。边区政府一方面毫不手软地予以取缔,处罚伤害人命、造谣

---

① 中共中央文献研究室、中央档案馆编:《建党以来重要文献选编(1921—1949)》(第 16 册),中央文献出版社 2011 年版,第 63 页。

惑众的巫神,另一方面利用"小学校、干训班、自卫军、读报识字小组、黑板报、歌谣、戏剧、秧歌、书报、图画、庙会、展览会等"[1],普及卫生运动。同时,普遍设立医院、保健药社,成立助产训练班,开设药店等,服务乡村民众。边区逐渐形成了相信医生、反对迷信的好风气。

废除包办买卖婚姻、严禁妇女缠足和鼓励妇女参政。边区政府于 1939年 4 月颁布了《陕甘宁边区婚姻条例》,主张婚姻自由、男女平等。同年 8 月颁行的《陕甘宁边区禁止妇女缠足条例》规定,如有违反者,"一经查出即科(课)处其父母或其家长半年以下之有期徒刑"[2]。农村地区妇女清除了缠足枷锁。边区妇女还获得了一定自由和平等的社会地位,第二届参议会选举中,被选为乡级参议员的 2005 人,县级的 167 人,边区参议会参议员 17 人。[3]她们虽是妇女中的极少数,但边区妇女的参政意识和能力得到前所未有的发展。

发展文化事业,普及文化教育。边区曾是一块文化教育的荒地,文盲达99%。中国共产党在边区大力发展文化教育事业,"消除文盲"和"提高民众的政治文化水平"。[4] 边区举办冬学班、识字班、夜校、半日学校、民教馆等形式,让民众学习识字,并普及军事训练、生产知识和卫生知识。边区政府还开创了用新文字扫盲的实验——20 年代瞿秋白和吴玉章等创造的中国字母文字。[5] 实验推行仅三年由于种种困难而停止,但对中华人民共和国制定《汉语拼音方案》,研究文字改革提供了有益经验。

改造"二流子",铲除鸦片赌博。"二流子"乃好吃懒做、惹是生非之辈,对乡村社会危害极大。政府组织他们参加生产劳动,在经济上给予帮助,精

---

① 黄正林:《陕甘宁边区乡村的经济与社会》,人民出版社 2006 年版,第 330 页。

② 《陕甘宁革命根据地史料选辑》,甘肃人民出版社 1981 年版,第 43~44 页。

③ 陕甘宁边三省区妇联编:《陕甘宁边区妇女运动大事记述》,陕西省妇女联合会 1987 年版,第 101 页。

④ 陕西师范大学教育研究所编:《陕甘宁边区教育资料:教育方针部分》(上),教育科学出版社 1981 年版,第 134 页。

⑤ 《推行新文字与扫盲教育(社论)》,《解放日报》,1941 年 6 月 4 日。

神上不歧视,使之成为自食其力的劳动者①,减少了匪患,社会秩序得以安定。边区政府颁布法律法规,严禁种植和吸食鸦片,民间鸦片的种植被禁止,吸食鸦片的恶习在乡村也近乎绝迹。

四、多渠道宣传,执政形象凸显

延安时期,党地处偏远的陕甘宁边区,信息传播渠道不通畅,加上国民党的信息封锁和舆论反战,共产党的正面形象传播受到极大阻碍。共产党采用多种形式和方法,积极扩大局部执政的影响力。

（一）发挥报刊图书的主力传播作用,宣传报道延安

延安时期党中央先后恢复和创办了《红色中华》《新中华》《解放日报》《边区群众报》《共产党人》《中国工人》;在晋察冀边区创办《人民日报》;在国统区创办了《救亡日报》《群众》《新华日报》,初步形成从根据地到国统区的中共中央报刊系统。

这些报纸向边区和各根据地及时传达中共中央的声音,宣传其路线、方针、政策。在国统区,通过报纸真实、及时的报道,打破了国民党的新闻封锁,为国统区人民保留着一个了解真相的窗口。1941 年 8 月,新华社主办外文宣传刊物《中国报道》,从第 5 期开始使用英文撰写,每月一期,油印后寄香港保卫大同盟办事处对外转发或通过在重庆的外国记者转发到国外。

同时,中国共产党也运用图书传播信息,出版了反映万里长征的战斗及奇闻佚事、民情风俗的《长征记》;为批驳少数人攻击边区为"封建制度""破坏统一",向中外人士全面、忠实介绍陕甘宁边区的《陕甘宁边区实况录》;出版了反映解放区新面貌的新秧歌剧本,包括《保卫和平》《山药蛋》《夫妻劳军》《瞎子开荒》等。这些书籍使更多人了解真实的边区和共产党的局部执政情形。

---

① 中共中央文献研究室、中央档案馆编:《建党以来重要文献选编(1921—1949)》(第 16 册),中央文献出版社 2011 年版,第 159 页。

（二）运用广播和电影媒体增强传播效果

中国共产党加强通讯事业建设，创建人民广播事业。新华社从《新华日报》中独立出来，并在敌后抗日根据地成立了华北、晋察冀、山东、华中等分社，形成了以延安总社为中心的通讯网。

新华社的延安新华广播电台，向国内外传播根据地军民的实际情况，积极宣传党的各项政策和主张。1944 年，新华社建立了英文广播部，负责播发《解放日报》和新华社英文文字电讯，更好地向世界人民宣传共产党的政策及边区。

电影作为具有最广泛群众性的艺术，发挥其宣传及组织群众的能力。1938 年，党中央在八路军总政治部隶属下成立电影团，结束没有电影事业的历史。电影团在 8 年间，克服物质、技术和生活上的各种困难，摄制出《延安与八路军》《十月革命节》《生产与战斗结合起来》《白求恩大夫》《延安各界纪念抗战五周年》《延安各界庆祝百团大战胜利大会》《延安九一扩大运动会》《国际青年节大会》等，使电影也成为有力宣传工具。其中，1943 年 2 月 4 日晚以大生产运动为背景电影《生产与战斗结合起来》在王家坪军委礼堂举行首映式，《解放日报》次日进行报道，引起边区各界的关注。重庆《新华日报》也及时转载报道，在国统区产生了极大的影响。

（三）发挥民众组织的传播作用

延安时期，抗战形势催生了许多基层社会组织，如少年先锋队、妇女生产队、救护队、慰劳队、宣传队、劳动互助队、战地服务团、抗日救援会等。这些组织遍布基层和乡村，基层群众的大部分活动都在这些社会组织中进行。基层党组织通过做好这些社会组织的工作，让基层社会组织出面，以合作社等名义开展活动，把读报活动搬到田间地头和社会的各个角落。一些办得好的民教馆，利用集市、庙会进行宣传活动。基层社会组织还采取文化棚、散分宣传画报的形式，讲解国家大事、生产、卫生常识。通过社会组织，共产党密切联系群众、为人民服务的形象有效地传播到了基层和实处。

西北战地服务团是活跃在抗日前线的一个组织，该团在当时的影响极大。为了到前线宣传,该团排练独幕剧,练唱抗日救亡歌曲、大鼓,说相声,绘制宣传画,书写抗战标语。在去往前线的途中,他们满怀热情走一路宣传一路,驻一村宣传一村,为抗日军民演出秦腔、京戏、大鼓、相声等节目,演出了大型话剧《八百壮士》《突击》和许多独幕剧。他们的宣传在全国产生了广泛影响,不仅激励了人民的抗战热情,更让更多的人深入了解了共产党及其政治主张。

(四)吸引国际力量进驻延安,扩大国际影响

中国反侵略战争与世界反法西斯斗争密切相连,但"在国外,由于国民党的封锁政策,很多人被蒙住了眼睛","对于解放区几乎是什么也不知道的"。[①] 中国共产党促进国际社会了解自己及领导的军队和解放区,十分必要。

1936 年 7 月,美国著名记者埃德加·斯诺冲破国民党的重重封锁前往陕北苏区采访。他将陕北之行的所见、所闻、所感写成了闻名世界的《红星照耀中国》,第一次向全世界报道了中国共产党,引起国际社会的强烈反响。1944 年 6 月,由美联社、路透社、合众社、《纽约时报》《时代杂志》《泰晤士报》为主组成的中外记者西北参观团到达延安,在延安进行了为期一个月的采访。西方记者们首次系统、全面地报道了中国共产党。1944 年 7 月,以包瑞德上校为团长的美军观察组到延安访问,在发回美国的报告中说"共产党的政府和军队是中国近代史中第一次受有积极的广大人民支持的政府和军队。他们得到这种支持,是因为这个政府和军队真正是属于人民的"[②],客观上向世界肯定了中国共产党的执政能力及其合法性。

五、余论

(一)执政能力突出是中国共产党塑造合法执政形象的根本。延安时

---

① 毛泽东:《论联合政府》,载《毛泽东选集》(第三卷),人民出版社 1991 年版,第 1054 页。

② 世界知识出版社编:《中美关系资料汇编》(第 1 辑),世界知识出版社 1957 年版,第 590 页。

期,中国共产党制定了切合实际的经济、政治、社会、文化等政策,通过党员干部扎扎实实的苦干和引领示范,使原贫穷落后边区人民的精神面貌焕然一新,平等观念深入人心。中国共产党通过实绩树立了高效执政的形象。

(二)协商民主制度是塑造民主执政形象的重要保证。延安时期,中国共产党创设了吸引最广泛力量参与的"三三制"民主政府,并使之制度化,有效调动社会各方力量参政、议政的积极性、主动性,是协商民主的成功实践,中国共产党树立了民主执政的形象。

(三)普遍、直接、平等、自由的选举制度和群众对领导干部的有效监督,是中国共产党塑造依法执政形象的关键。延安时期,政府官员和参议员皆由群众直选而产生,群众选出自己满意的领导;领导干部受到群众的监督和制约,工作兢兢业业、脚踏实地,对群众负责。中国共产党树立了廉洁执政的形象。

(四)人民群众对共产党执政形象的认同是赢得执政合法性的根基。抗战时期,中国共产党全心全意为人民服务的宗旨贯彻实施、边区各项事业的蓬勃发展和人民生活的不断改善,与国民党的执政形象形成鲜明对比,导致日后国共两党政治地位的互换,最终赢得了政治合法性。

延安时期,中国共产党在民族危难之时奋发图强,通过加强自身建设、经济改革、执政体制建设和改造社会等举措,打造了清正廉洁、民主高效、执政有方的政党形象,赢得根据地民众、国统区爱国民主人士和海外进步人士的广泛赞誉,客观上树立了中国共产党的执政形象,为中国共产党赢得民族战争和解放战争的胜利奠定了基础。

《新华日报》与中国共产党领袖形象大众化传播

（中共福建省委党校科社与政治学教研部　刘兴旺）

【摘要】延安时期，如何将领袖形象传播到国统区，让已经在三民主义灌输教育下的民众对比、了解，进而认同中国共产党，是党的建设、革命发展以及推进马克思主义中国化的需要。《新华日报》是中共中央机关报，是中共得以在国统区与各界人士展开沟通的合法媒介。报纸因应不同历史时局需要，刊登中共领袖经典文本，诠释中共领袖思想，介绍中共政策路线方针，报道中共领导人活动，这些不同历史主题的传播，拓展了以媒介为中心的中共形象传播路径选择，实现了延安时期中共形象在国统区的传播与认同，具有重要的历史意义。

【关键词】新华日报　领袖形象　传播

中国共产党领袖思想与中国共产党形象具有高度关联性，其传播直接影响中共对于国民的影响力与号召力。基本具备理论形态的毛泽东思想，具有概括性和凝练性之特质，是共产党人所主张之"主义"的高度浓缩，具体体现在毛泽东等领导人因应党的建设、国共斗争形势以及时局之需要所发表的理论文章之中，也体现在中共中央的具体政策主张及以毛泽东为主的共产党人的政治活动之中。显然，在当时的背景下，国统区开展的对领袖思想的大众化传播，更多地体现为对后者的报道和阐述上。《新华日报》充分利用报纸传播载体,以新闻呈现事实,以论战解证道理,以副刊沟通情感,以广告阐释具象,以公关推进谋略,通过这些不同手段的实施,传播中共对时局的判断、见解和主张。同时,利用各种重大历史事件和危机事变,如抗日战争、皖南事变、国民参政会,鲜明地提出共产党人的主张,彰显共产党人的立场,树立共产党人的形象。阶段性考察《新华日报》传播毛泽东思想的内容与形式,阐释和解读其对党的领袖群体的宣传,可以从一侧面窥见毛泽东思想传播与大众认同的历史。

一、由秘密到公开:《新华日报》诠释与建构领袖思想的由来与概况

延安时期,中国共产党取得迅猛发展,在思想和意识形态建构上,毛泽东已经确立并开始实施"夺取政权的中国式道路",并写完了 1949 年以前的全部重要理论著作。① 在这一阶段,如何在"思想上、政治上、组织上巩固党"②,并向解放区的对立政权——国统区,正确传播"毛泽东的学说","提高党员群众和人民群众的觉悟水平"③,实现以"革命的""联俄的""真三民主义反对假三民主义,争取中间性的三民主义"④的革命策略,让国统区人民意识到"有两种中国之命运,光明的中国之命运和黑暗的中国之命运"⑤,是中共政治斗争的迫切需要与理论建设的重要任务。

作为国共第二次合作成果的《新华日报》,成为在国统区发行的唯一合法的中共中央机关报,因而肩负结束"党的各项政策只能靠秘密的油印刊物传达"的历史的责任。利用合法的党报身份,借助政治传播规律,实现直接

① [英]斯图尔特·R·施拉姆:《毛泽东的思想》,田松年等译,中国人民大学出版社 2013 年版,第 8 页。

② 毛泽东:《发刊词》,《共产党人》第 1 期(1939 年 10 月 4 日),第 1 页。

③ 《中共中央关于健全各级宣传机构和加强党的宣传教育工作的指示》,《建国以来重要文献选编》(第 2 册),中央文献出版社 1992 年版,第 129 页。

④ 毛泽东:《反投降提纲》,载《毛泽东文集》(第二卷),人民出版社 1993 年版,第 219 页。

⑤ 毛泽东:《两个中国之命运》,载《毛泽东选集》(第三卷),人民出版社 1991 年版,第 1025 页。

通过"重要负责同志(毛泽东等)的论文"及其解读,宣传和反映党的理论与政策,①使领袖思想为国统区人们所熟知。其对领袖思想的诠释,不仅提升了中共在国统区的认知度、美誉度和公信力,也使其赢得社会各界的理解和支持,更为其获取抗日民族统一战线领导权、巩固政党地位和树立政治权威奠定了坚实基础。

《新华日报》传播领袖思想的基本方式,主要是通过报社公关实践、报纸议题设置来进行。如为了应对国民党严格的审查制度,报纸首创社论"开天窗",即空出版面来回击检查。对删除的社论只登标题,标题文字读者一见即明。1943 年底,报纸就是通过"断章刊登"的方式躲过了国民党的检查,刊载了毛泽东的《在延安文艺座谈会上的讲话》,产生了深远的政治影响。在议题设置上,报纸始终以时局为线索,历时 9 年的办报大致以抗日、民主、联合政府三个主题来发声。报纸或借纪念活动、重庆和平谈判、国民参政会专题来争取民主和言论自由,要求政府"行动应法律化,设施应制度化,体制应民主化"②;或通过抗战报道来传达毛泽东持久战的思想;或以民生问题的报道,展示共产党对民众疾苦的关心。1941 年,大资产阶级财团从重庆物价高涨中得利,国民政府为保政权对其置之不理。《新华日报》直接刊载《解决粮食问题的症结》,揭露粮价上涨的根本原因是大地主大资产阶级的剥削。

《新华日报》从文本的阐释传播上,通过原理内涵的发掘,理论提出的分析,革命贡献的肯定与理论分歧的批评,以此展示领袖思想的价值,向读者传达其在政治思想和革命理论中的双重权威性。根据国共两党实力对比以及毛泽东在党内领袖权威状况,《新华日报》直接刊登的对毛泽东等的宣传与解释文章数量略有不同,呈现递增趋势,根据北京图书馆 1963 年版《新华日报索引》统计,可以看到"毛泽东直接署名或者提及的文章"从 1940 年的 7篇到增加到 1945 的 35 篇,增加了 4 倍多;其他作者对毛泽东思想的诠释和

① 中央档案馆:《中共关于党报问题给地方党的指示》,载《中共中央文件选集》(第 11 册),人民出版社 1991 年版,第 489 页。

② 《请确立民主法制制度以奠定建国基础案》,《新华日报》,1939 年 2 月 14 日。

解读文献也不断递增,在高峰时期,如对"矛盾论、实践论问题解读"达 12 篇,对"集体观、群众观等伦理问题解读"达 89 篇之多。

这些诠释文章既非孤立抽象的阐释,更非脱离实际的颂扬,而是在两党两国的比较中,在抗战的实际背景下加以认知,呈现三个特点:一是与革命时局紧密结合,1938—1939 年借助抗战主题,1940—1944 年借助民主主题,1945—1947 年借助联合政府主题对中共领袖思想进行革命性诠释,通过对毛泽东等领袖革命思维的诠释,总括革命方案、方式指导中国的革命实践。二是将中国的传统文化和国统区现实社会相结合,含情入理,促进国统区人民的理解与接受。如《关于武松》讽刺了带有奴性的反动派。《谏官与马》则借唐玄宗权臣李林甫垄断朝政暗语当时的专制政体。连载郭沫若的《甲申三百年祭》,劝解反动派的同时教育我党,戒骄戒躁,避免重蹈封建统治者深陷历史周期律的怪圈,成为中共重要的整风文件。三是立足于文本视域,使得毛泽东等领导人关心中国时局与百姓疾苦,具备正确领导中国革命事业建设的领袖形象跃然纸上,达到恰如伽达默尔所指出的以"独自存在的视域的融合过程"达致读者的理解认同的效果,具有强烈感染力与号召力。比如1938 年 7 月 5 日,毛泽东以中国共产党参政员身份,联合陈绍禹、秦邦宪、林祖涵、吴玉章、董必武、邓颖超发表《我们对于国民参政会的意见》,指出了国民参政会对于团结全国抗战力量和走向民主化初步开端的作用与意义。借此毛泽东为全国人民构想了未来全权的人民代表机关,全国军民动员、普遍组织民众、扩大民主和改革政治机构等蓝图。①

《新华日报》通过多样化的版面设计,多手段的传播策略,多渠道的公共关系,推进了毛泽东思想为国统区人们所认知、认同和接受,从而影响和推进中国革命、社会的发展进程。

---

① 参见《我们对于国民参政会的意见》,《新华日报》,1938 年 7 月 5 日。

二、求同存异:国共合作初期《新华日报》重点宣扬团结抗战

1938—1939 年,中国抗日战争从防御逐步进入到相持阶段。《新华日报》作为国共第二次合作的成果之一,得以进入国统区,向长期受国民党一党教育的民众传播中共的声音。因此,此时报纸的传播重点主要是借助对三民主义与共产主义的共同点的阐述,诠释中国化的马克思主义,传达中共愿与国民党精诚合作,团结抗战的意愿。作为中共领袖思想与国统区民众正式亲切接触的开始,毛泽东本人致电中共南方局、新华日报社,指出:在外交政策问题及内政改革上,应与各中间派报纸的某些正确观点采取统一战线态度,不采取对立态度,以便有力地打击投降派。①

寻找三民主义与共产主义的共同点,诠释中国化的马克思主义。毛泽东承认"孙中山先生的三民主义为中国今日之必需,本党愿为其彻底的实现而奋斗"②。他认为三民主义与共产主义能够相容,而主张民生主义的国民党,也应该去研究共产主义。恰如《论新阶段》一文所言,任何忠实的马克思主义者应该懂得,"只有现实的实际任务获得尽可能彻底的完成,才能有根据有基础地发展到将来的远大理想那个阶段去。所谓将来的远大理想,就是共产主义","所谓现在的实际任务,就是三民主义"。③

团结抗战成为这一时期的传播重点,理论观点借此隐晦表达。《新华日报》以抗战电文启事或以新四军平江通讯处的挽联,来宣誓团结抗日的决心;以对苏联等社会主义国家贺电及开除张国焘党籍的决定,来体现中共的马克思主义政党立场;以国民党五中全会的贺电,来展露毛泽东的新民主主义建国主张;以本党历史材料及领导人传记启事,促进经典文本的传播。两年间《新华日报》共刊登此类展示中共领袖主张的贺电 20 余条。对毛泽东

---

① 南方局党史资料征集小组编:《南方局党史资料大事记》,重庆出版社 1986 年版,第 102 页。
② 此时毛泽东对三民主义的态度延续了 1937 年《为公布国共合作宣言》以及《国共合作后的迫切任务》的观点。
③ 《论新阶段》,《新华日报》,1938 年 12 月 7 日、12 月 10 日。

等人的政治活动报道也配合上述主题。六中全会后,报纸发出《中国共产党扩大的六中全会给东北义勇军及全体同胞电》《中国共产党扩大的六中全会告全国同胞、全体将士和全党同志书》,电召"无论如何要坚持长久的抗战,坚持国共两党的长期合作"①,并致电蒋介石,指出"在由战略防御转入战略相持的过渡时期",需建立"互敬糊商之工作办法,亲密两党间关系"②。《新华日报》还刊载了毛泽东给抗大四期毕业同学的手书题词"继续努力,以求贯彻"③,题词后来成为抗战时期一句响亮的口号。

　　游击战、持久战是毛泽东军事思想的重要内容,也是中共革命话语传播与建构的重要内容。《新华日报》通过毛泽东对中国抗日时局的关注分析呈现上述内容。一方面,主动诠释解读"持久战"的战略军事思想,统一和提高民众对抗日游击战略地位的认识。报纸斥两版并附照片刊载了《抗日游击战争的战略问题》,坚持独立自主的游击战争与国民党正面正规战争在战略上具有同等重要的意义。"抗日游击战争的战略纲领,是达到保存和发展自己,消灭和驱逐敌人,配合正规战争,争取最后胜利的必要途径。"④另一方面,主动迎击驳斥其他言论。"七七"特刊刊登了毛泽东为抗战两周年纪念亲笔撰写代论《当前时局的最大危机》,藉以答复自《论持久战》和《论新阶段》出版之后某些方面的责难、挑战与质肆。文章反击"所谓和战问题竟闹得甚嚣尘上,投降的可能就成了当前政治形势中的主要危险;而反共,即分裂国共合作,分裂抗日团结,就成了那班投降派准备投降的首要步骤","中华民族的历史任务是团结抗战以求解放"。"反对投降和分裂——这就是全国一切爱国党派、一切爱国同胞的当前紧急任务。"⑤

　　政治思想是一种政治符号共识(共同解释),核心在于相互说服的心理

　　① 《中国共产党扩大的六中全会告全国同胞、全体将士和全党同志书》《中国共产党扩大的六中全会给东北义勇军及全体同胞电》,《新华日报》,1938年11月29日。
　　② 《中国共产党扩大的六中全会致蒋委员长电》,《新华日报》,1938年12月6日。
　　③ 《继续努力,以求贯彻》,《新华日报》,1938年9月1日。
　　④ 《抗日游击战争的战略问题》,《新华日报》,1938年6月21日。
　　⑤ 《当前时局的最大危机》,《新华日报》,1939年7月7日。

过程与公信力的建构。能否以通俗而具感召力的思想来吸引和凝聚群众是国共两党政治话语争夺战成败的关键,国民党"文胆"陈布雷也称服于毛泽东"通俗好懂又具号召力"的理论。"坚持抗战,反对投降""坚持团结,反对分裂""坚持进步,反对倒退"这一系列口号的喊出,表达了中共的政治主张和要求,建构了团结持久抗日的政治话语,将中共理论形象呈现在读者面前。

三、以我为主:抗战中后期《新华日报》重点传播中共领袖形象 与主张

1940—1944 年,毛泽东认为,抗日战争逐渐从战略相持走向战略反击阶段。依据这一判断以及国共两党斗争形势,《新华日报》采取以革命的真三民主义对抗国民党专制的假三民主义的宣传攻势来宣誓民主这一主题。在中共理论宣传上,主要通过对整风运动阐释,树立中共的思想权威。与此同时,这一时期中共领导的解放区经济得到极大恢复,毛泽东的新民主主义理论达致成熟,通过延安整风,使得全党思想得到统一,中共有了更多的经济自信与理论自信,这些都可以从《新华日报》的报道中体现出来。

在真假三民主义论题上,毛泽东认为,虽然三民主义与共产主义在资产阶级民主革命阶段的政纲上表现"基本相同",但也有着原则区别。他指出,蒋介石的"除三民主义外不允许共产党有自己的共产主义的信仰"是"走不通的道路和做不到的办法。这是违背孙中山先生的理论的",因而有必要借助《新华日报》将整风运动的思想和成果传达给国统区的民众与中共地下党员,也借此展示中共新风气,传达中共治党思想与革命的三民主义,抵制国民党的假三民主义。

整风运动与文艺批评是这一时期传播的重点。《新华日报》清晰传达了中共将要肃清主观主义宗派主义必须肃清党八股","精神上物质上都不能允许党八股继续存在"①。这一观点体现在整风时期大量刊载的相关文献

---

① 《毛泽东、凯丰两同志论述清党八股》,《新华日报》,1942 年 3 月 29 日。

中。如《论主观主义》《反对教条主义》《再论我们怎样学习》《造成学习热潮》等由周恩来、董必武、陆定一、徐特立等宣传诠释整风运动的 60 余篇文章(包括漫画、语录)得到刊发,还刊发了(中共中央宣传部)《宣传指南》。毛泽东批评部分党员的狭隘的关门主义或宗派主义的错误思想和作风。他认为共产党员只有对党外人士实行民主合作的义务,而无排斥别人、垄断一切的权利。主观主义和关门主义不打破,革命将不能成功。① 1944 年,通过《文艺座谈会讲话摘要》《在延安文艺座谈会上的讲话》提要介绍等,传达毛泽东同志对文艺问题的意见:"文艺上的为群众和如何为群众的问题;文艺的普及和提高","无产阶级的文学艺术是无产阶级整个革命事业的一部分","文艺服从与政治","我们的文艺,第一是为着工农兵"。② 从这些文本中受众可以领悟到,毛泽东文艺思想是借鉴与发展了的列宁文艺思想,体现出文学党性与人民性原则的统一,是以人民为本位的革命文艺构想,其文艺观是意识形态思想的延伸,突出了文艺批评作为思想斗争武器的现实功能。

《新华日报》开辟了对经济、政治思想的专题介绍,逐步将以毛泽东本人为主体的核心符号进行凝练。首先,"毛泽东语录"已然呈现于报头,毛泽东的话语权威性得到提升。如 1940 年刊登毛泽东手书"正义战争必然战胜侵略战争——祝国际反侵略运动大会中国分会之成功"③;直接刊载毛泽东为七七四周年手书——团结④。其次,在对毛泽东政治活动的报道上,更加突出毛泽东的个人领袖形象。如标题注明"中共领袖毛泽东同志亲临指示"⑤,用"指示"、"勖""号召"等话语凸显了毛泽东的领袖地位。再次,开辟专门的思想教育栏目,诠释毛泽东。艾青的《毛泽东》、《伟大的五十年》(第一章)等就是这方面的体现,并保持高规格的诠释量。1943 年、1944 年两年仅

---

① 《陕甘宁边区参议会上毛泽东同志演说》,《新华日报》,1941 年 11 月 24 日。
② 《文艺座谈会讲话摘要》《在延安文艺座谈会上的讲话》,《新华日报》,1944 年 1 月 1 日。
③ 《毛泽东手书》,《新华日报》,1940 年 1 月 23 日。
④ 《毛泽东手书》,《新华日报》,1941 年 7 月 7 日。
⑤ 《解放日报举行座谈会》,《新华日报》,1942 年 4 月 18 日。

在第四版文艺版刊登由彭真、董必武、华岗、伯达等关于整风运动的诠释和总结的文章(不计党的思想教育工作)就达到40余篇。

通过毛泽东等革命导师的人生历程和人格气质的传播,能够更加丰富中共理论品质和精神品质,增进中共革命理论与中国革命实践的契合度与认知度。在让国统区民众了解党的路线方针的同时,提升毛泽东的领袖权威性。

四、理论斗争:抗战胜利初期《新华日报》争夺意识形态话语权

抗日战争胜利后,中国共产党希望国民党放弃一党专政,组建民主联合政府。在做出如重庆谈判的努力后,协商无果,国民党仍旧坚持独裁统治。考察1945年到1947年2月报社被迫停刊这一时期的《新华日报》可以看到,报纸主要借助联合政府这一主题,在一定程度上与国民党控制下的舆论工具争夺意识形态的话语权。

应时局需要,《新华日报》与国民党直接进行理论交锋。从1945年中共七大开始,毛泽东思想正式成为全党的指南。他在党的七大所作《论联合政府》报告中,抨击了蒋介石的伪三民主义,把取消国民党一党专政,"建立民主联合政府",作为党的政治路线。《新华日报》于1945年元旦刊发《一九四五年的任务》,演说主要阐述了毛泽东的战略思想。"必须使全国人民明白,用人民的力量,促成由国民党、共产党、其他抗日党派及无党无派人士,在民主基础上召集国事会议,组织联合政府,才能统一中国一切抗日力量","艰难缔造的广大的中国解放区,执行了孙中山先生的革命三民主义,即新民主主义,团结各界人民,建立了英勇的军队,粉碎了一切敌人的进攻,并能发动攻势,收复了广大的失地"。"在大后方,我们必须援助被反动当局压迫的民主爱国运动","必须帮助他们组织起来","在沦陷区人民中,应解释民主的联合政府之必要,使他们知道只有这个政府出现了,沦陷区人民的解放就快

了,号召他们起来为这个目标而奋斗"。① 抨击国民党违背三民主义,实行一党专政,倡导联合政府的同时,也使毛泽东的领袖权威得以塑造和深化,提升对其作为全党指南的思想的认同度。

借助重庆谈判这个政治机遇,直接塑造和宣传毛泽东形象。"毛泽东抵渝,这是一个重要时机,一切民主党派爱国人士团结起来",这是当日社论的主题。《新华日报》对毛泽东亲赴重庆谈判做了翔实跟踪报道。毛泽东在机场接见中外记者,发出"目前最迫切者,为保证国内和平,实施民主政治"②。在与蒋介石两度单独谈话,普遍交换意见后,毛泽东以解放区领袖身份开始密集拜访社会各界,毛泽东午赴赫尔利大使的午宴,晚赴魏亚特将军(英驻华军事代表团团长)的招待,在张治中部长宴会上发表演说:中国只能走和平一条路,中国人民面前还有很多困难,但中国人民将能在和平民主团结统一的方针下克服一切困难,在蒋介石领导下彻底实现三民主义,建立独立自由富强新中国。他还借此时机盛赞政协成就,各党当前任务是履行决议,深信各种障碍都可消除。③ 在对外国记者的回答中,高呼中国需要和平建国,"保障人民自由权及成立民主联合政府"④。借助与西方记者的对话,增强信息传播强度。

在全面深化对中共领袖思想诠释上。爱泼斯坦的《这就是毛泽东,中国共产党的领袖》十分典型。文章介绍说这位中国解放区人民领袖是具备"深思熟虑""两条战线的斗争"及"先见之明"的。首先,"毛花了很多工夫,很有耐性地调查华中农村情况,并且在农民的直接痛苦之上组织农民"。他让"知识上傲慢的知识分子被派到农村里去向人民学习","以获得教育和政治理论"并"从斗争中成长、能干"。其次,"在中国革命最初大失败的时候,他

---

① 《一九四五年的任务——12 月 15 日在陕甘宁边区参议会演说》,《新华日报》,1945 年 1 月 1 日。

② 《毛泽东同志昨抵渝》,《新华日报》,1945 年 8 月 29 日。

③ 《国共双方报告会谈经过》,《新华日报》,1946 年 2 月 13 日。

④ 《中国只能走和平一条路》,《新华日报》,1945 年 10 月 9 日。

一方面反对愿意放下武器的人们,另一方面反对主张在中国主要城市中心进行拼死的暴动,他把运动的中心转移到了遥远的农村",提出了"谁不把自己的脸面对民族敌人,人民就会抛弃谁","中国人不打中国人","释放蒋,国共合作抵抗侵略者的基础就能建立"。最后,他"教农民组织在合作社之中,以节省劳动力,增加生产力,获取抗战的人力";开展"游击战",还在广泛的民主基础上召开国民大会,成立包括各党各派和无党无派人士代表的联合政府。① 以此证明毛泽东是一个魅力型革命领袖。《我所知道的毛泽东二三事》《我们需要一本毛泽东传(读者提议)》等都是此类对于毛泽东本人相关总结性介绍的文章。

在中共力量尚在发展,国共处于既合作又抗争,民族矛盾与阶级矛盾复杂纠葛的时代,毛泽东的一系列政治活动,无疑可以在党员干部中形成一面旗帜,起到凝聚党心人心的作用。同时也给予国统区民众塑造了一个团结统一、稳定有序的中共形象。

与国共九年正面较量不同的是,《新华日报》是在国民党的核心区域以合法手段开展宣传。它的正面对手是蒋介石直接控制的《中央日报》与《扫荡报》。国统区各报纸对《新华日报》的回击更使得报纸为更多人所关注。在毛泽东发表《当前时局最大的危机》,揭示国民党反共与投降的立场后,国民党用刊名带有民间色彩的《商务日报》发起反攻,并连发两篇社论《对新华日报谬论的纠正》、《论反共与汉奸》,《新华日报》在《再斥商务日报的有害谬论》中引用介石的话作为结尾:"凡是对敌伪有利的,都是对我们有害的……敌人要求我们作的,我们绝对不要作,凡是敌人反对我们作的,我们偏要坚决去作……对敌人一切言论,都要从反面去观察,去应付,去毁灭。"② 国民党其他报纸的攻击也正展示了以毛泽东的思想为代表的中共理论在国统区的影响。《新华日报》成功担当起了联系中共领袖思想传播主体与客体

① 《这就是毛泽东,中国共产党的领袖》,《新华日报》,1945 年 9 月 25 日。
② 吴克坚:《再斥商务日报的有害谬论》,《新华日报》,1939 年 9 月 17 日。

之间的媒介,参与了这一中国化马克思主义在国统区的宣传。抗日战争前,中国共产党的马克思主义革命政党形象还不为广大国统区人民、民主党派等知识分子接受,党员数量也只有 4 万多,抗战后中共党员数量翻了 30 倍,达到 120 多万。包括《新华日报》在内的媒体,努力营造政党话语空间。中共中央《政治情报》这样评价《新华日报》:在"皖南事变"等反共重大事件的较量中,《新华日报》这支劲旅起到的作用是巨大的。它的报道"引起全国及全世界人士的注意",是"蒋介石遭到的真正劲敌与攻不开的堡垒",使蒋介石"不得不考虑他自己的地位与态度",说明了"我党地位已经提高"。①

---

① 萧一平、郭德宏主编:《中国抗日战争全史》中篇,四川人民出版社 2005 年版,第 460 页。

从早期长征叙述看中国共产党的形象建设

——以 20 世纪 30 年代几种中外文献的形成与传播为考察

（国防大学政治学院　韩洪泉）

【摘要】在新民主主义革命时期，中国共产党即十分重视自身形象建设。红军长征期间和长征结束后不久，党便通过对这一重大事件的多角度记述和全方位宣传，在国内外扩大了中国共产党和红军的影响，宣传了中国共产党的各项方针政策，很大程度上消除了国民党"妖魔化"宣传的负面影响，也为抗日民族统一战线的建立、为第二次国共合作的实现、为党领导全民族抗战的开展，创造了有利的客观条件，营造了良好的舆论氛围。本文以 20 世纪 30 年代最早出版的几种长征文献为考察对象，通过对其创作和传播过程的梳理，藉以管窥党在革命战争年代加强形象建设的基本经验，相信对新形势下加强党的形象建设不无借鉴意义。

【关键词】红军长征　中国共产党　形象建设　历史文献

在中国革命史上，长征时期就时间跨度而言并不算长，只有两年左右，相较于中国共产党领导新民主主义革命的 28 年，甚至相较于土地革命战争的 10 年，在时间上所占比例并不大。但长征对于中国革命、对于中国共产党来说，意义却十分重大。红军长征期间和长征结束后不久，中国共产党便通过对这一重大事件的多角度记述和全方位宣传，在国内外扩大了党和红军的影响,宣传了党的各项方针政策,很大程度上消除了国民党"妖魔化"宣传的负面影响,也为抗日民族统一战线的建立、为第二次国共合作的实现、为党领导全民族抗战的开展,创造了有利的客观条件,营造了良好的舆论氛围。本文以最早的几种长征文献为考察对象,通过对其创作和传播过程的梳理,藉以管窥党在革命战争年代加强形象建设的基本经验,并为新形势下加强党的形象建设提供有益借鉴。

一、最早的权威记述:陈云的《随军西行见闻录》等文献

在很长时间里,人们一直认为埃德加·斯诺的《红星照耀中国》是最早向世界介绍红军长征的著作。其实早在斯诺的著作发表之前,陈云就撰写了《随军西行见闻录》,先在国外刊物公开发表,后在国内以多种版本出版,在世界上产生了重要影响,成为关于长征最早的权威历史文献。

长征前夕,陈云以中央政治局常委身份到红五军团担任中央代表,1934年 10 月随军西征。1935 年 1 月,陈云参加了遵义会议,并在会上积极支持毛泽东的正确主张。遵义会议后,陈云担任军委纵队政委,并在金沙江之役时担任渡河司令部政委。鉴于当时中共中央与共产国际的秘密电台联系已经中断,为向共产国际反映情况,并取得共产国际的领导和支持,党组织决定派陈云、潘汉年离开长征队伍,潜赴白区恢复党的组织并与共产国际取得联系。6 月上旬,陈云根据泸定会议的决定,从四川省天全县灵关殿离开长征队伍,通过各种关系辗转经成都、重庆等地,于 7 月到达上海。陈云与潘汉年在上海会合后,一致认为上海形势险恶,暂时还没有恢复白区工作的条件,遂决定按照上级指示,先后乘船经海参崴去莫斯科。8 月 5 日上旬和下旬,陈云、潘汉年先后乘船离开上海,于 9 月抵达莫斯科。

或许正是在上海期间,陈云写作了《随军西行见闻录》。①《随军西行见

---

① 陈宇编著:《谁最早口述长征》,解放军出版社 2006 年版,第 63 页。按:《随军西行见闻录》原稿注明"廿四年八月于沪滨",但笔者认为不排除其后在莫斯科创作或最终完成的可能,因为这篇文献本就是以虚构框架写历史事实,为利于发表和传播,在作者信息方面未必完全写实。

闻录》共 3 万余字,其珍贵之处在于,它是由参加长征的红军高级领导人亲自撰写的关于红军长征的系统的纪实报告,是靠第一手资料和亲身经历写成的,因此极具史料价值。值得注意的是,在《随军西行见闻录》中,作者虚构了一种特殊身份:一名被红军俘虏并留在红军中工作的国民党军医。很明显,这是在特殊背景下为了打破国民党政府的封锁而采取的一种特殊斗争策略。① 在文中,作者"交代"了自己何时被红军俘虏、如何留在红军医院服务、怎样随红军突围长征、最终在四川被冲散而辗转回到家乡等情况,不知情者很难怀疑其真实身份。作者通过假托身份,以第三者的立场客观叙述在红军中的见闻,也容易被受国民党宣传误导的一般群众所接受。作者不仅生动地描述了毛泽东、朱德、周恩来等红军领导人的形象和事迹,而且以假托身份对国民党军队和红军进行比较,在夹叙夹议中向读者揭示了两支军队的本质不同,为党和红军作了"润物无声"式的深入宣传。

　　1936 年 3 月,《随军西行见闻录》在中国共产党主办的巴黎《全民》杂志和《救国时报》上连载,同年 7 月又在莫斯科出版了单行本,作者署名"廉臣"。《救国时报》编辑部还决定将《随军西行见闻录》和同在该报连载的杨定华的《雪山草地行军记》《由甘肃到山西》共 3 篇文章合编为《长征记》一书。这两种文献流传到国内后,先后以《从东南到西北》(明月出版社)、《长征两面写》(大文出版社)以及《红军长征随军见闻录》《从江西到四川行军记》等书名出版,产生了很大影响。② 此后多年,研究者分析认为,从时间上看《随军西行见闻录》应该是党内的长征亲历者最早向外界介绍长征的著作,但"廉臣"到底是谁却不得而知。直到 1984 年 1 月人民出版社出版《陈云文选》、1985 年前后红旗出版社出版《随军西行见闻录》单行本时,真相才大白于天下:原来"廉臣"就是陈云。1995 年 4 月 10 日陈云去世,中央的讣告中有一段话,披露了陈云撰写是书的来龙去脉:"1935 年 6 月,在长征途

①　蓝鸿文:《长征,气吞山河的英雄史诗——析陈云的〈随军西行见闻录〉》,《采写编》,2004 年第 6 期。

②　蔡晖:《共和国成立前的长征报道》,《军事记者》,2013 年第 3 期。

中,陈云同志以中央代表身份,从四川到达上海,恢复和开展党的秘密工作。同年9月抵达莫斯科,向共产国际报告中共中央和中央红军向西北战略转移及遵义会议的情况,并参加中共驻共产国际代表团的工作。为了传播鲜为人知的中国工农红军长征的真实情况,他撰写了《随军西行见闻录》。1936年3月起先后在法国、苏联和中国出版发行。"①

　　1935年10月15日至22日,陈云在莫斯科召开的共产国际执委会书记处会议上详细报告了中央红军长征的经过和遵义会议的情况。这是中国共产党人第一次在海外系统阐述长征历史,现整理稿近2万字。报告主要讲述了中央红军长征前期的经过、所取得的胜利以及胜利的原因,并分析了红军长征之前所犯的错误。1996年,受中共中央文献研究室委托,中国驻俄罗斯大使馆工作人员在俄罗斯社会科学院远东研究所协助下,从俄罗斯国家档案部门保存的有关共产国际档案中找到了当年陈云汇报的俄文记录稿,题为《共产国际执行委员会书记处会议(1935年10月15日)史平同志的报告》。2001年,《党的文献》第4期以《在共产国际执行委员会书记处会议上关于红军长征和遵义会议情况的报告》的标题发表了这篇历史文献。

　　1935年10月,陈云在共产国际作报告时,共产国际执委会书记处书记曼努伊尔斯基指出:"这将是极珍贵的材料。今天我们看到的是与我们迄今看到过的完全不同形式的东西。我们看到了一个切切实实在中国成长为一支巨大力量的生机勃勃的党。我认为,这些材料应该发表,加以广泛宣传。"②很快有人将这一报告整理成文,题为《英勇的西征》,于1936年春发表在《共产国际》杂志(中文版)第1、第2期合刊上,约1.5万字,署名"施平"。从内容上来看,《英勇的西征》显然是对报告的整理稿,但陈云认定这篇文献并非自己所写。1996年,《党的文献》第5期根据中央档案馆藏件,全文重新发表了《英勇的西征》,在"编者按"中指出:"本文根据1935年10月15日至22

---

　　①　《中共中央、全国人大常委会、国务院、全国政协、中央军委讣告》,《人民日报》,1995年4月12日。

　　②　俄罗斯现代历史文献保管与研究中心馆藏:全宗495,目录18,卷宗1012。

日间陈云在共产国际执委会书记处会议上的报告整理而成。署名"施平"是当时陈云在莫斯科的化名"史平"的谐音。文字整理者情况不明。"

　　1982 年,中央档案馆在 1957 年 1 月从苏联接收回国的中共驻共产国际代表团文件中,发现了一份没有作者署名和成文时间的手稿《(乙)遵义政治局扩大会议》,共 4600 余字。报经陈云认定,这份手稿是他的笔迹,是长征途中向中央纵队传达会议情况而写的传达提纲。经胡乔木考证,认为其成文时间在 1935 年 2 月中旬至 3 月上旬。这份重要文献后来被编入《遵义会议文献》,题为《遵义政治局扩大会议传达提纲(一九三五年二月或三月)》。但也有专家根据对内容等的详细考证,指出这份文献并非是面向部队的传达提纲,而是 1935 年 10 月向共产国际汇报提纲的一部分,即提纲包括《(甲)英勇的西征》和《(乙)遵义政治局扩大会议》两部分。① 这一观点也得到了党史权威专家的赞同。②

二、最早的集体创作:《红军长征记》

　　《红军长征记》,又名《二万五千里》,是毛泽东亲自组织编写的一部长征回忆录,也是关于长征最早、最真实、最珍贵的历史文献之一。

　　1935 年 10 月,中央红军主力到达陕北后,在毛泽东等提议下,由红一方面军政治部下设的宣传部负责,开始组织征集撰写红军长征的文章。最初的计划,是将能找到的原始文献资料和征集到的亲历者口述资料集中起来,由几个"笔杆子"创作一部正规的史学著作。由于红军全力东征,被指定写作的人无暇顾及,致使这项任务延宕到 1936 年 8 月,不得不改变原定计划,采取大规模的集体创作。这时,美国记者埃德加·斯诺秘密进入陕北采访,成为推动此事的一大转机。8 月 5 日,毛泽东和杨尚昆联名发函,向参加长征的红军将士征稿:"现因进行国际宣传,及在国内外进行大规模的募捐活

　　① 齐得平、田逢禄、耿仲林:《陈云〈(乙)遵义政治局扩大会议〉手稿考》,《党史研究资料》,2003 年第 6 期。

　　② 郭德宏:《关于红军长征史研究中的若干问题》,《安徽史学》,2007 年第 1 期。

动,需要出版《长征记》,所以特发起集体创作,各人就自己所经历的战斗、行军、地方及部队工作,择其精彩有趣的写上若干片断。文字只求清通达意,不求钻研深奥,只上一段即是为红军作了募捐宣传,为红军扩大了国际影响。来函请于九月五日以前寄到总政治部。备有薄酬,聊表谢意。"同时,以中央军委名义向各部队发电:"望各首长并动员与组织师团干部,就自己在长征中所经历的战斗、民情风俗、奇闻轶事,写成许多片断,于九月五日以前汇交总政治部。事关重要,切勿忽视。"①

在中央号召下,征稿活动得到积极响应,在短短两个月内,红军总政治部就征集到约 200 篇作品,计 50 余万字。其中张爱萍写了 18 篇,童小鹏写了 7 篇,李一氓则在巡视部队的间隙里写出了长达 3 万字的《从金沙江到大渡河》。总政治部高度重视,成立了编辑委员会,丁玲、成仿吾、徐梦秋等人参与了编辑工作(后期主要由徐梦秋统稿)。至 1937 年 2 月 22 日,编辑工作完成,取名《二万五千里》,共从来稿中精选了 110 篇文章,计 30 余万字。此后,由于抗日形势的发展,为照顾统一战线大局、避免刺激国民党,中央决定此书暂缓出版。直到 1942 年底,才由八路军总政治部以"党内参考资料"印刷出来,并正式更名为《红军长征记》。出版者在前言中介绍了相关背景:"这本富有伟大的历史意义和珍贵的历史价值的《红军长征记》一书(原名《二万五千里》),从一九三七年二月二十二日编好(见编者的话)直到现在,已经五年半以上了,其间因编辑的同志离开延安,而伟大的抗日战争又使我们忙于其他的工作,无暇校正,以致久未付印,这是始终使我们放不下心的一件憾事。现在趁印刷厂工作较空的机会,把它印出来,为的是供给一些同志作研究我军历史的参考,以及保存这珍贵的历史资料(近来借阅的同志很多,原稿只有一本,深恐损毁或遗失)。本书的写作,系在一九三六年,编成于一九三七年二月,当许多作者在回忆这些历史事实时,仍处于国内战争的前线,因此,在写作时所用的语句,在今天看来自然有些不妥。这次付印,目

---

① 《为出版〈长征记〉征稿》,《红军长征记》,解放军文艺出版社 2006 年版,第 14 ~ 15 页。

的在供作参考及保存史料,故仍依本来面目,一字未改。希接到本书的同志,须妥为保存,不得转让他人,不准再行翻印。总政治部宣传部。一九四二年十一月二十日。"①

《红军长征记》分上下两册,共 412 页。全书收有回忆文章 100 篇(上册 42 篇,下册 58 篇),诗歌 10 首,并附录《乌江战斗中的英雄》《安顺场战斗的英雄》两篇。书后另附有《红军第一军团长征中经过地点及里程一览表》《红军第一军团长征中经过名山著水关隘封锁线表》《红军第一军团长征中所经之民族区域表》《红军第一军团长征所处环境一览表》,具有重要史料价值。回忆文章是全书的主体部分,也是最有价值的历史记忆。这些文章的作者既有党的重要领导人,也有各级红军指战员,共计 44 人;其内容涉及红一方面军长征的各个主要阶段和重大事件。今择其要者,罗列如下:董必武的《出发前》《从毛儿盖到班佑》《夜行军》《长征中的女英雄》,杨成武的《突破天险的腊子口》,张云逸的《聂都游击队的记述》,耿飙的《由临武至道州》,莫文骅的《在重围中》,谭政的《最后的一道封锁线》《向赤水前进》,陆定一的《老山界》《榜罗镇》,刘亚楼的《渡乌江》,彭雪枫的《娄山关前后》,舒同的《芦花运粮》《遵义追击》,陈士榘的《三过遵义》,萧华的《南渡乌江》,邓华的《北盘江》,童小鹏的《禁忌的一天》,王首道的《长征中九军团支队的段片》,李一氓的《从金沙江到大渡河》,黄镇的《长征中的红五军团》《回占宝兴》,等等。收录的歌曲有:陆定一和贾拓夫的《长征歌》,陆定一和戈丽的《红军入川歌》,陆定一和黄镇的《打骑兵歌》,陆定一的《两大主力会合歌》,彭加伦的《渡金沙江胜利歌》,等等。

《红军长征记》的历史价值是不言而喻的。它不仅具有无可替代的史料价值,而且具有独具风采的文学价值,其中许多作品广为流传,深入人心。早在 20 世纪 30 年代,该书的部分内容就以《二万五千里西引记》《二万五千里长征记》等文章或出版物等在国统区传播。1947 年,冀南书店以《二万五

---

① 《原出版者的说明》,《红军长征记》,解放军文艺出版社 2006 年版,第 13 页。

千里》的书名出版了选本。1955 年,人民出版社出版了《中国工农红军第一
方面军长征记》,从《红军长征记》中选取了 53 篇回忆文章,并增加了《随军
西行见闻录》《雪山草地行军记》《从甘肃到陕西》3 篇文章及相关附录资料。
不过,1942 年印刷的《红军长征记》由于印数不多,加上战争年代的散佚,国
内已极为罕见。2002 年,在美国哈佛大学哈佛燕京图书馆发现了《红军长征
记》,在世界出版界和收藏界引起轰动。哈佛大学所藏《红军长征记》系当年
朱德签名赠送给埃德加·斯诺,后来由斯诺捐赠给该校的。2006 年纪念红
军长征胜利 70 周年之际,广西师范大学出版社以"哈佛燕京图书馆文献丛
刊"之一,影印出版了《红军长征记》。同年,中央文献出版社以《亲历长
征——来自红军长征者的原始记录》为书名,解放军文艺出版社以《红军长
征记》的原名,分别出版了该书,并恢复了曾被删去的《遵义日记》(何涤宙)
等内容;上海人民出版社则以《二万五千里》的原名,影印出版了上海鲁迅纪
念馆所藏誊清稿本。①

三、西方"介绍长征第一人":勃沙特与《神灵之手》

　　瑞士籍英国传教士勃沙特所著的《神灵之手》,是外国人笔下最早的长
征记录,其出版时间比《西行漫记》还要早一年,它的作者更是为数不多的亲
身经历长征的外国人之一。因此有专家指出,勃沙特的《神灵之手》是西方
世界最早、最有价值的长征原始文献,勃氏则是西方"介绍长征第一人"②。

　　勃沙特(R·A·Bosshardt,1897—1993),生于瑞士,25 岁时受英国基督

　　①　参见刘统:《〈红军长征记〉出版情况及其价值》,《中华读书报》,2005 年 11 月 16 日;李伟
国:《一部新发现的〈红军长征记〉稿本——〈二万五千里〉誊清稿本文献价值初探》,《党的文献》,
2006 年第 6 期。

　　②　另据马军考证,早在 1934 年底,加拿大人林荣贞女士就撰文回忆了随红 6 军团长征 8 天的
艰难经历,刊发于《中国大众》1935 年 1 月号,这是迄今所见的西方亲历者关于红军长征的最早记
载;以往认为"第一人"是埃德加·斯诺或者薄复礼,均属错误。参见马军撰译:《她才是第一个向世
界报道红军长征的外国人》,载《现代中国与世界》(第一辑),上海书店出版社 2018 年版,第 280 页。
勃沙特的《神灵之手》虽不是西方亲历者最早介绍长征的文献,但就长征叙述的全面性和影响力来
说,其价值仍是不可低估的。

教会派遣来华传教,因仰慕中国文化,自名薄己,字复礼,取"克己复礼"之意。1934 年 10 月,时任英国基督教中华内地会派驻贵州镇远教堂牧师的勃沙特等一行数人,在贵州旧州偶遇转战中的红六军团并被扣留。时任红六军团军团长的萧克,在 50 多年后回忆当时的情况时,坦率地指出扣留勃沙特主要是从军事需要的角度考虑的:"因为我们西征以来,转战五十多天,又是暑天行军,伤、病兵日益增多,苦于无药医治。我们知道这几位传教士有条件弄到药品和经费,于是,我们提出释放他们的条件是给红军提供一定数量的药品和经费。"①此后由于红军在艰苦的转战之中,各方联络不畅,加上各种阻挠,致使勃沙特在红军队伍中滞留长达 18 个月之久,辗转贵州、云南、湖南、湖北、四川 5 省,行程近万里,在外宿营达 300 多处,直到 1936 年 4 月才在云南昆明近郊被释放。

　　勃沙特后来这样回忆最初对红军队伍的印象:"这些人都戴着相同的帽子和佩戴着红色标志,帽子的顶很大,有点像西方赛马骑师帽。他们穿的衣服则很混乱,简直一人一个样。"②红军则把勃沙特等人视为帝国主义派到中国的文化侵略者。不久之后的一天,发生了一件给双方留下深刻印象的事情,这也在一定程度上改变了红军对勃沙特的看法。当时红军在旧州教堂内找到一张近 1 平方米的贵州地图,但标识的是外语,萧克派人把勃沙特请来帮忙。勃沙特认出是一张法文地图,而他专门学过法语,于是两人连夜合作翻译,勃沙特讲,萧克记,把地图上的重要内容都注上中文。对勃沙特的这次帮助,萧克一直念念不忘:"当时,我们在贵州转战,用的是中学课本上的地图,没有战术上的价值。当我们得到一张大地图后,勃沙特帮助译成了中文,而且是在最需要帮助的时候,解决了我们一个大难题。同时,他在边译边聊中,还提供了不少有益的情况,对我们决定部队行动起了一定作用。

---

　　① 萧克:《萧克将军谈薄复礼和他的回忆录》,载《一个外国传教士眼中的长征》,昆仑出版社 2006 年版,第 2 页。

　　② ［瑞士］R·A·勃沙特著:《神灵之手——一个西方传教士随红军长征亲历记》,严强、席伟译,黄河出版社 2006 年版,第 2～3 页。

他帮助我们翻译的地图成了我们在贵州行军作战的好向导。"[①]1936 年 4 月的一天,萧克告诉勃沙特:"你是瑞士公民。瑞士不是帝国主义国家,同中国没有订立不平等条约,也没有在中国设立租界,所以,我们决定明天就释放你。"[②]萧克特意摆了一桌酒席为勃沙特饯行,并亲自做了一道拿手菜——粉蒸肉,令勃沙特十分感动。

勃沙特随红军行动期间,虽然自由受限,但也得到一些照顾。走不动路时,红军会为他提供骡马;生病时,战士们会用担架抬着他行军;而当红军利用休整时间开展娱乐活动或者改善生活聚餐时,也会让他参加。红二军团警卫营战士魏国运曾近距离接触过勃沙特,据他回忆,"对他的生活,我们是照顾的,基本上单独给他做饭。"通过与红军的朝夕相处,勃沙特发现这支被外界宣传为"共匪"的军队并不可怕。在他晚年的受访录音中,当被问及"你认为红军不是土匪而是一支正规的军队,是否意味着他们纪律严明"时,他肯定地回答:"是的。他们的纪律非常严明,组织非常有序。他们不准吸食鸦片。吸食鸦片在那个省份非常普遍。他们规定在穷人、教徒尤其是妇女面前,举止要得体。吃别人东西要付钱,借东西会打欠条,如果打碎了东西,他们会照价赔偿。"他还说:"在这里,我们同样也看到红军的业余活动,大家围坐在一起,这时连长往往自愿出来组织唱歌或进行摔跤比赛。每次表演后,大家都爆发出阵阵笑声。"他说,他们的热情是真诚的,令人惊奇的。他们相信自己所从事的革命是世界革命的一部分,他们正年轻,为了他们的事业正英勇奋斗,充满了青春的活力和革命的激情。[③] 显然,作为一名西方传教士,勃沙特对红军的尊重并非认同红军的信仰,而是赞赏红军对信仰的忠诚。

离开红军长征队伍后,勃沙特到了昆明,仅用 3 个月时间,便在他人的帮

① 萧克:《难忘的记忆》,《神灵之手——一个西方传教士随红军长征亲历记》,黄河出版社 2006 年版,第 3 页。

② [瑞士]薄复礼:《一个外国传教士眼中的长征》,张国琦译,昆仑出版社 2006 年版,第 160 页。

③ 孙晓青等:《传教士薄复礼难忘的红军和长征》,《解放军报》,2016 年 10 月 14 日。

助下写出了回忆录《神灵之手》(The Restraining Hand—Captivity for Christin China,直译为《抑制的手——为基督在中国被俘》)。该书在西方主要出版了英法两种文字共 4 个版本。1936 年 8 月,扣留勃沙特的红二方面军尚在长征途中时,《神灵之手》由伦敦哈德尔 - 斯托顿公司出版发行,从而成为西方最早介绍红军长征的著作。该书共 12 章,约 15 万字(英文),附有部分原始照片和地图。12 月,该书在英国脱销,很快发行了第 2 版、第 3 版。1937 年初,该书被译成法文,由瑞士艾莫尔出版社出版。1978 年,勃沙特应出版社之邀,依照 1937 年法文版用英文重写出版该书,书名改为《指导之手》。不久又被译成法文,书名为《导手》,由瑞士教会出版社出版。新版本仍为 12 章,增加了勃沙特离华后的一段附录文字,但全书篇幅有所缩减,英文原版所附照片和地图也未收录。①

1984 年,美国记者哈里森·索尔兹伯里为写作《长征——前所未闻的故事》一书,曾采访过萧克将军。萧克向他介绍了勃沙特当年帮助红军的情况,并拜托他帮助寻找勃沙特。经过各方努力,终于联系到了居住在英国曼彻斯特市国王路 234 号的勃沙特。年近 90 的勃沙特对往事记忆犹新,一再嘱托哈里森:"你若与萧克将军通信,望转达我热忱的问候。"萧克获悉勃沙特仍健在,专门作书致意:"虽然我们已分别半个世纪,但 50 年前你帮助我翻译地图事久难忘怀。所以,当索尔兹伯里先生问及此事时,我欣然命笔告之。1984 年我在出国访问途中,曾打听你的下落,以期相晤。如今我们都早过古稀,彼此恐难再见。谨祝健康长寿。"②萧克请人带给勃沙特一本纪念中国人民解放军建军 60 周年的大型画册,并让人转告他:"这就是你当年见到的那支军队的今天。"勃沙特接信后非常高兴,立即提笔回信,热情问候。时隔 50 年后,一段佳话再续前缘。

---

① ［瑞士］R·A·勃沙特:《神灵之手——一个西方传教士随红军长征亲历记》,严强、席伟译,黄河出版社 2006 年版,第 234 ~ 235 页;颜梅生:《传教士勃沙特:西方"介绍长征第一人"》,《文史春秋》,2014 年第 2 期。

② 颜梅生:《传教士勃沙特:西方"介绍长征第一人"》,《文史春秋》,2014 年第 2 期。

　　1985 年,在山东济南原广智院图书馆发现了 1936 年英文版《神灵之手》。1989 年,严强、席伟据此翻译的第一个中文版本,以"神灵之手——一个被红军释放的外国传教士见闻录"为题在《贵州文史丛刊》连载。2006年,黄河出版社以《神灵之手——一个西方传教士随红军长征亲历记》的书名正式出版了该书。此外,1989 年昆仑出版社以《一个被扣留的传教士自述》的书名,出版了张国琦翻译的勃沙特回忆录,2006 年又以《一个外国传教士眼中的长征》的书名再版,其中勃沙特随红军长征的内容占有较大篇幅。

　　很多年后,当萧克将军看到《神灵之手》中译本后,曾感慨地说:"薄复礼先生是被我们关押过的,但他不念旧恶,这种胸怀和态度令人敬佩,这种人也值得交往。""薄复礼从传教士的角度来观察红军、理解红军,记下了他的所见所闻以及感想,的确是不可多得的历史资料,对于我们研究红军有很好的参考价值。""他不可能讲我们更多的好话,但只要他讲的东西是真实的,有史料价值,揭了我们的短处又有什么关系呢? 逝者不可追,但来者可鉴。"[①]这番论述,无疑是对勃沙特长征记述学术价值的客观评价,也展现了中国共产党人的历史自信。

四、红星照耀中国:斯诺与《西行漫记》

　　美国进步记者和著名作家埃德加·斯诺的《西行漫记》,堪称外国作者报道中国革命和红军长征的经典名著。近 80 年来,该书以近 20 种文字翻译出版,几乎传遍了世界各个国家和地区。在中国,它则以《外国记者西北印象记》《西行漫记》《长征 25000 里》等译名,一再翻印重版,广为流传,成为享有盛誉的报告文学作品。

　　埃德加·斯诺(Edgar Snow,1905—1972),出生于美国密苏里州堪萨斯城的一个中产阶级家庭,1928 年到达中国最大的城市上海,担任美国报纸

---

①　《萧克将军谈薄复礼和他的回忆录》,《一个外国传教士眼中的长征》,昆仑出版社 2006 年版,第 8、11 页。

《密勒氏评论报》的助理编辑,开始了他的记者生涯。1936 年夏,经中共上海地下党安排,渴望了解红色中国的斯诺进入陕北苏区,成功地直接采访了毛泽东等中共领袖和红军指战员,并用相机拍摄了他们的形象。斯诺和一同到苏区的美国医生马海德,在陕北、甘肃、宁夏等革命根据地进行了 3 个多月的采访,对红色政权下的边区进行了全面考察。在保安城的窑洞里,毛泽东用沉稳平静的声调,向两位年轻的外国采访者讲述了中国革命的真相,特别是红军二万五千里长征的史实。毛泽东用生动的语言、形象的比喻,辅以幽默的神态、有力的手势,对他们谈红军的创建与成长,谈第一至第五次反“围剿”的成功与失败,谈长征途中爬雪山、过草地、强渡大渡河、突破天险腊子口,谈许许多多普通红军战士的英雄故事,但却很少提到他自己或是他个人干了什么,或是发挥了什么特殊作用。随着毛泽东的娓娓道来,一幅波澜壮阔、气势磅礴的红军长征画卷,徐徐展现在斯诺的眼前。斯诺的心被强烈地震撼了,深深地折服了。他从一个保持“中立”立场的新闻记者,转变为中国共产党和中国工农红军坚定的支持者、热情的歌颂者。他决心要把红军二万五千里长征这个人类军事史上的伟大奇迹、空前绝后的惊人壮举,宣传到西方国家去,宣传到全世界所有的地方去。

　　1936 年 10 月,斯诺结束了对红色根据地的访问,带着记得满满的 16 本笔记、30 个照片胶卷和电影胶片,以及沉甸甸的红军报纸、杂志和文件,从陕北回到了北平。斯诺和夫人海伦夜以继日地整理采访记录,仔细阅读那些鲜活的第一手资料,全力以赴地投入紧张的写作之中,并极其神速地在上海《密勒氏评论报》《大美国晚报》和北平的《民主》杂志等英文报刊,首先发表了毛泽东访问记和有关红区各方面状况的一篇篇特写报道,很快轰动了中国的知识界,引起了轩然大波,致使南京政府当局惊恐不安。与此同时,斯诺还将发往英、美《每日先驱报》《太阳报》等报刊的电讯报道原文也一并及时提供给中国友人、爱国青年王福时。1937 年 3 月,由王福时主持并与郭达、李放等共同编译的《外国记者西北印象记》一书,在斯诺与海伦夫妇热情无私的支持合作下,首先在北平秘密出版了。该书的主体部分,后来均收入

《西行漫记》。该书还附有陈云的《随军西行见闻录》(署名廉臣)、毛泽东的《七律·长征》《三大纪律八项注意》等著名歌曲 10 首,以及若干重要史料。那张曾风行一时、被国内外报刊广泛采用的头戴红星帽的毛泽东照片,也首次刊入该书。① 《外国记者西北印象记》一书,可以说是《西行漫记》的雏形本。

1937 年 10 月,斯诺的《红星照耀中国》(Red Star Over China)一书由英国伦敦戈兰茨公司正式出版,立即产生了轰动效应。该书在两个月内再版 4 次,发行量达十几万册。1938 年 2 月,由上海地下党组织,胡愈之筹划,林淡秋、梅益等 12 人集体承译,用"复社"名义出版的第一个"红星"全译本在上海问世。② 为便于在国统区和沦陷区发行,书名有意隐晦含蓄地译作《西行漫记》,内容也作了部分修改。斯诺还应约为中译本写了一篇真挚感人的长序冠于全书之前,深情地预祝中国抗战取得"最后胜利"。《西行漫记》在短短的 10 个月内就印行了 4 版,轰动了国内及国外华侨集聚地。在香港及海外华人集中地点还出版了该书的无数重印本和翻印本;在沦陷区和国民党白色恐怖弥漫的地方,许多进步读者冒着生命危险竞相传阅乃至辗转传抄;不少热血青年像怀揣珍宝一样,秘密地携带《西行漫记》,抱着满腔爱国热忱,排除艰难险阻,辗转奔往红星升起的革命圣地延安。至于将《西行漫记》第四、五两章以"抽印本"形式独立出版的(即将《一个共产党员的来历》和《长征》分别更名为《毛泽东自传》和《二万五千里长征》),更如雨后春笋,数不胜数。斯诺在 1944 年、1968 年和 1971 年,也曾多次对《红星照耀中国》进行修订。

1979 年 12 月,生活·读书·新知三联书店出版了由著名翻译家董乐山根据原版翻译的中文本,恢复了在英美风行一时的英文本初版的原貌,同时对英文本中个别史实错误以及人名、地名、书刊名称的拼写错误也作了不少

---

① 王新生等:《他们让世界了解长征》,《人民日报》,2006 年 10 月 17 日。
② 潘世伟、徐觉哉主编:《海外中共研究著作要览》,上海人民出版社 2012 年版,第 29 页。

校正。同年,人民出版社出版了《毛泽东1936年同斯诺的谈话——关于自己的革命经历和红军长征等问题》一书,该书由斯诺采访毛泽东时担任翻译的吴黎平整理定稿,包括《西行漫记》的第四、五两章(即毛泽东自述生平和长征),这是《西行漫记》的骨骼与灵魂。此外,该书还收入了《论反对日本帝国主义》《论统一战线》《中国共产党和世界事务》等3篇重要谈话。①

长征在《西行漫记》中虽然只占了1章约1.8万字的篇幅,但它同毛泽东的自述《一个共产党员的由来》一样,是全书最重要的篇章,《大渡河英雄》等更是全书最精彩的章节之一。在这一章中,斯诺几乎完整地写出了中央红军长征的全部过程,既用大笔触勾画了长征的历史图景,又用诗一般的语言描写了长征的艰险与红军战士的坚韧、勇敢和大无畏的英雄气概。在采访及搜集到的关于中国共产党和红军的丰富资料中,最让斯诺夫妇激动和赞叹的就是二万五千里长征的悲壮历史。他认为:"不论你对红军有什么看法,对他们的政治立场有什么看法,但是不能不承认,他们的长征是军事史上伟大的业绩之一。"②由于斯诺离开陕北时长征还没有结束,许多史实还没有采访,因此他写道:"我们现在已经写到红军在西北的会师","总有一天有人会把这部激动人心的远征史诗全部写下来"。③

历史已经印证了《西行漫记》经久不衰的魅力,也印证了红军长征的永恒价值。斯诺与《红星照耀中国》(《西行漫记》)的名字,注定彪炳于长征历史的卷册。正如新西兰诗人R·艾黎在《E·斯诺》一诗中所写的那样:"它通过各主要语言/震撼了全世界/后代的青年将会/以感激的心情/诵读他的经典著作/《红星照耀中国》……"

---

① 张小鼎:《〈西行漫记〉六十年——〈红星照耀中国〉几个重要中译本的流传和影响》,《中华读书报》,1998年2月18日。

② [美]埃德加·斯诺:《西行漫记》,董乐山译,生活·读书·新知三联书店1979年版,第459页。

③ [美]埃德加·斯诺著:《西行漫记》,董乐山译,生活·读书·新知三联书店1979年版,第181页。

长征时期中国共产党革命形象自我传播的经验及启示①

华中师范大学马克思主义学院
北京航空航天大学马克思主义学院　　秦在东　张静

【摘要】党的形象传播既是一项科学工程,也是一项系统工程。新时代塑造和传播不忘初心、敢于改革、以人民为中心的执政党形象,需要继承发展长征期间党的革命形象传播经验。党在长征时期主动进行革命形象的自我传播,既是其革命形象的积极塑造过程,也是其内在革命凝聚力和外在号召力不断增强的过程。这一时期积累的形象传播经验涵盖了语言传播(即口头语言和文字语言)及非语言传播(即党的行为作风)两大方面;启示我们在中国特色社会主义新时代新长征新形势下推进党的传播工程,必须创新时代话语,主动掌握媒介政治时代党的形象传播的技术艺术,包括:掌握舆论传播的话语权管理权引导权;注重符号化分众化精准化传播;增强语言传播的亲民性时代性及时性。

【关键词】长征　中国共产党形象传播　革命形象　自我传播

党的形象传播既是一项科学工程,也是一项系统工程。红军长征时期,

---

①　本文曾发表在《中国井冈山干部学院学报》2017 年第 4 期。

中国共产党致力于传播其革命形象，成功地在党内和人民群众心中塑造起了为国家和人民自由解放不懈奋斗的光辉形象，为广大群众千方百计支持革命、义无反顾投身革命，最终取得长征胜利提供了强大的说服力、吸引力和感召力。当前国际国内形势深刻复杂变幻，党领导人民实现"两个一百年"目标和中华民族伟大复兴中国梦的新长征之路面临着前所未有的机遇和挑战。以习近平同志为核心的党中央多次强调全面从严治党在"四个全面"战略布局中的重要地位，在新时代新的历史起点上塑造党不忘初心、敢于改革、以人民为中心的执政党形象，需要我们时代性继承和发扬长征期间党的革命形象传播经验。

一、长征时期中国共产党革命形象的内涵及传播目的

长征时期中国共产党革命形象的传播离不开其形象内涵作为本体性资源的丰富与发展，也离不开传播对象的心理投射和主观建构。

（一）长征时期中国共产党革命形象的内涵

（1）作为重要政治资源的政党形象。一个政党的形象包括客观实在的自我形象和主观镜像的感知形象，即党内及党外公众作为主体对这个客体的综合性、整体性认知、印象、态度和评价。前者是后者的本体性资源，后者是前者全部意义的外部化，二者密不可分，是一对辩证统一的关系。在政党政治中，一个政党的形象资源是其重要的政治资源和政治软实力，是党的性质、宗旨、纲领、路线的重要体现，是党的创造力、凝聚力、战斗力的重要内容。

（2）长征期间中国共产党形象的核心内涵——"革命性"。不论是在客观实在的自我形象还是主观镜像的感知形象中，"革命性"都是中国共产党的最显著特征和最核心内涵。长征期间中国共产党形象的革命性内涵集中表现在理论和实践两个方面。首先是理论上，我们党是以马克思主义为指导思想的无产阶级革命政党，以解放生产力，发展生产力，消灭剥削，消除两极分化，实现共同富裕的共产主义社会为最高理想和最终奋斗目标；以全心

全意为人民服务为根本宗旨。其中,党的性质决定着社会公众对党的形象的根本评价①,是革命形象的最核心要素。其次是实践上,我们党坚持全民族抗战、坚持群众路线和民族平等政策、坚持纪律作风建设、坚持民主统一原则等正义行为完全符合中国人民和中华民族的根本利益,顺应人类社会历史发展的潮流,充分彰显了党的革命性本质。

(二)长征时期中国共产党革命形象的传播目的

(1)加强党的内部建设,提高凝聚力和战斗力。首先,长征是中国共产党在第五次反"围剿"失败后的一次被迫战略转移。长征前期的战役特别是湘江战役后,红军中士气低迷。其次,长征所经的川、滇、黔地区是少数民族聚居区,面对少数民族群众的不理解不支持、恶劣的自然环境、缺衣少粮、装备落后和弹药不足等残酷现实,一些官兵对革命前途产生动摇和怀疑心理。此时迫切需要加强思想政治工作,鼓舞士气,提高凝聚力和战斗力。党通过一系列自上而下的革命形象内涵的组织传播和教育,加强党内理论学习、思想疏导和革命信仰教育,使红军将士正确认识眼前困难与长期革命必将胜利的关系、长征战略转移与抗日救亡的关系、党和人民的血肉联系,从而完成了自我身份确认,坚定了革命理想信念。

(2)获取外部认可与支持,增强影响力和号召力。首先,由于国民党的长期新闻封锁、舆论误导和当地割据军阀、封建土豪劣绅的抹黑歪曲和胁迫,长征途径的少数民族地区群众对红军和中国共产党不了解、不支持,有些看到红军来了直接闭门不出或逃跑躲避。此时的红军迫切需要得到当地群众的信任和认可,获得粮食衣物等生存物资补给和人员补充。只有通过我们党革命形象的充分宣传,才能消除隔阂和误解,改善生存环境。其次,九一八事变后,日本侵略势力进入我国东北,国民党政府却奉行所谓"攘外必先安内"的错误方针,蒙蔽国人,误导国内国际舆论。只有利用一切机会

---

① 王浩雷:《关于党和国家形象对外表述的若干问题》,《北京大学学报》(哲学社会科学版),2008 年第 98 期。

实事求是地传播中国共产党的革命形象和革命主张,才能最大程度上争取国民党内的爱国将士和国际国内舆论的支持。

二、长征时期党的革命形象自我传播的类型及具体方式

长征时期,中国共产党革命形象的传播从内容、媒介层面,可以分为语言传播和非语言传播两大类。

(一)语言传播及其方式

作为传播信息的语言可分为有声语言和无声语言两种,即口头语言和文字语言。

(1)有声语言即口头语言传播方面。长征期间党在内部传播马克思主义基本原理和立场方法、宣传党的思想路线方针和政治形势时,充分利用"红心纵队"和青年组青年队等各层次宣传组织,经常性开展干部会、政治学习课、官兵谈心会、演讲会等活动。面对面交谈和宣讲,直观、详尽而有理论性和针对性,取得了良好的传播效应。在群众中传播党的革命形象时,则灵活地结合革命歌谣、戏剧、顺口溜、群众大会、政治宣讲等形式传播党的革命思想,极富鼓动性、感染力和说服力,在群众中营造了信任党和红军、支持革命的良好氛围。针对少数民族地区反动势力、国民党军队,党的传播队伍常常采用前线呼口号、喊话的方式,以瓦解敌军;面对国际国内进步爱国人士,则采取交朋友、谈心等方式,以争取其最大限度的支持。

(2)无声语言即文字语言传播方面。在红军内部,考虑到部分官兵具备一定识字水平和理论认知水平的情况,传播者采取上下级致信、出版报刊、编写识字教材、印发捷报传单等形式,如军委机关报《红星》报就产生了极大影响,在及时传播党的革命政策方针方面发挥了巨大作用。此外,还印发了许多规章条例,如在黔东南地区,红军总政治部下达了《关于我军沿途注意与苗民关系加强纪律检查的指示》,明文规定:"加强纪律检查队收容队的工

作,在宿营地分段检查纪律开展斗争,立即克服一切侵犯群众脱离群众行为。"①在对外宣传中,则多采用石碑錾刻、书写布告标语、印发传单等方式,在群众日常生产生活中无处不在地宣传党的革命形象。如在布依族、苗族聚居地区张贴布告,声明"红军是有严格纪律的军队,不拿群众一点东西,借群众的东西要送还,买卖要按照市价"②。而针对国民党军队所张贴的标语、散播的传单等,在揭露国民党丑恶行径、号召共同抗日方面起到了一定作用。

(二)非语言传播及其方式

长征时期中国共产党革命形象的非语言传播,指党的日常革命性行为和优良作风。如严守党的纪律作风的行为、践行群众路线的行为、坚持贯彻各民族平等政策的行为等,在长征途径地所采取的政治、经济、军事、文化、社会建设方面的行为,以及所传达的态度等。中国自古有"听其言,观其行"的识人辨事传统,行为态度和处事作风往往比语言具有更强大的说服力,在传播学上也更具有引发裂变性传播的潜质。长征时期,如果说口头和文字宣传是鲜明地传达党的革命形象的第一步,那党的革命性行为则是更持久、更具说服力和震撼力的宣传符号和宣传信息。

长征途中,在党的要求下,红军将士十分注重关心当地群众生活和疾苦,不仅把没收土豪劣绅、贪官污吏得来的粮食、盐巴、布匹、牛羊等分给群众,还在自身物质资源严重匮乏的情况下,尽可能帮助当地百姓。毛泽东在黎平通往剑河的途中,遇到一个衣衫破烂、怀抱一个光着身子小孩的苗族老大娘饿倒在路边,立刻不顾寒冷脱下绒衣相赠,还拿出警卫员为他预备的粮食一并给了老大娘。在普通的红军官兵中,将家乡亲人临行时制备的衣服、鞋子拿出来赠送给彝族同胞的故事也广为流传。在藏族地区,红军做到了

① 贵州革命文物历史文物调查征集办公室:《黔山红迹——红军在贵州的革命活动》,贵州人民出版社,1981年版。

② 贵州革命文物历史文物调查征集办公室:《黔山红迹——红军在贵州的革命活动》,贵州人民出版社1981年版。

爱护藏区的一草一木、不拿人民的一针一线,哪怕在天寒地冻的日子里,也坚持在藏胞没回家前,不准进他们的房屋。这一切当地群众都看在眼里,口耳相传形成了强大的人际传播效应,为党和红军获得长征沿线各族同胞的支持,突破国民党军队的围追堵截、取得长征胜利奠定了坚实的基础。

三、长征时期党的革命形象自我传播的经验及现实启示

党的革命形象的传播既是一项系统工程,也是一项科学工程。在现代政党政治中,政党形象传播作为政治传播的组成部分,所面临的传播语境已然完成了从传统到现代的转变,媒介政治呈现出全媒体传播的新特征,这使得大众媒介作为核心传播中介的地位更加突出①,也要求我们结合"说服性传播"效果理论②创造性地运用长征时期党的形象自我传播经验的精髓。

(一)掌握舆论传播的话语权、管理权、引导权

1934 年 10 月长征开始后,红军总政治部发布了《中国工农红军总政治部政治指令》,对当时的宣传工作做了明确规定,从上至下规范了党的宣传工作。当前,党的形象传播事业已从威权舆论传播向权威舆论传播形态转变,"三微一端"全媒体中来自各行各业各个层次的意见领袖和社会名人都可能成为"圈群化"传播中的舆论权威,左右着,甚至某种程度上决定着人民群众对党的印象和态度。这种客观现实给一些反马克思主义、反党、反社会主义者提供了可乘之机,也给历史虚无主义、文化虚无主义、领袖形象颠覆势力大肆作乱提供了场所。面对这样的形势,党中央适时提出"必须从党的工作全局出发把握党的新闻舆论工作,做到思想上高度重视、工作上精准有力"③的要求。党和国家有关部门要做到"精准有力"地传播党的良好执政党形象,应从三个方面着手。

---

① 荆学民:《政治传播简明原理》,中国传媒大学出版社 2015 年版。

② 卡尔·霍夫兰在"说服性传播"效果研究中提出说服让态度转变的说服模型。

③ 《坚持正确方向创新方法手段 提高新闻舆论传播力引导力》,《人民日报》,2016 年 2 月 20 日。

首先，进一步掌握舆论传播的话语权，立即建立覆盖线上线下的、更为严格的内容审查和技术监督机制。新闻宣传行业必须维护党的领导，党在新闻舆论宣传中必须充当"政治把关人"，过滤和屏蔽掉那些严重失实的舆论报道，对于蓄意歪曲、捏造事实，企图混淆视听达到扰乱社会民意的不法分子，应诉诸法律予以严惩；既欢迎正当的社会监督和舆论监督，同时要把舆论监督控制在合理合法的民主监督范围内，坚决打击恶意攻击党的领袖、丑化党的历史的不轨图谋。其次，牢牢掌握新闻媒介的管理权，通过党管党媒，党媒引导社媒，社媒引领社会风气的有效传导途径，坚持新闻舆论的正确导向性，坚持正面宣传为主，主动承担起维护党的良好形象的媒体职责。[①]最后，切实掌握社会舆论的引导权，结合党的光辉历史深入挖掘革命文化的丰富内涵，以中华民族共同的文化基因、富有时代性原初性的历史材料来占领党的形象传播的主渠道主战场，提高政治传播的吸引力和引导力，让信息传播管道直达群众心里，让"关键时候看党媒"成为广大群众的自觉选择。

（二）注重符号化、分众化、精准化传播

长期以来，媒介和群众中高度统一的政治话语极易引发虚假的"舆论和谐"，不利于真实、生动地传播党的革命形象。在经济全球化、全球信息化、信息科技化时代浪潮下，党的革命形象传播事业应积极适应定制化传播趋势，遵循政治传播的一般规律，走符号化、分众化、精准化相结合的传播新路。

首先，利用典型形象实现符号化传播。长征期间，每一位共产党员和红军战士以自身形象共同组成了群众心中红军的群像，传播着党的革命理想、奋斗精神和为人民服务的宗旨，成为革命形象符号化传播的经典范例。这样的符号化传播在今天仍然有效，例如习近平总书记被群众亲切地称为"习大大"，他在庆丰包子铺排队购餐一事引发热议，一时间总书记作为党的显

---

① 《坚持正确舆论导向　唱响时代主旋律——习近平总书记在党的新闻舆论工作座谈会上的重要讲话引起强烈反响》，《人民日报》，2016 年 2 月 21 日。

性符号让党和国家领导人亲民务实的形象深入人心,进一步传播了党在新时期以改革为核心的先进形象。一个政党的领导人和领导集体,本身就是政党最好的象征,通过传播领导人的形象来塑造整个政党的形象,吸引群众支持、获得群众信任,是一个政党获得执政地位和得以长期执政的重要基础。近年来,从中央到地方,出现了许多符号式的党员和基层党组织、党员服务队,我们应珍惜和充分运用这些形象资源,维护好、塑造好党的革命形象。其次,定制信息实现分众化传播。① 继大生产时代人际分工精细化之后,现代社会进一步强调尊重个性、鼓励特性,所以不同人群以个性特征、兴趣爱好的不同而更加"精分"。现代商业推广经验告诉我们,越是精细分类、个性定制的信息产品越是能赢得受众的青睐。这要求我们顺应时代,整合联结不同用户数据库,结合大数据技术和云计算技术,科学分析不同群众的个体偏好,做好政党形象信息的差异化定制、分众化传播。最后,专业挖掘和有效推送,实现精准化传播。党的改革形象是多方面的,包括国内和国际两个视野,涵盖政治、经济、文化、社会、生态建设等不同方面,通过精准挑选、挖掘、设计形象内容,才能让传播内容更具体、生动、形象,进而提高传播的科学性和有效性,符合现代人的接受心理。

(三)增强语言传播的亲民性、时代性、及时性

语言是信息传递的重要载体,不论是口头语言还是文字语言,不同的语言包含着不同的情感态度、思维模式和价值观念。语言表达精妙,往往会让人印象深刻,乐于接受和二次传播,引发意想不到的传播热潮,形成良好的传播效应。长征时期,我们党就充分认识到善用语言的艺术对党的形象传播的重要性。长征途中宣传员们根据官兵群众的知识水平、生产生活实践、切身利益、喜闻乐见且易于记忆和传播的文艺形式等,来选择传播方式和内容,避免了可能出现"方法不合民众口味,神气和民众隔膜"②的情况。在当

---

① 杜飞进:《坚持分众化传播方向　打造知识分子网上精神家园》,人民网,2016 年 8 月 22 日,见 http://media.people.com.cn/n1/2016/0822/c120837-28655336。

② 毛泽东:《论持久战》,载《毛泽东选集》(第二卷),人民出版社 1993 年版,第 481 页。

前全媒体技术日新月异的年代,不懂网络热词、潮流语汇,不了解时下流行的语言表达方式,就无法读懂网络民意表达,甚至在线下生活中也会显得语言乏味,难以吸引受众注意力。因此,今天党的形象传播要特别注意语言的亲民性、时代性和及时性。

　　首先,增强语言的亲民性。现代人的民主、平等的自我意识较强,对高高在上的政党形象和压迫性说教语言有较大的距离感和抵触情绪。在党的形象传播过程中,我们应多以群众视角,以国计民生为切入点,用老百姓听得懂的大白话阐发大道理,提升语言的亲民性和人性魅力,有效拉近传播者与受众的心理距离,提升传播实效。如"人民对美好生活的向往,就是我们的奋斗目标"①,"我们要与人民心心相印、与人民同甘共苦、与人民团结奋斗"②,"五千年的优秀文化不要搞丢了,老前辈确立的正确政治制度不要搞坏了,老祖宗留下来的地盘不要搞小了"③等,这些通俗易懂的话让老百姓一看就能理解和认可党领导人民开创事业新境界的决心和勇气。其次,突出语言的时代性。我们生活在划屏读图和碎片化阅读的时代,不论是何种形式的传播,都不能忽视图片的作用。如一组《习大大的时间都去哪儿了》的卡通动漫形象,让群众趣味盎然又自然而然地了解和接受我们党勤政务实的执政形象。而在网络信息化时代里,多数人的信息都来自网络终端,尤其是微信微博等社交媒介迅速且点对点的信息传播直接影响着人民群众对社会舆情的判断。新时期传播语言的及时性直接体现为网络语言的及时性。这就要求从事党的形象传播事业的各类人员要熟练掌握网络传播技术和网络语言,增强互联网思维、紧跟网络舆情,网民关注到哪儿,传播的焦点就聚焦到哪儿。最后,重视传播的及时性。"互联网＋"时代,网络传播速度之快

---

① 中共中央宣传部:《习近平总书记系列重要讲话读本》,学习出版社、人民出版社2016年版。

② 《习近平:一定要与人民心心相印、同甘共苦、团结奋斗》,人民网,2012年11月15日,见 http://cpc.people.com.cn/18/n/2012/1115/c350821-19590515.html。

③ 中国人民解放军总部编印:《习近平关于国防和军队建设重要论述选编》,解放军出版社2014年版,第50页。

使得信息借助一句话、一幅图、一个故事、一个表情都可以在瞬间引爆舆论话题。对党的形象传播而言,网络语言传播的迅速性可以产生巨大的正向影响力,也可能是破坏力。最典型的就是不少别有用心之徒以网络标题党的身份借曲解党的历史、污蔑党的领袖来吸引眼球,摧毁党的革命形象、否定党的执政合法性地位、动摇民心之本。一旦舆情应对滞后,谣言成为持续的舆论热点,党的良好社会形象就会受到无法挽回的破坏。因此,我们应高度重视网络时代语言传播的及时性特点,既主动作为也勇于回击,及时快速传递党的改革形象正面信息,唱响网络空间主旋律,及时揭露和反击各类政治谣言,维护党的形象。

四、结语

长征时期,党依据敌我形势和途经各地具体实际,灵活主动地采用多种方式创造性地传播了自身革命形象,实现了党内军内自我建设和获取党外拥护支持的双重价值目标,形成了特征鲜明、独树一帜、富有实效的话语体系和话语风格。当前,在全国上下凝心聚力共赴民族复兴的中国特色社会主义新时代新长征的新形势下,只有深入汲取和转化历史经验,进一步传播好、塑造好党在深化改革攻坚期的执政党形象,才能够继续发挥中国共产党政治传播事业的历史优势,为党治国理政提供强大的舆论支持和民心支撑,为社会主义现代化建设提供源源不竭的精神动力。

从上海解放前夕开展的城市常识教育看
中国共产党的形象建设

（中共上海市委党史研究室　张励）

【摘要】塑造符合民众期待的政党形象,不仅能增强党员对党的认同感和忠诚度,而且能提高社会公众对党的信任感和支持度,是执政合法性的重要来源。新中国成立前夕,为适应党的工作重心从农村到城市的转移,提升党开展城市工作水平,中国共产党围绕在执政条件下如何加强自身建设、推动党的形象塑造展开全面探索。在解放和接管上海过程中,针对之前由于党长期活动于农村,管理城市经验有限,造成在东北、华北等地解放和接管城市过程中出现一些不适应城市工作之处,也导致社会上甚至党内对中国共产党管理城市、领导经济建设与管理社会的能力持有一定程度的疑虑。为此,中国共产党在开展城市政策、入城纪律和接管城市经验的同时,还有针对性地开展城市常识教育,打破人们对中国共产党的传统认识,塑造其熟悉城市工作、善于领导经济社会发展的政党形象。

【关键词】政党形象　城市常识教育　认同

塑造符合民众期待的良好的政党形象,不仅能增强党员对党的认同感和忠诚度,而且能提高社会公众对党的信任感和支持度,是执政合法性的重要来源,也是体现其社会影响力的基本要素。党的形象建设同时也是一个历史范畴,其具体内涵既有一脉相承之处,同时也依据时代要求的不同而不断发展变化。新中国成立前后,围绕党的所处地位从以夺取政权为主要目标的革命党向在国家政治生活中居于领导地位的执政党的转变,党的中心工作从农村向城市的转变,中国共产党围绕在执政条件下如何加强自身建设、推动党的形象塑造展开全面探索。本文就以 1949 年上海解放前夕中国共产党针对参与解放和接管的干部和战士开展的城市常识教育为例,分析中国共产党是如何打破人们的传统认识,塑造其熟悉城市、善于管理城市的政党新形象的。

一、城市常识教育的开展背景

1949 年初,随着解放战争的顺利推进,国民党赖以维持统治的主要军事力量基本上被摧毁,中国革命即将取得全国胜利。在这一背景下,中共七届二中全会提出,党着重在乡村聚集力量,用乡村包围城市这样一个时期已经完结,从这时起,开始了由城市到乡村并由城市领导乡村的时期。党的工作重心必须放在城市,必须用极大的努力去学会管理城市和建设城市。提升中国共产党开展城市工作的水平,不仅是要解放这些城市,而且要保护好这些城市,进一步建设好城市,这是巩固革命胜利成果的一个重要内容,是顺利实现党的工作重心转移的关键问题,更成为塑造中国共产党执政新形象的一个迫切而现实的问题。

然而,由于中国共产党长期活动于农村,管理城市的经验极为有限,造成在东北、华北等地解放和接管城市过程中出现一些不适应城市工作之处。这集中体现为以下三个方面:

一是在接管城市的方式上,简单沿用管理农村时"乱抓物资、乱搬机器"的方式。进城部队和后方机关在进城后抢购物资、乱搬东西,"采办与搜集物资人员,他们不顾一切,破坏各种财产,例如运输队人员就拆走好汽车的轮子,工厂人员就搬走某些机器或零件,机关商店人员就抢购大批货物"①。

二是在对待城市中各阶级阶层的态度上,搬用在农村中支持贫农反对封建地主的方式来反对城市资本家,甚至把"清算恶霸地主的一套经验进城"②,没收地富的工商业部分,任意假借没收官僚资本反动分子的帽子,没收那些本来不应当没收的工厂和商店。这在接管石家庄时表现得尤为突出,不少士兵照搬过去经验,从片面的群众观点出发,默认、支持、进而"鼓动城市贫民去搬取物资。首先贫民是搬取公用物资,后来就抢劫私人财物,故有大批煤粮及其他公物被抢,许多公共建筑的门窗杂物亦被破坏或取去,私人被抢者亦不少,很久还不能停止,后来实行戒严、断绝交通,并枪决数人才停止下来"。③ 同时"在清算汉奸恶霸及被克扣之工资等口号下,清算了一些商店及工厂监工工头与保长等,并在大会上使用肉刑,打死数人……因而在全市引起恐慌"。④ 中共中央为此专门作出指示,要求全党在领导方针上防止将农村中斗争地主富农、消灭封建势力的办法错误地应用于城市,将消灭地主富农的封建剥削和保护地主富农经营的工商业严格地加以区别,将发展生产、繁荣经济、公私兼顾、劳资两利的正确方针同片面的、狭隘的、实际上破坏工商业的、损害人民革命事业的所谓拥护工人福利的救济方针严格地加以区别。⑤

三是在对城市生活规则的认识上,因绝大部分解放军战士出身于农村并长期生活在农村,对农村中的一切比较熟悉和习惯,在接管城市过程中由于缺乏城市常识,出现不遵守公共场所秩序和交通规则、误解城市居民生活方式等问题。如遭遇被火车、汽车、电车压倒,触电等危险,还有战士在半路

① 《中央工委关于收复石家庄的城市工作经验》,载中央档案馆:《中共中央文件选集》(第17册),中共中央党校出版社1992年版,第55页。

② 《中央工委关于收复石家庄的城市工作经验》,载中央档案馆:《中共中央文件选集》(第17册),中共中央党校出版社1992年版,第56页。

③ 同上,第35页。

④ 《中央工委关于收复石家庄的城市工作经验》,载中央档案馆:《中共中央文件选集》(第17册),中共中央党校出版社1992年版,第57页。

⑤ 毛泽东:《关于工商业政策》,载《毛泽东选集》(第四卷),人民出版社1991年版,第1285页。

拦火车时被压死①,部分解放军战士在接管过程中存在的"对于城市中的各种建筑、设备、用具不知道是作什么用的,更不了解应该如何使用,结果便不加重视或乱搅一气而破坏了,造成严重的损失";坐火车不遵守正规的手续和班次等现象。这不仅影响到个人在城市工作和生活的便利性,而且也严重"损害了我军政治影响及与城市人民的关系"。②

这些行为也导致社会上对中国共产党管理城市、领导经济建设与管理社会的能力持有一定程度的疑虑,上海的一些资本家称"共产党是军事100分,政治80分,经济是0分",认为中国共产党"不敢占领上海,因为你们无法管理它,除非你们向我们屈服"。③

这种疑虑在中国共产党内部也或多或少地存在。部分干部和士兵对进入城市心情紧张,担心对城市是接得下,管不好,不能很好地完成任务。有人表示,原先在农村里,是靠老百姓种地吃饭穿衣,进了上海,则要为工人吃饭、发工资、给工厂发原料作好一切打算。④ 还有些同志因为对城市生活习惯不熟悉,语言不通,产生了不愿进入城市、要求仍旧回到农村的思想。⑤ 有的甚至抱有仇视城市的观点,认为"敌人过去依靠城市作据点,作进攻乡村人民的据点"⑥。

如何改变社会上对中国共产党不熟悉经济工作、不善于管理城市的认识,增强广大党员对中国共产党成为执政党的心理适应,是中国共产党面临的一个重要考验。尤其是在向江南进军后,这一问题更显迫切。江南地区是国民党统治的核心区域,人口众多,工商业发达,集中了上海、南京、杭州、

---

① 中国人民解放军第三野战军政治部编:《城市常识》(暂行本),1949年,第25页。
② 中国人民解放军第三野战军政治部编:《城市常识》(暂行本),1949年,第1页。
③ 《祝上海解放》,载中国人民解放军上海警备区、中共上海市委党史资料征集委员会编:《上海战役》,学林出版社1989年版,第387页。
④ 王尧山:《回忆接管上海的准备工作》,载中国人民解放军上海警备区、中共上海市委党史资料征集委员会编:《上海战役》,学林出版社1989年版,第209页。
⑤ 中国人民解放军第三野战军政治部编:《城市常识》(暂行本),1949年,第16页。
⑥ 钟期光:《部队入城应注意的思想与纪律问题》,中国人民解放军第三野战军政治部:《人民前线》(第二期),1949年4月20日,第5页。

苏州、无锡等一批重要城市。其中，上海是中国最大的城市和经济中心，也是中国革命真正由农村进入城市的历史标识，是国际社会关注中国共产党能否在城市站住脚、并长远掌握政权的焦点所在。

为了解放和接管好江南城市，尤其是上海这座举世瞩目的城市，中共中央和华东局强调，过去有些同志在城市中发生破坏行为，或是在城市中不能遵守公共场所秩序、交通规则和照顾人民生活方式等，从而损害我军政治形象及与城市人民的关系，"当然主要原因是没有正确执行城市政策和遵守城市纪律，但也往往由于缺乏或不懂城市常识"①，为此，要将"不断地利用各种方式，在全体人员中进行思想教育"，作为解放和接管上海、塑造党执政新形象的首要基础，既要"普遍地、反复地、深入地进行党的城市政策的教育、及入城纪律的教育与接管城市的经验教育"②，也要"很好的学习城市常识"③。

"对城市是否熟悉，常识是否丰富"是做好城市工作的前提条件。尤其是中国共产党"以主人翁的地位进入城市，不能与过去只是一个居民或者一个地下工作者相比拟的。因此你对城市是否熟悉，常识是否丰富，是否能按你理想去做工作，大成问题"④。1949 年 3 月，中国人民解放军第三野战军政治部编印下发了《城市常识》（暂行本），强调了开展城市常识教育的重要意义，并对城市里的各阶层及各行各业人物、城市生活一般规则、城市各种设备进行了详细介绍。十兵团政治部根据在华中江南工委及十兵团江南籍干部中所调查的资料，编印《苏南调查》等几个小册子，对江南地区的地形、交通情况、政治情况、农村生产情况、群众生活状况作出较为详细的介绍。这些材料与由中共上海地下组织编写的《上海概况》等 30 册百余万字的上海调查资料一起，成为丹阳集训期间对参与解放和接管上海的干部和战士开

①　中国人民解放军第三野战军政治部编：《城市常识》（暂行本），1949 年，第 1 页。

②　《中共中央华东局关于接管江南城市的指示（草案）》（1949 年 4 月 1 日），上海市档案馆编：《上海解放》中，中国档案出版社 2009 年版，第 172 页。

③　中国人民解放军第三野战军政治部编：《城市常识》（暂行本），1949 年，第 1 页。

④　钟期光：《部队入城应注意的思想与纪律问题》，《人民前线》，1949 年第 2 期。

展培训的重要材料。

二、城市常识教育的主要内容

开展城市常识教育，既是为了保障参与接管人员工作、行动、生活上的便利和安全，也是为了更好地贯彻执行党的城市政策，保障党的政治形象与团结城市人民。这也决定了城市常识教育重点聚焦以下两方面内容：

一方面是解决好如何准确辨识和对待城市各个阶层的问题。中国共产党长期活动于农村地区，对于城市中各个阶层、各行各业人物较为生疏，"要是我们不去了解他们，不能识别他们，那么，在我们进行工作的时候便会遇到很多困难，并不可避免的要犯一些错误"[①]。只有掌握了上海的各阶层、各行各业人物的基本特征，明确哪些阶层是我们所要依靠的基本群众，哪些阶层是我们所要团结争取的同盟军，从而在开展工作时决定用什么态度、采取什么政策去对待他们。

这首先要求进入城市的接管干部和士兵能够准确辨识各个阶层，避免简单的以貌取人或以"衣"取人，滥加评判。城市里的人对于穿着一般都比较讲究，有的工人和小职员虽然生活并不富裕，一般也有一套比较整齐的衣服，因而"不能单从外形和服装来判断他们属于什么阶级，也不能以农村的习惯去看他们"[②]，造成把城市里一些穿着制服的学生和工人当作国民党军警而加以逮捕的错误。同时，各个阶层内部也由于做工的单位、工作的技能、工作的方式种类的差异而各有不同，以工人阶级为例，其内部既有在大机器工业中从事集体劳动的工人以及海员和码头工人等产业工人，有在菜馆、酒楼、点心铺、裁缝店、理发店、铁匠店等手工业作坊、店铺里从事手工业劳动的手工业工人，有在店铺商号中被雇佣的伙计、学徒等店员，还有推小车的苦力、黄包车夫、开出租汽车的司机等。因此，判断各个阶层和各行各

---

①　中国人民解放军第三野战军政治部编：《城市常识》（暂行本），1949年，第1页。
②　中国人民解放军第三野战军政治部编：《城市常识》（暂行本），1949年，第1页。

业人物,必须经过详细的调查研究,看他们是不是自己有厂房、店铺、机器、工具、原料或资本等生产资料,看他们是依靠自己的劳动来生活,还是靠剥削别人的劳动过生活的,据此来划分他们所属的阶级。

了解城市中的各个阶层,最终目的是明确中国共产党在进入城市后的基本依靠力量。之前在解放和接管城市的过程中,"关于应该依靠谁的问题,往往很糊涂,很笼统的说是依靠穷人,而且还往往拿农村的生活水平来看城市"[1],造成了把穷人,甚至是一些不务正业、不事劳动的游民也作为建立新政权的依靠力量的错误行为。为此,在开展城市常识教育过程中特别强调,进入上海等大城市以后,中国共产党依靠的基本群众首先是工人阶级,第二是其他劳动者,第三是知识分子特别是革命知识分子。其中,工人阶级觉悟高,斗争性强,是最进步的阶级,"是我们自己的阶级"[2],尤其是那些在大机器工厂里进行集体劳动的产业工人,是中国共产党进入城市后首先要依靠的力量。此外,自由资产阶级和开明士绅虽然有剥削和压迫行为,但就其整体而言,能够对人民民主运动保持中立,在某些条件和某种程度下甚至还能参与到革命运动中,是中国共产党所要团结争取的对象,是需要联合的同盟军。

另一方面是要尽快熟悉城市中的各种设备,遵守城市的生活习惯和一般规则。城市是发展工业生产、推进农业生产的重要地方,有广大的工人阶级、劳动人民和知识分子,尽管绝大多数党员干部和士兵出身农村,有些来自城市的党员也是长期生活在农村,在进入城市后普遍感到"对城市人民的生活习惯不熟悉,语言不通",但仍应主动"熟悉城市生活习惯,以便于开展城市工作"[3]。

尊重城市居民的生活习惯。与在农村中与农民打交道不需要讲究什么"客套"不同,城市居民都十分注重礼貌,在日常交往时,必须态度热情正派、

---

① 中国人民解放军第三野战军政治部编:《城市常识》(暂行本),1949 年,第 12 页。
② 中国人民解放军第三野战军政治部编:《城市常识》(暂行本),1949 年,第 5 页。
③ 中国人民解放军第三野战军政治部编:《城市常识》(暂行本),1949 年,第 16 页。

和蔼可亲,称谓上要合乎习惯,对商人称"老板"或"老板娘",对年轻男士称"先生",年轻女士称"小姐",对学生称"同学们",工人阶级过去在城市里没有地位,也没有正式的尊称,则一般称他们为"工友"或"工人同志"。平时找人不要冒冒失失地直接就进门,而应先按电铃或在门上轻敲几下。借用必要的用具时,也不能像在乡村一样随时借用和筹集,而应找特定的机关统一解决。在商场中购物时,要按照标价付钱,不要随意讨价还价,更不能因有些商店可以还价而不经同意便强买。

遵守城市生活的一般规则。城市里交通发达,火车、汽车、电车、马车、黄包车等交通工具来来往往,川流不息,因此在行路时应走在行人道上,车子应走在车道上,并听从交通警察和红绿灯的指挥。搭乘火车要先买票然后上车,等车时一定要耐心等候,不能随便离开车站,也不能因急躁而责备车站工作人员。上车时要带好行李依次上车,和群众一起上车时要首先照顾到群众。不能用对待汽车等其他交通工具的态度去对待火车,例如"半路上拦火车被火车压死了,半路上跳火车或不懂得火车力量凶猛,不小心从车上跌下来摔坏了;有的同志看到过去坐卡车,头等位子是和开车的坐在一起,于是也硬要坐到火车头上去,既妨碍开车又弄得满身黑油灰;又有的同志半路上命令火车停下来"①等。在参观和游览公共场所时必须遵守规约,讲究公共卫生。参观公园时不能随地吐痰,不能乱抛瓜皮果壳,不能在池内洗手钓鱼等;看电影、看戏时要先买票,凭票入场,买几等票就坐几等座位,看到精彩的地方,不要高声叫喊,不能谈话说笑。

熟悉城市中各种常见设备的使用方法。城市中有许多现代化的电气设备和生活用具,如果不了解其用途和使用方法,不仅会闹出在电灯泡上点烟,在抽水马桶里淘米,分不清马桶、饭桶,往人家饭桶里小便②等笑话,严重的还会因使用电器不当导致触电,轻则烫伤身体,重则危急生命。为此,在

---

① 中国人民解放军第三野战军政治部编:《城市常识》(暂行本),1949年,第23页。
② 《进驻上海教育提纲》(1949年5月9日),载上海市档案馆编:《上海解放》(中),中国档案出版社2009年版,第187页。

城市常识教育中,重点对电灯、电话、电梯、电风扇等电气设备的基本原理和使用方法作出讲解,对怎样防止触电作出详细介绍。如在装卸电灯泡时,要以一手拿着灯罩,一手拿着灯泡玻璃来装卸电灯泡,不要碰到电线和灯头上有金属的地方。在使用电炉煮饭、做菜或取暖时,无论如何不能把手放在炉子上,以免触电或烫伤。天下雨的时候,不要站在高墙危壁和电线杆子下边;遇到电线特别是外边包的橡皮和胶布都已经损坏的陈旧电线,不要随便用手去触摸露出铜丝的地方,以免触电。

三、城市常识教育与党的形象建设探索

在解放和接管上海过程中,中国共产党围绕党的形象塑造,从党的方针政策的制定和宣传、党与公众关系的调整、党自身的思想建设、组织建设和作风建设等环节入手,展开了多方面的探索,开展城市常识教育虽然只是其中一项具体举措,但从中也可以看到中国共产党对于如何加强形象建设的思考和探索。

首先,把加强自身形象塑造作为党的形象建设的根本,是中国共产党自成立以来始终坚持的优良传统。从哲学角度讲,形象是一个由内而外的主观性概念。党的形象建设,既需要形象主体外在的表现,更需要其自身过硬素质的支撑,这是党的形象建设的根本。只有首先从加强党的思想建设、组织建设和作风建设入手,加强政党自身形象的塑造,才能更好地向全体党员和社会公众展现中国共产党的风貌,从而提升其对中国共产党的综合印象和总体评价。其中,党的思想理论建设又是党自身建设的基础,决定着形象建设的本质和方向。毛泽东曾指出:"掌握思想教育,是团结全党进行伟大政治斗争的中心环节。如果这个任务不解决,党的一切政治任务是不能完成的。"自创建之日起,中国共产党就十分注重把马克思列宁主义的建党学说与中国共产党建设实际结合起来,对革命战争环境中建一个什么样的党、怎样建设党进行探索,通过重点从思想上建党、不断加强党的作风建设等措施,确保了党在极端困难情况下思想上、政治上、组织上的完全巩固,树立了

领导人民进行革命斗争的中流砥柱形象。在解放和接管上海过程中,中国共产党也把思想建设作为塑造执政党新形象的重要内容,开展以城市政策教育、入城纪律教育、接管城市经验教育和城市常识教育为主要内容的思想教育,切实完成由农村到城市的方针原则的转变、政策思想的转变和思想观念的转变,使广大党员能够经受住执政的新考验。

其次,把服务于党的工作重心作为党的形象建设的核心,对于实现自身从革命党向执政党的转型发挥了积极作用。政党的形象作为其本质特征和历史使命的展现,具有鲜明的时代性,是与不同阶段的历史环境和中心任务相适应的。在革命战争年代,中国共产党把党的工作重心放在农村,先后采取了平分田地、发行公债、发展贸易、开展大生产运动等一系列政策措施,在极其艰难的条件下建立和巩固革命根据地,开辟了以农村包围城市,最后夺取全国政权的道路。这也决定了党的形象建设必须围绕这一工作重心,塑造善于开展农村工作和军事斗争的政党形象。到 1949 年,在中国革命全面胜利已成定局的情况下,中共七届二中全会作出将党的工作重心由乡村转移到城市的重要决策,要求全党立即开始着手建设事业,一步一步地学会管理城市,并将恢复和发展城市中的生产作为中心任务。为此,中国共产党在解放和接管上海过程中,把塑造熟悉城市工作、善于领导经济社会建设的执政形象作为政党形象建设的重点。借助于成功的形象塑造,顺利完成了接收好、管理好中国最大的经济中心城市——上海这一中国革命的一大"难关"①。

最后,把回应公众关切作为党的形象建设的重点,提升公众对党的信任感和支持度,增强党执政的合法性基础。党的形象,实际上是党展现在公众面前的精神风貌与公众主观认知、评价的混合物,它既客观地外化于政党的理论文本、执政绩效、组织机构、基本政策、阶级和群众基础等诸方面之中,

---

① 《陈毅同志在丹阳一次会议上的讲话》,载中共上海市委党史研究室编:《接管上海》(上),中国广播电视出版社 1993 年版,第 59 页。

也内化于普通公众的主观意识之中,主要体现在公众对政党的认识程度、对该政党及其党员持有何种态度,怀有何种感情以及对该政党的政治活动能力和执政绩效做出何种评价和判断。公众会根据自己不同的思想、意志、爱好和企望去解读党的执政行为,当党的路线、方针、政策和执政行为符合公众的意愿、反映公众的关切时,便会增强公众对党的认同度和美誉度,而这也有利于党的执政地位的巩固和执政目标的实现。因此,党的形象建设不仅要关注于党的自身建设,也应以人民群众关切和需要为出发点,不断完善政党形象建设。在解放和接管上海过程中,中国共产党吸取之前在接管石家庄等城市中出现违纪行为的经验教训,通过有针对性地开展城市政策、纪律以及常识教育,使广大接管干部和部队官兵克服了骄傲自满、轻视城市工作的错误倾向,也消除了因不熟悉城市而不愿意进入城市的错误思想,展现出纪律严明、秋毫无犯、准备充分、平稳有序的政党形象,与国民党在接收上海时昏庸无能、贪污腐败的形象形成鲜明对比,赢得了上海民众的广泛支持和拥护,"解放军的纪律和作风,已成全市市民最主要的话题。马路上群众议论纷纷,到处都听见赞扬和感激之声"①,这也为此后中国共产党在城市的执政打下了坚实的群众基础。

当前,在形象资源越来越成为重要的政治资源,形象力越来越成为重要的软实力的背景下,研究在解放和接管上海过程中中国共产党的形象塑造,对党在新时期新形势下,应对挑战、完成使命,加强党的执政能力建设,塑造和维护执政党的形象,也有着重要的现实意义。

---

① 《解放军纪律太好了!》,《大公报》,1949 年 5 月 26 日。

上海解放初期中共治国理政新形象的展现
——以解决失业问题为例

（北京师范大学文理学院历史系　郝志景）

【摘要】政党形象是公众对政党政纲及其实践的一种整体印象。良好的执政绩效，是提升政党形象的根本所在。而衡量执政绩效的重要标志，就是就业。上海解放初期，因为种种原因，大批人失业，产生严重的社会问题。中国共产党多措并举，大力救济失业群体，积极实施以工代赈、组织生产自救、开展转业训练、推动劳资协商，最终解决了这些问题。多数失业者获得救济，或通过党和政府实现再就业，生活得到保障。他们对党和政府的信任度与满意度、对新政权的政治认同，都显著提高。党在上海成功解决失业问题，展现了治国理政的新形象。

【关键词】政党形象　就业　失业

政党形象是公众对政党政纲及其实践的一种整体印象。在现代政党政治下，良好的公共印象，有利于政党获取和稳固执政地位，开展政党实践。因此，政党形象问题成为政党建设的重要课题。如何提升政党形象？学界各抒己见，已经提出各种措施，诸如强化政党符号、加大宣传、提升政党领袖形象等。这些措施对于建设良好的政党形象，皆有助益。但是政党形象的决定因素，仍是其执政绩效。"桃李不言，下自成蹊"。良好的执政绩效，是提升政党形象的根本所在。而衡量执政绩效的重要标志，就是就业。上海解放初期，因为种种原因，大批人失业，产生严重的社会问题。中国共产党多措并举，大力救济失业群体，最终解决了这些问题，展现了治国理政的新形象。

一

上海解放前夕，大量外资、官僚资本和部分民族资本纷纷南迁港台等地。部分企业依赖国际市场，一遇封锁则危机立现。政权鼎革之时，社会风气丕变，某些服务行业消费锐减，经营随之陷于困境。个别党的干部出现过左倾向，对于民族工商业征税较重，摊派公债较多，劳资关系处理不当。因为上述种种原因，上海产生严重的失业问题。1949 年 5 月上海解放时，失业人数高达 25 万。[①] 此后失业人数虽有回落，但是截至 1950 年 5 月中旬，失业人数依然将近 20 万。如以一人负担两人生活计，则受失业直接影响者高达 60 万，占上海全市人口的 12%。[②] 失业工人生活极为困难，因无出路，已有工人自杀。还有工人心怀不满。美蒋特务分子乘机造谣煽惑，挑拨离间。个别地方已有工人受其欺骗，反对工会，殴打干部。[③] 1950 年春，上海市面接连发生吃白食、分厂、分店、抢糕饼、聚众请愿、捣乱会场等事件。[④] 在此情形下，党的形象深受影响。中国共产党能否解决失业问题？能否治理上海这个特大都市？人们心中不无疑问。

党和国家领导人毛泽东、刘少奇和周恩来等高度重视上海失业问题。1950 年 4 月 16 日和 23 日，毛泽东给上海市市长陈毅连发两电，强调"税收

---

① 袁志平：《解放初期上海对失业工人的救济和就业安置》，《中共党史研究》，1998 年第 5 期。

② 上海市失业工人救济委员会：《上海市失业工人救济委员会 1950 年救济工作总结报告》，上海市档案馆藏，档号：B129-1-10。

③ 《中共中央关于举行全国救济失业工人运动和筹措救济失业工人基金办法的指示》，《建国初期社会救济文献选载》，《党的文献》，2000 年第 4 期。

④ 薄一波：《若干重大决策与事件的回顾》（上），中央党校出版社 1991 年版，第 95 页。

问题和失业问题能照正确原则解决,取得各方面同意妥慎进行,甚好甚慰"①,"目前几个月确实应当用大力来做调整公私关系,劳资关系,维持生产与救济失业的艰巨工作"②。1950年6月6日,毛泽东在中共七届三中全会报告中明确指出,"必须认真地进行对于失业工人和失业知识分子的救济工作,有步骤地帮助失业者就业"③,"要合理地调整工商业,使工厂开工,解决失业问题,……使失业工人拥护我们"④。毛泽东深知失业问题关系重大,积极对失业者给予救济,并在条件许可时使其重新就业,既有利于社会稳定,也有利于党的形象。故在这段时间,毛泽东多次谈及失业问题,并对解决问题予以指导和督促。刘少奇也很重视失业问题,并从政治高度郑重强调:"如果我们不能稳定工人群众的情绪,争取工人群众对我们的坚决无保留地拥护,将会造成我们在城市工作中的重大困难。甚至可以动摇到城市中人民政权的基础。"⑤与毛泽东相同,刘少奇也认为失业问题关乎人心向背,关乎党的执政地位,因此必须全力解决。周恩来在1949年12月22日、23日谈论当前财经形势时也指出:"今天的主要问题,是先做到不失业,不饥饿。"⑥1950年5月13日,周恩来在阅读上海失业工人临时救济计划之后,随即复电加以指示,并叮嘱"目前执行情形望告",紧密关注救济进展。5月19日,政务院第三十三次政务会议通过《政务院关于救济失业工人的指示》,随后以政务院总理周恩来的名义正式发布。指示要求上海立即组织救济失业

① 毛泽东:《关于税收和失业问题给陈毅的电报》,载中共中央文献研究室:《建国以来毛泽东文稿》(第1册),中央文献出版社1987年版,第302页。

② 毛泽东:《关于目前几个月的工作方针给陈毅的电报》,载中共中央文献研究室:《建国以来毛泽东文稿》(第1册),第312页。

③ 毛泽东:《为争取国家财政经济状况的基本好转而斗争》,载中共中央文献研究室:《建国以来毛泽东文稿》(第1册),第395页。

④ 毛泽东:《不要四面出击》,载中共中央文献研究室:《建国以来毛泽东文稿》(第1册),第398页。

⑤ 刘少奇:《中央关于救济失业工人问题的电报》,载中共中央文献研究室、中央档案馆编:《建国以来刘少奇文稿》(第2册),中央文献出版社2005年版,第64页。

⑥ 周恩来:《当前财经形势和新中国的几种关系》,载中国中央文献编辑委员会:《周恩来选集》(下),北京:人民出版社,1984年,第13页。

工人委员会和失业工人救济处,拟定救济计划和预算。所需救济额,除本市自行筹措者外,可从中央救济失业工人基金中拨款支付。① 中央人民政府还拨出救济粮 2078 万斤。②

在党中央的重视和指示下,1950 年 4 月,中国人民救济代表会筹委会发表告全国同胞书,号召全国各界人士捐资救助上海失业工人。③ 中华全国总工会也发表为救济失业工人告全国工人书,号召全国一切公营、私营工厂企业、矿场、商店、机关、学校的男女工人职员,发挥工人阶级高度的阶级友爱,尽力援助上海失业工人。④ 各界纷纷响应,掀起捐献热潮。中共中央直属机关、水利部、各地工厂、企业、机关、学校职工、人民解放军各部队指战员,无不踊跃捐输。文艺工作者、青年学生及社会各界其他人士也以义演、捐款等方式表达同情和支援。据统计,仅中华全国总工会即收到捐款近 313 亿元。其中东北工人捐助尤多,总额将近 84 亿。⑤ 此外,他们还派慰问团赴沪,介绍东北工业建设和克服困难的经验,并在失业比较严重的工厂、地区、码头工人住区为失业工人上课,鼓舞士气。不仅使失业工人得到物质援助,还能得到精神慰藉。⑥ 数以亿计的捐款,千万封热情慰问的信件与电报,每天从全国与各省、市机关、部队、学校、团体与工厂、商店涌到上海。上海市在业工人除捐款外,还赠送生活必需品,包括食米、面粉、白糖、衣服、布匹、鞋袜、肥皂、香烟、牙膏、牙刷、钢笔、电池,以至冷食、蚊香,无所不有。还有工人自动实行义务劳动,增加夜班,或将所得奖金全部捐出。⑦ 到 1950 年底,上海

---

① 参见《周恩来关于救济失业工人办法给上海市人民政府的复示》,《党的文献》,2000 年第 4 期。

② 参见袁志平:《解放初期上海对失业工人的救济和就业安置》,《中共党史研究》,1998 年第 5 期。

③ 参见《中国人民救济代表会筹委会发表告区全国同胞书 号召各界人士捐资一日救助上海失业工人》,《人民日报》,1950 年 4 月 19 日。

④ 参见《发扬阶级友爱与团结互助精神 全总号召救济失业弟兄 要求在业工人职员捐工资一日》,《人民日报》,1950 年 4 月 22 日。

⑤ 参见毛齐华:《一年来救济失业工人工作的成就》,《人民日报》,1951 年 5 月 1 日。

⑥ 参见《衷心关切上海失业工人兄弟 东北工会慰问团抵沪》,《人民日报》,1950 年 5 月 13 日。

⑦ 参见林韦:《上海失业工人学习班》,《人民日报》,1950 年 7 月 17 日。

共有 126.6 万失业工人及其家属获得经济救济。①

二

　　党中央的重视和各地的大力援助，为上海救济失业工人创造了良好的外部条件。上海市委、市政府充分利用这些条件，积极行动，为解决失业问题切实做了大量工作。1950 年 6 月初，中央人民政府政务院曾发布规定，要求举办失业工人救济的城市，应在市政府下设立失业工人救济委员会，计划并指导一切救济事宜。② 根据中央指示，上海市委、市政府于 7 月成立上海市失业工人救济委员会，全面负责失业救济事宜。下设上海市失业工人救济处，负责失业救济的日常行政事务。全市各区和各产业工会还相继成立"失救会"，负责本地和本业失业工人的登记和救济工作。与此同时，上海市政府还制定了《上海市救济失业工人暂行办法实行细则》，明确登记范围与办法。③ 机构成立和制度确定之后，上海随即对失业工人展开登记，尽量详细掌握失业工人的状况。

　　解决失业的根本办法，是经济恢复、企业复工，使失业工人实现再就业。但这短期之内难以实现。为了救急，上海市政府积极实施以工代赈，推出大量工赈工程，如修筑道路、机场、驳岸、海塘，疏浚河道沟渠，开山敲石等各项市政和国防工程。通过这些工程吸纳失业者，减少劳动力资源闲置。从 1950 年下半年以工代赈开始实施到 1952 年底，上海总共举办工程项目 231 个，使用人工 295.1 万余个劳动日。以工代赈缓解了失业工人的生活困难。不仅如此，在以工代赈过程中，失业工人学到了新技术，此后有些转入市工务局，有些转入市营建筑公司，成功实现了再就业。一些管理干部通过实

---

　　① 参见熊月之主编，承载著：《上海通史第 13 卷：当代社会》，上海人民出版社 1999 年版，第 12 页。
　　② 市救委会：《上海市失业工人救济委员会关于救济失业工人暂行办法的规定》，上海市档案馆藏，档号：B129－1－1－10。
　　③ 市救委会：《上海市失业工人救济委员会关于失业工人暂行办法实行细则》，上海市档案馆藏，档号：B129－1－1－36。

践,积累了现场施工的管理经验。实施以工代赈之后,道路整修一新,流水畅通,环境改善,市民也赞不绝口,还派代表向施工工人献旗致敬。① 总之,实施以工代赈,失业工人和普通市民均受其益,两全其美,党的形象也因之大大提升。

除了以工代赈,上海各产业工会纷纷组建生产自救工坊,开展生产自救。1950 年下半年,经市失业工人救济委员会和市劳动局组织推动,上海相继成立军服、军鞋、刺绣、酱油、洗衣等 25 个生产自救工厂,最多时可吸纳工人 9000 余人。1950 年至 1956 年,上海全市累计创办生产自救单位 230 余个,安置失业人员 22400 余人。② 上海实施生产自救,主要以轻工业为主,以重工业为辅。因为轻工业投资较少,且是劳动密集型工业,能够吸纳更多失业工人。很多手工业工具,也可由工人自己解决。③ 上海失业工人救济委员会在审批时,会与市工商局等机构多方论证,审慎考虑自救工厂的原料和业务来源是否充足,有无发展前途,尽量避免决策失误,以致新办工厂倒闭,加重失业问题。④ 在企业管理中,坚持自愿和民主原则,由失业工人自己选举企业负责人。上海失业工人救济委员会积极给予外部支持,或从其他工厂抽调干部和工人,或为失业工人提供技术和管理培训,或直接招聘技术人员等,尽力为工厂提供技术、人力和管理帮助,使其逐步正规化、企业化。生产自救工厂因利息、工资低廉,其他开支也少,产品销路正常,加之上海失业工人救济委员会大力支持,最后一般都能盈利。通过这种方式,不少失业工人重新获得工作,物质上免于衣食之忧,精神上也能维护自尊。

失业工人大多文化水平较低,缺少专业技能。为了帮助他们复业和转

---

① 参见市救委会:《上海市失业工人救济委员会工赈科关于 1952 年以工代赈工作总结的报告》,上海市档案馆藏,档号:B129 - 1 - 46 - 17。

② 参见市救委会:《上海市失业工人救济委员会 1950 年救济工作总结报告》,上海市档案馆藏,档号:B129 - 1 - 10。

③ 参见市救委会:《上海市失业工人救济委员会关于生产自救工作情况的报告》,上海市档案馆藏,档号:B129 - 1 - 17 - 43。

④ 参见袁志平:《解放初期上海对失业工人的救济和就业安置》,《中共党史研究》,1998 年第 5 期。

业，上海市失业工人救济委员会拨出经费，从 1951 年起大力开展转业训练工作，先后创办会计学校、卫生人员与测量人员训练班以及其他各类训练班。其中卫生人员训练班由市救济会与卫生局合办，学员多为烟厂女工，有 300 多人，学习 6 个月后，分派到环境、妇婴等卫生部门工作。测量人员训练班由市救济会与地政局、华东水利部合办，专门训练市政、水利测量人员。其他训练班包括机械、化工制造、建筑、航海技术、五金、劳动行政、公安训练班等。此外，市救济会还在各区开办失业工人夜校，各产业工会救济会亦纷纷开办夜校，帮助失业工人提高文化。① 上海在对失业工人开展转业培训时，注重与公私企业和机关单位密切联系。这样可以有的放矢，使培训内容符合用人单位之需。人员培训合格之后，联系单位也有优先录用权。联系单位若无用人需求，劳动介绍所会再联系本埠和外埠其他用人单位。到 1952 年底，上海参加技术业务培训者有近 3 万人，其中多数重新走上工作岗位，还有一些成为新单位的业务骨干。

三

国家救助只能解决失业工人的燃眉之急，而要根本解决失业问题，还需遏制资方停业停产，促使停产资方尽快恢复生产。建国初期，上海一些工人误解翻身做主人的意义，对工资福利要求过高，同时劳动纪律松懈。② 资本家则忐忑不安，对自身阶级地位感到茫然，在生产上踟蹰不前，甚至停工歇业，携款逃跑。一个工厂的资方逃跑，工人解雇费没有着落，其他工厂的工人也大起恐慌，为免重蹈覆辙，便预先包围资方。资方没有安全感，本来没有逃跑计划者也纷纷逃跑。③ 如此恶性循环，恐慌情绪四散弥漫，劳资关系紧张混乱，劳资争议僵持不下，最后失业问题更加严重。毛泽东十分重视这

---

① 参见《经济情况初步好转　上海六万失业工人就业》，《人民日报》，1951 年 3 月 4 日。
② 参见《新民主主义的劳资关系的建立和目前存在的问题》，《人民日报》，1951 年 7 月 11 日。
③ 参见中国社会科学院、中央档案馆编：《1949—1952 中华人民共和国经济档案资料选编》（劳动工资和职工福利卷），中国社会科学出版社 1994 年版，第 140 页。

个问题,曾经致函陈毅强调:"目前几个月确实应当用大力来做调整公私关系,劳资关系,维持生产与救济失业的艰巨工作。"①1950 年 4 月 29 日,中央劳动部颁行《关于在私营企业中设立劳资协商会议的指示》,要求以民主协商原则改善劳资关系。4 月 30 日,上海市军管会颁布《上海市私营企业劳资协商会议组织通则》,明确规定劳资双方选派等额代表组成协商会议,每月开会至少两次。其协商程序为:双方代表会前通知对方拟协商的问题,征询各方意见;会议期间,轮值主席将问题逐一提交讨论;对于一般问题,经劳资双方代表一致同意即可达成协议,而对重大问题,则需经双方代表向有关人员和全体职工报告,待征得同意后才能达成协议;会中如有临时提议,应待各项议程讨论完后提出,并经双方同意始能讨论;凡有重大事项达成协议,须写三份会议记录,双方代表签字之后,各执一份,另一份送市劳动局备案。通则颁布之后,全市私营企业纷纷建立劳资协商会议。据不完全统计,截至1951 年 2 月,上海已成立厂店劳资协商会议 612 家,行业性劳资协商会议 91个。自 1950 年 6 月至 1951 年 8 月,上海各业经劳资协商,围绕生产、雇用、奖惩、服务、劳保福利等问题订立劳动契约 6783 件,涉及 929059 人。②

协商会议设立之初,劳资双方对其不无思想顾虑。有些资本家依然轻视工人,不愿与其平等协商,在管理企业时依旧压制工人。另有资本家害怕劳资协商会议侵犯自身的企业所有权或管理权,对于协商会议敷衍应对,并不积极。有些工人害怕资方提出过多困难,担心自己会被减薪或解雇。还有少数工人则想强迫资方分厂分店,不愿实行劳资协商。针对这些错误思想和做法,上海市委和政府积极宣传,指出机器多由工人使用,资方如若继

---

① 毛泽东:《关于目前几个月的工作方针给陈毅的电报》,载中共中央文献研究室编:《建国以来毛泽东文稿》(第 1 册),第 312 页。

② 参见《劳资协商会议有关文件》,劳动出版社 1951 年版,第 6 ~ 10 页。上海市劳动局第三处调查研究室编:《上海市劳资协商会议检查报告》,1951 年,第 3 页。中国社会科学院、中央档案馆编:《中华人民共和国经济档案资料选编 1949—1952 劳动工资和职工福利卷》,中国社会科学出版社1994 年版,第 83 页。转引自霍新宾:《建国初期劳资关系的国家整合——以上海劳资协商会议为中心》,《中国经济史研究》,2010 年第 3 期。

续压制工人,工人积极性不足,机器效能也会减低,这对资本家并无好处,与工人协商不会影响资方经营权,反会提高资方的管理效率;而工人在资方确有困难时,也应适度让步,维持生产,这种让步符合工人阶级的长远利益。总之,劳资协商必须兼顾"发展生产"和"劳资两利"。只有发展生产,才能吸纳更多工人就业,才能逐步改善工人的生活条件。也只有发展生产,资方才能维持企业,有利可图,最终积累资本,扩大规模。因此,劳资协商要以劳资两利为原则,不能偏袒一方。经过宣传教育,劳资双方渐渐消除顾虑,端正态度,认真通过协商彼此沟通。上海劳资协商会议最初多是解决疏散、解雇等争议问题,此后更进一步,开始探讨改善经营和保本生产等积极问题。事实证明:凡是顺利召开协商会议的行业或企业,劳资双方积极性都显著提高。工人多能努力增加生产,厉行节约,自愿减薪或轮班工作以维持生产,主动帮助资方克服困难。资方也能逐步改变经营方针和管理方法,一改消极观望态度,转而设法增加资本。[①] 由于劳资双方共同协商努力,某些私营企业得以维持,甚至生产大幅提高,失业恶化趋势由此大大缓解。

四

公众对于执政党的评价,与民生有无改善密切相关。而大力解决失业问题则是改善民生的重要举措。上海解放初期,中国通过筹措救济基金、以工代赈、生产自救、转业训练等临时性应急措施,大力救助失业工人;同时推动劳资双方建立协商会议,稳定资方信心,避免失业继续恶化。在切实帮助失业工人解决问题的同时,中共也注重教育引导,使党的形象更为清晰。上海市失业救济委员会成立之初,陈毅就曾明确提出:"中央人民政府在国家财政还有很大困难的时候,仍然拨出巨额救济粮食,认真地领导着受灾农民和失业工人的救济工作,又一次表现了人民政府真正为人民服务的本质。……中国人民只有在共产党毛主席领导下,建立了自己的人民政权以后,才能得

---

① 参见《争取劳资关系更加正常化》,《人民日报》,1950年7月4日。

到如此的关怀和爱护。"①陈毅强调中共对于失业救济的意义,就是希望突出中共执政为民的形象。上海市失业工人救济委员会也举办学习班,组织丝织、化学、手工、码头、印刷、建筑、染织、毛纺、店员、橡胶等 15 个部门的失业工人一万一千余人参加学习。学习课程包括"当前形势""劳资关系""国际主义""土地改革""社会发展史"以及"救济办法和以工代赈"等。通过这些课程,对失业工人开展时事教育和阶级教育,使其提高政治觉悟,树立信心,积极为新中国的建设事业服务。②

　　一方面切实解决失业工人的问题,一方面对其加以教育,通过这些工作,工人觉悟逐渐提高。新国家与新执政党的正面形象,在工人心中也逐渐树立起来。当时曾有工人面对海军的捐助和慰问,十分感慨:"这样关心我们:比自己佩戴的黄金还宝贵!""这样关心我们:比自己血统的家属还亲切!""这样关心我们:比自己的生命还重要!""永远记住这伟大的友爱,搞好学习,搞好工作。将来进了工厂,要搞好生产。"还有工人利用墙报,检讨对于失业原因与前途的错误看法,表示未来一定搞好工作与学习。有些失业工人有点积蓄,自愿不领急救米,甚至捐出部分积蓄去救别人。③ 从 1950 年 5 月到 1954 年 6 月,通过上海市政府劳动局介绍或办理备案手续,失业工人得到安置或实现长期就业者二十七万一千余人。对比今昔,有的失业者不免感叹:"旧中国使我失业,新中国使我得到职业。我明白了,只要祖国有前途,我们失业工人也有前途。"④"解放前,我们工人在业也是吃苦,但解放后,失业的也有政府照顾,给我学文化,学技术,学会技术,自然就有了工作。这时,我才想到从前那样的急躁完全是不必要的。""我们是工人阶级,国家就是我们工人阶级领导的,共产党是我们自己的党,国家有了办法,我们也一

①　中共上海市委党史研究室:《陈毅在上海》,中共党史出版社 1992 年版,第 92 页。
②　光军、希仑:《提高政治觉悟认识光明前途　沪万余失业工人将参加学习》,《人民日报》,1950 年 7 月 18 日。
③　林韦:《上海失业工人学习班》,《人民日报》,1950 年 7 月 17 日。
④　张祺:《上海解决失业问题的巨大成就》,《人民日报》,1954 年 9 月 26 日。

定有好日子过。"①

　　总之,中共成为执政党后,负有管理社会之责。失业是重大社会问题,关系公众切身利益。能否解决这一问题,直接影响公众对于执政党、政府和社会的形象评价,影响其政治态度和政治倾向。建国初期党在上海成功解决失业问题,展现了治国理政的新形象。多数失业者获得救济,或通过党和政府实现再就业,生活得到保障。他们对党和政府的信任度与满意度、对新政权的政治认同,都显著提高。这对今天中共以做好就业工作来提升政党形象,仍然不无启示。

---

① 《失业工人就业后举行座谈会》,《新民晚报》,1952 年 12 月 2 日。

新中国成立初期上海的反腐败工作
与党的清廉形象的树立

（中共上海市委党史研究室　刘明兴）

【摘要】国民党政权的腐败在中共领导人当中留下了深刻的印象,为了吸取国民党抗战胜利后在接收上海时的教训,在上海解放前后,中央、华东局和上海市委猛打反腐"预防针",通过加强牢记"两个务必"、谨防"糖衣炮弹"思想教育,提醒干部注意廉洁自律。然而,环境的改变加上大量留用旧员,简单的强调和诫勉已经无济于事,贪污腐败现象十分严重。为此,上海在中央统一部署下相继发动了整风运动、"三反"运动等,并建立了纪委监察机构惩治腐败分子,追缴了大量赃款,对许多人员起到了教育作用,加上社会主义改造运动的实施,腐败现象大为减少,党在上海人民群众中逐渐树立起清廉形象。

【关键词】反腐败　整风　三反　监督　清廉

防止腐败,保持清廉,是任何一个政党追求的目标。如今腐败已经成为民众反映较多的问题,而中央也认识到了此问题的严重性,坚决采取措施,大力反腐。这期间,中外政党许多有效的反腐经验值得学习,而我们党自己历史上的良好做法,特别是党执政后在建国初期所采取的一系列行之有效的反腐败措施,更值得总结、参考和借鉴。建国初期的上海,新旧交替,情况复杂,中国共产党如何在这个有着国际影响力的全国最大城市立足,并涤荡国民党政权留给上海市民不好的印象,树立起自己的良好形象,成了中央和市委的重点工作之一。

一、猛打反腐"预防针"

国民党政权在大陆的垮台与其腐败密切相关,特别是在抗战胜利后,官员的贪污腐败之风更盛。那些接收沦陷区的军政要员个个以英雄自居,占豪宅,要名车,收金子美钞,交美女,被时人讽刺为"五子登科",活生生地把接收变成了"劫收"。上海地区受降官汤恩伯"借买房子办学校的名义,把日侨管理处的全部房屋变成了私产;派军医官接收了一家日侨所办的医院,改为私人经营的光沪医院;纵容其胞弟劫掠大批机械,在周家嘴路开办了吸收日本技术人员参加的协兴工厂;借口为美军设立招待所,擅自从日侨财产中拿走冰箱、地毯、沙发、餐桌等高级物品;私自吞没了日侨呈献的许多文物图书、名贵军刀"①。上海市市长钱大钧以各种手段抢得大批金条,副市长吴绍澍抢得的金条也为数惊人。② 派往东北、台湾、华中、华东等地区接收的许多官员也都中饱私囊、堕落腐败。如此林林总总,使得全国人民极大愤怒和反感,这也引起了蒋介石的注意。蒋经国则在乃父授意下在华北发起"反贪污运动"③和在上海进行"打虎"运动,试图扭转这个局势,可惜都是有头无尾,无功而返。

随着解放战争的节节胜利,中共获得全国政权的希望逐渐成为现实。在此过程中,国民党官员的腐败让毛泽东看在眼里,记在心里,他十分担心环境的改变会腐蚀党员干部。因此,在中共七届二中全会上,毛泽东在报告

---

① 崔美明:《上海"劫收"实录》,《档案与历史》,1986 年第 2 期。

② 参见何汉文:《大劫收见闻》,载中国人民政治协商会议全国委员会文史资料研究委员会编:《文史资料选辑》(第 55 辑),文史资料出版社 1965 年版,第 23 页。

③ 刘瑶章:《忆蒋经国在华北的"反贪污运动"》,载中国人民政治协商会议全国委员会文史资料研究委员会编:《文史资料选辑》(第 42 辑),文史资料出版社 1964 年版,第 211 页。

中就提到廉政问题,特别提醒胜利对党的影响,"因为胜利,党内的骄傲情绪,贪图享受不愿再过艰苦生活的情绪,可能生长。因为胜利,人民感谢我们,资产阶级也会出来捧场。敌人的武力是不能征服我们的,这点已经得到证明了。资产阶级的捧场则可能征服我们队伍中的意志薄弱者。可能有这样一些共产党人,他们是不曾被拿枪的敌人征服过的,他们在这些敌人面前不愧英雄的称号;但是经不起人们用糖衣裹着的炮弹的攻击,他们在糖弹面前要打败仗。我们必须预防这种情况。"他还特别强调:"务必使同志们继续地保持谦虚、谨慎、不骄、不躁的作风,务必使同志们继续保持艰苦奋斗的作风。"①

随着战事不断推进,上海等江南地区的接管工作被提上了议程。为了防止接管人员重蹈国民党"劫收"上海等沦陷区的覆辙,1949 年 4 月,根据中央指示原则和各地接管城市的经验,华东局拟定了《中共中央华东局关于接管江南城市的指示(草案)》,强调了公职人员的廉洁问题,"一切机关及部队人员应保持艰苦朴素作风,不准私受馈赠,私取公物。反对贪污腐化堕落行为"②。1949 年 5 月,华东局颁布《入城纪律十二条》,再次重申了接管江南城市指示中所强调的内容。③

根据中央和华东局指示精神,上海市军事接管委员会第二次会议在谈接管纪律问题时强调"保持艰苦朴素的传统作风,反对享乐、腐化、贪污"。"参加接管人员特别要注意不应接受礼物及请客,以免贻误公事,不应以多报少,以好报坏,从中贪污私肥,这是接管人员重要规则。"④

1949 年 7 月 12 日,上海市人民政府强调要克服纪律松懈,不安心工作,

---

① 毛泽东:《在中国共产党第七届中央委员会第二次全体会议上的报告》,人民出版社 1978 年版,第 18～19 页。

② 《中共中央华东局关于接管江南城市的指示(草案)》,载上海档案馆编:《上海解放》(中),中国档案出版社,2009 年 10 月第 1 版,第 173 页。

③ 《中共中央华东局颁布〈入城纪律十二条〉》,载上海档案馆编:《上海解放》(中),中国档案出版社 2009 年版,第 206 页。

④ 《上海市军事接管委员会会议记录》,载上海档案馆编:《上海解放》(中),中国档案出版社 2009 年版,第 219 页。

"要房子、要车子、要待遇、要地位"①的现象。1949年9月3日，陈毅市长则在市政府全体工作人员大会上指出："有外快的就是贪污，贪污就要惩办，这是大的政治原则"，并希望大家都来监督并指出来，"上海市民的眼睛是亮的，在短期内或者不敢讲，但我今天宣布了，你们就可以讲"。②

虽然从中央到上海地方都在强调必须注意干部的廉洁问题，但是入城一个月后，一些问题还是出现了。"旧社会之诱惑力也能使我们队伍中的一些人思想上起共鸣作用，资产阶级之影响已日渐发生。政府工作人员与工人群众接触少，与资产阶级见面多；一些人不过小组党的生活，批评与自我批评缺乏，由此日渐特殊起来；不团结现象在发生，纪律亦渐渐松懈起来，不安心工作也日见抬头。"③经济部门的干部特别容易出问题，《华东区财委党委关于自进入上海以来党的工作的总结》指出："有一部分同志来上海后，被都市物质所引诱，享乐思想发展，甚至发生贪污腐化行为，如财政部镇江粮站(原文如此)副站长×××与商人合伙经商牟利，包庇商人，走私漏税，从中贪污米三十余石，人民币二十万元；物资接管处×××盗卖物资，贪污金戒子两只，人民币二十万元。"④

如此情况使得中央和毛泽东认识到，单纯的强调和诫勉已经无济于事，腐败之风大有蔓延之势，有必要采取一些措施整饬害群之马，刹住不良风气。

二、反腐败工作的推进

获得政权后，如何保持长期执政的合法性，与中国共产党的反腐败程度

---

① 《上海市人民政府关于接收一个月来之工作综合报告》，载上海档案馆编：《上海解放》(中)，中国档案出版社，2009年10月第1版，第238页。

② 中共上海市委党史研究室、上海市档案馆编：《接管上海》(上)，中国广播电视出版社，1993年2月第1版，第137页。

③ 《上海市人民政府接管工作第一个月综合报告》，载上海档案馆编：《上海解放》(中)，中国档案出版社，2009年10月第1版，第236页。

④ 《华东区财委党委关于自进入上海以来党的工作的总结》，载上海档案馆编：《上海解放》(下)，中国档案出版社，2009年10月第1版，第494页。

密切相关。当意识到腐败问题严重后,中央迅速采取行动,在全国开展了多方面的反腐败运动。在中央的统一领导和部署下,上海积极推进反腐败工作。

随着全国执政地位的确立,中央发现一些干部的思想作风、行为举止、工作态度等都发生了明显变化,再加上新进党员较多,实有必要在全党范围内进行一次整风运动。1950 年 5 月 1 日,中共中央发出《关于在全党全军开展整风运动的指示》,明确指出整顿干部作风,要防止"贪污腐化、政治上堕落颓废、犯法违纪等极端严重现象发生"。

8 月 4 日,上海市委公布了《中共上海市委整风计划》,开始在中央的部署下进行整风。《计划》指出部分党员干部"经不起胜利的考验与城市物质的引诱,产生以功臣自居,骄傲自满的情绪,和滋长着腐败堕落的倾向",这种情况是严重的,"群众已在党的公开过程中,提出很多批评"。整风就是要根据实际情况纠正这种"以功臣自居,骄傲自满的情绪和腐败堕落的倾向"。《计划》提出了本市整风的具体要求、整风对象、整风步骤和方法。整风的要求是"必须和当前中心工作密切联系,特别是要和整编后研究新的工作方法,改进工作相结合"①。整风对象首先着重比较负责的干部,包括科处长以上干部、领导一个企业或部门的军事代表、经理、主任、区委委员、机关总支书、各系统的区的负责人员以上的干部,以及军队团以上的干部,然后通过他们再去领导一般党员干部的整风。整风的基本方法是举办整风轮训班及召开在职干部的整风会议。为了整风运动的顺利开展,在市委领导下成立全市整风学习委员会以领导全市整风工作。

全市的整风运动分为两个阶段。第一阶段是举办轮训班,培养整风骨干,使其回去后与在职干部一起,开好整风会议。整风轮训班共有来自各系统的科处以上干部 368 人,从 8 月 11 日开始,经过树立正确态度掌握整风精

---

① 《中共上海市委整风计划》,载中共上海市委党史研究室、上海市档案馆编:《上海党建文献选编》(下册),中共党史出版社 2011 年版,第 512 页。

神,学习文件酝酿检讨,找出问题分析检查和总结各步骤,于 9 月 8 日结束。第二阶段是各系统各单位召开整风会议进行整风。9 月中旬起,市委、市政府及各部、局先后召开整风会议,至 10 月底结束。之后,各系统各单位按照要求先后召开整风会议进行整风,至 1950 年底基本结束。全市参加整风的党员干部近一万人,"通过整风,发现了存在于党的工作和作风上的主要毛病,提高了认识,并提供了改进工作的方法。这次整风虽然重在整顿党的工作,但也是一次很好的廉政教育,使广大党员对工作上的官僚主义、命令主义和贪图享乐、腐化堕落等错误思想与行为都有所警惕"①。

为了恢复国民经济,扭转财政困局,支援抗美援朝运动,中央于 1951 年 10 月发起增产节约运动。在运动过程中,东北局首先发现干部贪污腐化、铺张浪费的现象十分严重,遂开展了"反贪污、反浪费、反官僚主义"的运动,并将此情况总结汇报给中央。毛泽东得知后十分重视,在批语中肯定了东北局的各项经验,要求在增产节约运动中进行三反斗争。11 月 20 日,中央将东北局的报告和毛泽东的批语一并转发各地,要求各地汇报情况。之后,中央陆续收到各中央局关于贪污腐败的报告,特别是华北局关于刘青山、张子善特大贪污案的报告,深深触动了毛泽东。他在批语中指出:"这件事给中央、中央局、分局、省市区党委提出了警告,必须严重地注意干部被资产阶级腐蚀发生严重贪污行为这一事实,注意发现、揭露和惩处,并须当作一场斗争来处理。"毛泽东认为"需要来一次全党的大清理,彻底揭露一切大、中、小贪污事件,而着重打击大贪污犯,对中小贪污犯则取教育改造不使重犯的方针"②。12 月 1 日,中共中央印发《关于实行精兵简政、增产节约、反对贪污、反对浪费和反对官僚主义的决定》的通知和毛泽东对决定稿的批语和修改,正式拉开了全国"三反运动"的序幕。

---

① 李军:《建国初期上海的廉政建设》,载中共上海市委党史研究室编:《历史巨变 1949—1956》,上海书店出版社 2001 年版,第 475 页。

② 毛泽东:《关于"三反"、"五反"》,载《毛泽东文集》(第 6 卷),人民出版社 1991 年版,第 190 ~ 191 页。

1951 年 12 月 19 日上海市委下发《关于开展精简节约、反贪污、反浪费、反官僚主义斗争的指示》,指出在上海一部分老干部及党员中有贪污腐化堕落的行为,在公安人员、税务人员、贸易、合作社、仓库等人员中更为严重,已大大地影响了党在群众中的威信,因此要求"所有机关、团体中之党、群干部,除典型整党单位外,均应毫无例外地在党的统一领导下,积极参加反贪污、反浪费、反官僚主义的运动"①。此后,市、区各界人民代表会议,市府委员会和市协商委员会联席会议,干部动员大会,高级干部会议等各种会议相继召开,传达中央及市委指示,层层动员。12 月 28 日,还专门成立了以潘汉年为主任的上海市增产节约委员会,以盛丕华为主任的上海市节约检查委员会,作为指导和检查此次运动的专门机构。

在进行动员后,按照中央的要求以及市委部署,上海"三反"运动大致经历了领导带头,层层检讨,开展检查、检举与坦白运动;集中力量清查大贪污分子,即打"大虎";核查与处理以及思想建设与组织建设等阶段。

1951 年 1 月 5 日,市领导刘长胜、潘汉年带头检讨并起到示范作用。此后,市委各部、处长,市府各局、处长等都作了检讨,每个党员也联系自己,进行检讨,紧接着发动群众提意见。2 月 1 日,市政府召开坦白检举大会,有 2000 多人参加,市区机关同时组织工作人员收听大会实况转播。到这次大会时止,市府办公厅、税务局、公安局等 21 个市级单位中,已有 3100 多人坦白了自己的贪污行为,金额达 37 亿多元。②

随着运动的开展和深入,毛泽东发现必须集中打击大贪污犯即"大老虎"才能更有威慑力。1952 年 1 月 23 日,毛泽东在有关电报中指出:"凡属大批地用钱管物的机关,不论是党政军民学哪一系统,必定有大批的贪污犯,而且必定有大贪污犯('大老虎')。""在每一部门、每一地区'三反'斗争

---

① 中共上海市委党史研究室、上海市档案馆编:《上海党建文献选编(1949—1976)》,中共党史出版社 2011 年版,第 554 页。

② 实际上后来发现有些是干部工作错误并非贪污。参见一今:《上海市的"三反"、"五反"运动》,《上海党史》,1990 年第 6 期。

激烈展开之后，就要将同志们的注意力引向搜寻'大老虎'，穷追务获，不要停留，不要松劲，不要满足于已得成绩。"①2 月 10 日，毛泽东在华北局后勤部"三反"报告上批语："大贪污犯是人民的敌人，他们已经不是我们的同志或朋友，故应坚决彻底干净全部地将他们肃清，而不应有丝毫的留恋或同情。"②

根据毛泽东和中央指示，上海的"三反"运动迅速转入"打虎"阶段。2 月 8 日，上海市委就决定成立各级"打虎"组织，总指挥为刘长胜、潘汉年，下辖财经、政法等 11 个大队，大队下设中队，中队下设小队。按照华东局分配，上海全市"打虎"预算为"大老虎"750 只，"小老虎"2800 只，共 3550 只。③而后指标迅速增加，最后上海共打出"大老虎"1390 只，"小老虎"8303 只，共9693 只。3 月下旬开始，上海根据中央指示精神对各类贪污分子进行清理定案。本着认真负责、实事求是的原则，克服单纯追求数量的狂热，上海最后被定性为"大老虎"36 只，"小老虎"1012 只，相比之前的指标已经大幅度的下降了。

定案工作完成后，上海"三反"运动进入了最后阶段，即思想建设和组织建设。在思想建设方面，重点是要求划清工人阶级与资产阶级的思想界限，按照各个部门的不同特点批判错误思想；在组织建设方面，重点是选拔经过运动锻炼的优秀分子充实到干部队伍和各级领导岗位上，加强各项制度建设，杜绝贪污、浪费等腐败现象的再度滋长。④

上海共有 40 多万人参加了"三反"运动，揭露出来有贪污行为者 36464人，贪污金额 1023 亿元，退回赃款 378 亿元，受到各种刑事处分者 791 人，行

---

①　《毛泽东关于"三反"斗争展开后要将注意力引向搜寻大老虎的电报》，载《建国以来重要文献选编》(第 3 册)，中央文献出版社 2011 年版，第 51 页。

②　毛泽东：《关于"三反"、"五反"》，载《毛泽东文集》(第六卷)，人民出版社 1999 年版，第195 页。

③　"大老虎"指贪污人民币 1 亿元以上者，"小老虎"指贪污 1000 万以下者。

④　沈逸静：《"三反"、"五反"运动在上海》，载中共上海市委党史研究室编：《历史巨变 1949—1956》，上海书店出版社 2001 年版，第 192 页。

政处分者 6651 人。

而后，市委还发动了"新三反"运动、反贪污宣传学习运动等，对腐败形成一种高压态势，保持对腐败分子的震慑力。

三、纪检监察机构的建立与运作

贪污腐败行为一经发现，中央和毛泽东都坚决采取措施给予打击和惩治。但是，要从根本上解决党员干部的腐败问题，必须加强监督，在制度上规范党员干部的行为。因此，党的纪检监察机制便伴随着各项反腐运动不断发展健全。

为了加强党的组织性和纪律性，1949 年 11 月，中央作出《关于成立中央及各级党的纪律检查委员会的决定》，正式成立中央纪律检查机构，以朱德为书记。决定还规定了各中央局、分局、省委、区委、市委、地委、县委均设立纪律检查委员会。上海的纪检工作最初由华东局纪律检查委员会监管，1950 年 11 月 28 日，经中央和华东局批准，上海市委纪律检查委员会正式成立，以王尧山为书记，刘坦为副书记。接着，各级党纪律检查委员会相继成立。到 1952 年 1 月，37 个区委、市郊工委及 16 个机关总支成立了纪律检查委员会。

上海市纪律检查委员会成立后，在市委的领导下积极开展工作，配合市委反腐败工作，重点查处违法违纪行为。1951 年全年受理各种违纪案件 274 件，其中贪污蜕化堕落 85 件，占 31%。一年来各级党委接受党员、群众检举控告案件 65 起，群众控告中以贪污腐化堕落最多。可见，群众对党员干部的贪污腐败深恶痛绝。为了向群众表明我党惩治腐败的决心，也为了更好接受群众监督，在讨论党员处分或者宣布处分决定时，必要时吸收群众参加，提高群众对党的认识，改善党群关系。还将有教育意义的五个重大案件在党报上公布，起警示作用。

1952 年上海市按照中央统一部署，开展"三反"运动，纪委工作则是围绕"三反"运动展开。"打虎"阶段，运动开展不顺，纪委在市委的支持下，处分了一批"手面不干净、打虎不力及作风恶劣或有其他严重错误"的干部后，才逐渐打开局面。在"三反"运动中各级纪委会所有干部基本上都投入了运动，很多负责干部都直接参加打虎，大部分专职干部则作材料工作与处理斗争中纪律处分问题。整个运动中上海市查处贪污分子 36464 人，其中党员1380 人。① 按照中央改造与惩治相结合的方针，给予各种刑事处分和行政处分 7442 人，党员开除党籍 59 人。

　　1953 年市纪委在市委和华东局纪委的领导下，查处案件 934 件，办理完结 753 件，对相关人员分别给予开除党籍、留党察看、撤销工作、警告、劝告等处分。1953 年 11 月，第二次全国纪律检查工作会议明确规定了党的纪律检查工作必须为党的总路线服务，保证党的总路线顺利进行。因此，市纪委明确了 1954 年的主要任务就是要在工业生产及其他各项中心工作中，向资本主义思想对党的侵蚀展开坚决的斗争，反对任何破坏党的团结的行为，并把隐藏在党内的反革命分子、阶级异己分子，以及不可救药的蜕化变质的分子清除出党。还特别提到要严格处理各种贪污分子。全年处理案件 358 件，其中贪污盗窃 38 人，腐化堕落 8 人，并给予相应的处分。

　　1955 年初，上海市纪委进行了一次专项检查，检查"三反"后党员的贪污情况。"据不完全统计，共发生贪污案件 150 件，内集体贪污 4 件。贪污分子150 人，内科长级干部 18 人，一般干部党员 94 人，一般党员 38 人……贪污总数为三亿五千五百廿六万一千一百元（旧币）"，并给予相应处分。由于个人遭受资产阶级思想的侵蚀，追求享乐，加上制度不健全以及领导上的思想麻痹和官僚主义，这些党员干部堕落为贪污腐败分子。因此，市纪委希望加强对党员的共产主义品质和遵守国家法纪的教育，随时检查、批判那些贪图享乐、生活腐化等资产阶级的思想和行为，以提高和巩固党员的思想阵地，同时还必须抓住典型的贪污盗窃案件，大张旗鼓地严肃处理，使纪律与教育紧密地结合起来。还要克服麻痹思想，提高警惕，严密制度，加强督促检查，

---

① 参见李寅初：《上海"三反"运动研究》，2012 年上海师范大学硕士研究生毕业论文。

堵塞贪污分子可能利用的一切漏洞,贯彻"三反"后处理"从严"的方针,严肃处理那些有贪污行为的党员,并要注意克服各种姑息、纵容贪污分子的错误思想和行为。

在市委设立纪委的同时,市政府也成立了相应的监察机构,通过对政府机关、财政企业部门等相关人员的监督,查处其中的贪污腐化、违法失职等行为,尽力铲除腐败现象。

四、党的清廉形象的树立

新中国成立前后,中央、华东局及上海市委一再提醒干部要廉洁自律,清清白白,然而,环境的改变带来心态的变化,一些干部滑向了腐败的泥潭,加上留用了许多旧人员,使得贪污腐败现象十分严重。为此,上海在中央部署下相继发动了整风运动、"三反"运动、反贪污宣传学习运动等,并建立了纪委监察机构惩治腐败分子,希望以此杜绝腐败现象,避免重蹈国民党官员在上海市民中留下极坏印象的覆辙。

一系列的反腐败运动和斗争,惩治了大批腐败分子,追缴了大量赃款,对许多人员起到了教育作用,遏制了腐败现象的蔓延,党员干部的贪污腐败现象明显减少。"在组织上清理贪污分子,扫开了障碍新生力量前进的绊脚石,大批的积极分子涌上了许多重要的工作岗位,并为吸收新党员、新团员创造了很好的条件;在思想上则洗涤了思想总的污垢,普遍树立朴素的正派作风,使国家工作人员和广大群众的精神面貌焕然一新。"①

然而单独一个运动或者斗争只是治标不治本,腐败现象会暂时减少,过段时间往往又会死灰复燃,因此中央才会不断地发动运动和斗争,尽力遏制。大规模且持续不断的反腐败运动,形成一种高压态势,对党员干部、政府工作人员形成一种极大的震慑力,不能说没有效果,只是腐败现象的持续发生更深层次在于制度问题。因此,国家"实行了社会主义改造,取消了市

---

① 夏浩:《"丰收"》,《文汇报》,1952 年 5 月 21 日。

场经济,包括一切可以联想到'奢侈'二字的生产和服务行业,确立起计划经济体制、平均主义的分配制度和闭关锁国的政策。正是这些制度和政策强制性地在权力和金钱之间设置了障碍,使党政工作人员大笔贪污公款和进行奢侈性消费的难度大大增加。"①到 1956 年时,上海市党政干部腐败现象已经大幅度减少,人民群众已经将廉洁作为共产党区别于国民党的重要标志,在他们心中,中国共产党逐渐树立了清廉形象。

---

① 杨奎松:《中华人民共和国建国史研究 1》,江西人民出版社 2009 年版,第 307 页。

新时期中国共产党形象建设的科学谋划①

（复旦大学望道研究院　谈思嘉）

【摘要】邓小平是新时期党的形象建设的总设计师,他在晚年基于对党的前途命运的审慎思考,独具匠心地从三个方面为党的形象建设做了科学谋划,分别是在执政兴国中树立"改革开放的形象",在对外交往中树立"独立自主、不信邪、不怕鬼的形象",在管党治党中树立"安定团结的形象"。邓小平对党的形象建设的科学谋划不仅为新一届的领导集体制定了治国方略,有力保障了党内最高权力的顺利交接,而且站在改革开放再出发的新的历史起点上,对新时代进一步加强党的形象建设具有重要现实意义。

【关键词】邓小平　中国共产党　形象建设

中国共产党形象建设是一项关乎党的前途命运的重大理论问题和实践工程。在社会主义革命、建设和改革的各个历史阶段,中国共产党始终在探索和践行着塑造良好形象的有效途径,为中国共产党从胜利走向胜利奠定了重要保证。特别是在重大历史转折关头,中国共产党形象建设的价值显得尤为重要。1989 年,党的十三届四中全会在北京召开,江泽民当选为中共中央总书记,标志着以江泽民为核心的第三代中央领导集体宣告成立,中央

---

①　本文曾发表于《上海党史与党建》2019 年第 8 期。

领导集体顺利完成了新老交替。新一代中央领导集体走马上任后，中国共产党将如何震撼亮相？又该以何种形象呈现在世人面前？对此，富有政治远见和执政经验的邓小平在即将淡出政治舞台的关键时刻，基于对党的前途命运的审慎思考，独具匠心地从内政、外交和党的建设三个方面为党的形象建设做了科学谋划。特别是在 1989 年 5 月 31 日、6 月 16 日和 9 月 4 日三次与中央有关同志谈话做"政治交代"时①，邓小平系统回答了中国共产党如何实现"面貌一新"，确立了新时期党的形象建设的新目标。由此可见，邓小平不仅是改革开放和现代化建设的总设计师，更是新时期党的形象建设的总设计师。

一、在执政兴国中树立"改革开放的形象"

改革开放是决定当代中国命运的关键一招，不仅改变了中国的历史命运、中华民族的历史命运和作为执政党的中国共产党的历史命运，同时也"极大改变了中国的面貌、中华民族的面貌、中国人民的面貌、中国共产党的面貌"②。作为改革开放的总设计师，邓小平曾告诫党的新一届领导集体要塑造崭新积极的形象，首要的就是树立改革开放的形象。在新一届领导集体组建前，邓小平就曾在与中央有关负责同志谈话时强调，"有一个新的改革的面貌，是确定新班子成员的一个十分重要的问题。不是九分九，而是十分重要的问题"③，"中国一定要有一个具有改革开放形象的领导集体"④，"无论如何要给国际上、给人民一个改革开放的形象"⑤。为什么要树立改革

---

① 三次谈话要点收入《邓小平文选》第 3 卷，分别为《组成一个实行改革的有希望的领导集体》《第三代领导集体的当务之急》《改革开放政策稳定　中国大有希望》。

② 习近平：《在庆祝改革开放 40 周年大会上的讲话》，《人民日报》，2018 年 12 月 19 日。

③ 邓小平：《组成一个实行改革的有希望的领导集体》，载中共中央文献研究室编：《邓小平文选》（第三卷），人民出版社 1993 年版，第 297 页。

④ 邓小平：《改革开放政策稳定　中国大有希望》，载中共中央文献研究室编：《邓小平文选》（第三卷），人民出版社 1993 年版，第 318 页。

⑤ 邓小平：《改革开放政策稳定　中国大有希望》，载中共中央文献研究室编：《邓小平文选》（第三卷），人民出版社 1993 年版，第 315 页。

开放的形象？在邓小平看来，中国共产党在更新迭代之际，树立改革开放的形象可以消除人民对现实的困惑，符合人民期盼改革的诉求，增强人民对党和政府的信心，稳固党的执政根基。反之，"如果我们摆一个阵容，使人民感到是一个僵化的班子，保守的班子，或者人民认为是个平平庸庸体现不出中国前途的班子，将来闹事的情形就还会很多很多，那就真正要永无宁日"①。那么，改革开放的形象又该如何树立？

一是"要多做几件有利于改革开放的事情"②。因为"人民是看实际的"③，往往一个政党形象的好坏并不取决于政党说了什么，而是在现实中具体做了什么。新一代的领导集体只有"扎扎实实做几件事情"④，"真正干出几个实绩，来取信于民"⑤，才能得到人民的拥护，才能使人民真正认识到党是始终坚持改革开放的，是真正贯彻执行十一届三中全会以来的路线、方针、政策的。如此，党的改革开放形象也才能逐步确立起来。比如，党要制定好未来改革发展的战略规划，采取有力举措争取比较满意的经济发展速率，保证改革能够持续、有后劲，保证经济发展不滑坡。同时，除了要做使人民满意、高兴的事情外，也要注意避免让党的形象蒙尘落垢。邓小平在讲话中特别指出抓改革的同时，必须同抓惩治腐败结合、对照起来。要坚决反对腐败，加强反腐力度，对于腐败、贪污、受贿等违法乱纪案件，必须按照法律法规，该如何处理就如何处理，不管是谁都要受到法律的制裁，并且及时向人民公布案件处理情况。以往人民之所以会丧失对党的信任，就是因为在

---

① 邓小平：《组成一个实行改革的有希望的领导集体》，载中共中央文献研究室编：《邓小平文选》（第三卷），人民出版社1993年版，第296页。

② 邓小平：《第三代领导的当务之急》，载中共中央文献研究室编：《邓小平文选》（第三卷），人民出版社1993年版，第313页。

③ 邓小平：《组成一个实行改革有希望的领导集体》，载中共中央文献研究室编：《邓小平文选》（第三卷），人民出版社1993年版，第296页。

④ 邓小平：《组成一个实行改革有希望的领导集体》，载中共中央文献研究室编：《邓小平文选》（第三卷），人民出版社1993年版，第297页。

⑤ 邓小平：《组成一个实行改革有希望的领导集体》，载中共中央文献研究室编：《邓小平文选》（第三卷），人民出版社1993年版，第298页。

处理个别腐败案件时过于心慈手软,使人民误认为党在包庇腐败,也使腐败问题滋生蔓延。因此,邓小平反复告诫腐败问题必须处理,绝不姑息。

二是要有宽阔的胸襟,更大胆地推进改革开放。所谓宽阔的胸襟就是眼光不能够狭隘,思想不可以局促。邓小平曾强调凡是进入中央最高层的每一位成员,在考虑问题时一定要"从大局看问题,放眼世界,放眼未来,也放眼当前,放眼一切方面"①,而不受限于眼前、受限于当下、受限于小格局。具体到改革开放事业,就要求新一代领导集体坚定不移地继续坚持十一届三中全会以来制定的路线、方针、政策,特别是"要把进一步开放的旗帜打出去"②,避免回到过去封闭的状态。凡事都是"只要对长远有益就可以干"③,"遇到机会就不要丢,就是要坚持,要干起来,要体现改革开放,大开放"④。例如,邓小平晚年数次考察上海,直接推动了浦东的开发开放。特别是在1990年,邓小平在上海过春节期间,与上海的负责同志谈话时提出要思考采取什么大的动作能够在国际上树立起更加改革开放的旗帜,在回到北京后与中央有关同志交流时候又说道:"我已经退下来了,但还有几件事我还要说一下,那就是上海的浦东开放,你们要多关心。"⑤这无疑再次开启了浦东开发开放的新征程,经过认真地调查研究和充分论证,4月18日李鹏总理代表党中央、国务院在上海正式宣布同意加快浦东地区的开发和开放。此外,邓小平在讲话中特意强调选人用人时也要有宽阔的胸襟。无论和某人有无历史恩怨,无论对某人有多大成见,只要他是坚持改革开放路线并有政绩的,只要是真心诚意搞改革开放的,都要避免感情用事,将他吸纳到团队中

---

① 邓小平:《组成一个实行改革有希望的领导集体》,载中共中央文献研究室编:《邓小平文选》(第三卷),人民出版社1993年版,第300页。

② 邓小平:《组成一个实行改革有希望的领导集体》,载中共中央文献研究室编:《邓小平文选》(第三卷),人民出版社1993年版,第300页。

③ 邓小平:《第三代领导的当务之急》,载中共中央文献研究室编:《邓小平文选》(第三卷),人民出版社1993年版,第313页。

④ 邓小平:《组成一个实行改革有希望的领导集体》,载中共中央文献研究室编:《邓小平文选》(第三卷),人民出版社1993年版,第297页。

⑤ 谢金虎、张持坚:《中南海与浦东开发》,《瞭望》,1996年第17期。

来。至于存在的缺点和不足,可以在日后的工作中逐步改进。

二、在对外交往中树立"独立自主、不信邪、不怕鬼的形象"

"独立自主、不信邪、不怕鬼的形象"是邓小平在 1989 年 9 月 4 日的谈话中提出的。他认为,"世界上希望我们好起来的人很多,想整我们的人也有的是。我们自己要保持警惕,放松不得。要维护我们独立自主、不信邪、不怕鬼的形象"①。"独立自主"是中国共产党一贯坚持的外交原则,既要坚决捍卫国家主权和领土完整不受侵犯,坚决抵制任何国家和政党干涉中国的内部事务,决不会让步,同时也要尊重他国他党的独立自主,不做任何干涉。"不信邪"、"不怕鬼"则是"独立自主"原则的生动形象的表达,最早由毛泽东在其创办的《湘江评论》的创刊宣言中提出。他大声疾呼"天不要怕,鬼不要怕,死人不要怕,官僚不要怕,军阀不要怕,资本家不要怕"②,以此唤醒民众大联合,勇于反抗强权,以大无畏的革命精神投身于人类解放伟业。新中国成立后,毛泽东又多次在外交场合③谈到"不怕鬼"的问题。从字面含义理解,"不怕鬼"是指不畏惧迷信传说中的鬼怪,若放置于政治语境中则可以理解为在国内外反动势力面前要毫不畏惧、敢于斗争、敢于反抗。正如何其芳在《〈不怕鬼的故事〉序》④中列举,"大而至于国际帝国主义及其在各国的走狗,现代修正主义,严重的天灾,一部分没有改造好的地主阶级分子资产阶级分子篡夺某些基层组织的领导权,实行复辟,小而至于一般工作中的

---

① 邓小平:《改革开放政策稳定,中国大有希望》,载中共中央文献研究室编:《邓小平文选》(第三卷),人民出版社 1993 年版,第 319～320 页。

② 中共中央文献研究室编:《毛泽东年谱(一八九三——一九四九)》(上),中央文献出版社 1993 年版,第 48 页。

③ 毛泽东在 1956 年 5 月 6 日接见苏联等 11 个国家的代表团和驻华使节、1956 年 5 月 10 日接见民主德国人民议院访华代表团均发表了关于"不怕鬼"的论述。

④ 此文为何其芳选编的《不怕鬼的故事》的序言。根据何其芳回忆文章和《毛泽东年谱》记载,在 1959 年 5 月 6 日,毛泽东指示把中国的小说里一些不怕鬼的故事、小说编成一本小册子,以此"作为政治斗争和思想斗争的工具",鼓舞振奋中国人民敢于同帝国主义、反动派、修正主义作斗争。

困难、挫折等等"①,这些都是类似"鬼"的借代引申。

险恶复杂的国际形势决定了党要树立"独立自主、不信邪、不怕鬼的形象"。当时,国内政治危机刚刚解除,以美国为首的西方国家违背国际准则对中国内政横加指责,恶意编制各种有违事实的谣言来迷惑民众,并从6月起美国串通多国以不同形式对中国采取政治、经济等各个领域的制裁。此举不仅使中国国内生产总值增长率、进出口增长率和外商直接投资增长率均呈现大幅下降,给中国的改革发展造成了巨大障碍,而且使刚刚起步的外交工作新局面遭受严峻挑战,中国再次面临被排除在国际社会之外的危险。而当时邓小平提出的"要维护好独立自主、不信邪、不怕鬼的形象"的忠告,便为中国共产党指明了有效应对和打破西方制裁的最佳方案。

邓小平认为首先要坚守"不信邪、不怕鬼"的根本态度。"对美国采取什么态度很重要"②,而"不要怕,要立场坚定,礼貌周到"③是对以美国为首的西方国家这些"鬼"干涉中国内政、实施对华制裁所必然采取的严肃态度。回顾历史,中国"处于被孤立、被封锁、被制裁的地位有几十年之久,但并没有损害我们多少"④。因为世界上没有几个国家像中国一样是历经百余屈辱后建立起来的,世界上也没有几个政党像中国共产党一样是经过28年艰苦卓绝的革命抗争后取得执政地位的,无论是中国还是中国共产党都不可能随随便便就被打倒,不但国内没有人有这个本领,国际上也没有人有这个本领。所以,邓小平说"制裁措施我们不在意,吓不倒我们"⑤,"中国人吓不倒。我们不想得罪人,我们要扎扎实实干自己的事,但谁要干涉或吓唬我们,都

---

① 何其芳:《〈不怕鬼的故事〉序》,《人民日报》,1961年2月5日。

② 宫力:《邓小平与美国》,中共党史出版社2004年版,第550页。

③ 宫力:《邓小平与美国》,中共党史出版社2004年版,第550页。

④ 邓小平:《社会主义的中国谁也动摇不了》,载中共中央文献研究室编:《邓小平文选》(第三卷),人民出版社1993年版,第329页。

⑤ 中共中央文献研究室编:《邓小平年谱(一九七五——一九九七)》(下),中央文献出版社2004年版,第1284页。

会落空"①。因此，面对西方重重施压和制裁，"我们绝不能示弱。你越怕，越示弱，人家劲头就越大。并不因为你软了人家就对你好一些，反倒是你软了人家看不起你"②。

其次，要坚定"独立自主"的根本立场。"鬼"是不用怕的，但是光不怕"鬼"还不够，还要想方设法战胜"鬼"、制服"鬼"。正如毛泽东在克敌制胜问题上向来主张，不仅要在战略上藐视敌人，也要在战术上重视敌人。独立自主就是党向来坚持奉行的外交"战术"。这个"战术"的根本底线就是中国的内政外交一切事务，必须是自己根据自己的情况独立地、自主地处理，绝对不允许任何外来国家干涉与侵犯。"战术"的关键在于讲究策略和方法，只要策略和方法得当，任何事情都能水到渠成。当时，虽然以美国为首的西方国家对中国实行制裁，但却不可能阻挡中国同其他国家发展友好关系的步伐。因此，中国共产党只要牢记邓小平"冷静观察、稳住阵脚、沉着应付"的嘱托，积极开展独立自主的和平外交，以实际行动粉碎一切有损党的形象的谣言，必将打破以美国为首的西方国家集体对华制裁。

三、在管党治党中树立"安定团结的形象"

面对国内外严峻形势，稳定是压倒一切的，只有保持稳定才能实现国家持续发展，才能有序推进社会主义现代化建设，否则什么都搞不成。如何保持稳定则取决于是否有一个安定团结的领导集体。邓小平认为一个安定团结的领导集体是党和国家各项事业不断向前发展的根本性、全局性和长期性的政治保障。因此，他也希望新一代领导集体能够"给国际国内树立一个好的形象，一个安定团结的形象，而且是一个安定团结的榜样"③。如何树立

---

① 邓小平：《我们有信心把中国的事情做得更好》，载中共中央文献研究室编：《邓小平文选》（第三卷），人民出版社 1993 年版，第 326 页。

② 邓小平：《改革开放政策稳定，中国大有希望》，载中共中央文献研究室编：《邓小平文选》（第三卷），人民出版社 1993 年版，第 320 页。

③ 邓小平：《改革开放政策稳定，中国大有希望》，载中共中央文献研究室编：《邓小平文选》（第三卷），人民出版社 1993 年版，第 317～318 页。

安定团结的形象？

一是必须有坚强的领导核心。对于一个政党而言，坚强的领导核心至关重要，直接关系政党的团结和稳定。邓小平说："任何一个领导集体都要有一个核心，没有核心的领导是靠不住的。"①新中国成立以来，毛泽东凭借在革命时期立下的赫赫功勋和杰出的政治智慧，赢得了全党同志的拥护和爱戴，成为党的第一代领导集体的核心，领导中国人民在"一穷二白"的落后基础上创造性地完成了向社会主义社会的过渡。1978 年，在拨乱反正的关键时刻，邓小平重返政治舞台中心，成为党的第二代领导集体的核心，开启改革开放的伟大征程，使党和国家各项事业从陷入停顿和瘫痪的状态中重新步入正确轨道。可以说，正是因为不同历史时期都有一个坚强的领导核心，中国共产党能够一次次化险为夷，历经风浪仍旧能保持党的领导是稳固的。因此，邓小平强调"进入第三代的领导集体也必须有一个核心，这一点所有在座的同志都要以高度的自觉性来理解和处理。要有意识地维护一个核心，也就是现在大家同意的江泽民同志。开宗明义，就是新的常委会从开始工作的第一天起，就要注意树立和维护这个集体和这个集体中的核心。只要有一个好的政治局，特别是有一个好的常委会，只要它是团结的，努力工作的，能够成为榜样的，就是在艰苦创业反对腐败方面成为榜样的，什么乱子出来都挡得住"②。

二是必须形成集体领导体制。集体领导是中国特色社会主义政治制度优越性的重要特征，也是最适宜中国国情、最适应国际竞争的政治领导和决策机制。起初，它是中国共产党在战争时期开创的一项重要政治制度创新，并在新中国建立之初高效运行。然而在"文化大革命"期间，由于党内权力日趋集中，使这一制度受到一定程度的破坏，给全党留下了深刻的历史教

---

① 邓小平：《第三代领导集体的当务之急》，载中共中央文献研究室编：《邓小平文选》（第三卷），人民出版社 1993 年版，第 310 页。

② 邓小平：《第三代领导集体的当务之急》，载中共中央文献研究室编：《邓小平文选》（第三卷），人民出版社 1993 年版，第 310 页。

训。所以,在改革开放初期邓小平着手党和国家领导体制改革时特别强调"权力不宜过分集中。权力过分集中,妨碍社会主义民主制度和党的民主集中制的实行,妨碍社会主义建设的发展,妨碍集体智慧的发挥,容易造成个人专断,破坏集体领导,也是在新的条件下产生官僚主义的一个重要原因"①。后来,在关照新一代领导集体时,邓小平又重申了这一点,强调说"班子要搞好,关键是要形成集体领导。你们应该是一个合作得很好的集体,是一个独立思考的集体。要相互容忍,相互谦让,相互帮助,相互补充,包括相互克服错误和缺点。现在很需要一个这么好的集体,比过去更加需要"②。

三是必须加强党中央的权威。坚持党中央权威"是党和国家前途命运所系,是全国各族人民根本利益所在"③。早在 19 世纪末,马克思和恩格斯在领导国际共产主义运动时就对"权威"和"集中"进行了系统阐述。毛泽东也曾经在党的七大预备会议上,对加强党中央权威做过形象的表述,"一个队伍常是不大整齐的,所以就要常常喊看齐,向左看齐,向右看齐,向中看齐"④。换言之,只有常常喊看齐,那么发生偏差的地方才会向中央的基准看齐,党中央的权威才能得以加强,这是一条指引党的事业兴衰成败的铁律。陈云曾经提出过"各路诸侯太多,议而不决,决而不行,各自为政"⑤的批评。对此,邓小平十分赞同并强调新一代领导集体领导下的党中央一定要有权威,"中央定了措施,各地各部门就要坚决执行,不但要迅速,而且要很有

①　邓小平:《答意大利记者奥琳埃娜·法拉奇问》,载中共中央文献研究室编:《邓小平文选》(第二卷),人民出版社 1994 年版,第 344 页。

②　邓小平:《改革开放政策稳定,中国大有希望》,载中共中央文献研究室编:《邓小平文选》(第三卷),人民出版社 1993 年版,第 318 页。

③　《中共中央政治局召开民主生活会中共中央总书记习近平主持会议并发表重要讲话》,《人民日报》,2016 年 12 月 28 日。

④　毛泽东:《国际形势到了一个新的转折点》,载中共中央文献研究室编:《毛泽东文集》(第三卷),人民出版社 1993 年版,第 297～298 页。

⑤　邓小平:《改革开放政策稳定,中国大有希望》,载中共中央文献研究室编:《邓小平文选》(第三卷),人民出版社 1993 年版,第 319 页。

力"①。凡是有不听党中央指挥,削弱党中央权威的情况,都必须予以坚决处理,要坚决防止和反对一切可能的分裂势力和宗派活动。

四、历史意义与现实启示

邓小平在晚年对党的形象建设的科学谋划,科学回答了新时期要建设一个什么样的党的形象和如何建设党的形象的重要问题。这既是邓小平在以往执政过程中获取的历史经验总结,也是他在党和国家面临严峻形势下对党的形象建设提出的新的战略思考,具有十分重要的历史意义。一方面,为新一届领导集体的治国方略做了科学规划。20 世纪 90 年代前后,国际形势复杂严峻,世界格局瞬息万变,特别是东欧剧变、苏联解体导致的国际共产主义运动进入低迷时期。这让中国共产党也面临着一场何去何从的关键抉择,是继续坚持改革开放还是回归老路成为困扰党的一个重大理论和实践问题。邓小平提出的坚持"改革开放的形象"和"独立自主、不信邪、不怕鬼的形象",为新一届领导集体拨开迷雾,为保证党在世界形势深刻变化的历史进程中有效应对国内外各种风险考验和始终走在时代前列指明了方向。另一方面,为党内最高权力的平稳过渡提供了有力保障。权力交替是政治制度中的重要一环。王沪宁在《美国反对美国》一书中曾指出"任何政治体制,最为根本的问题之一是如何进行权力交替"②。如果不能很好地处理这个问题,往往导致政策摇摆、政局动荡,难以形成一个持续的稳定的政治秩序。而邓小平提出"安定团结的形象",有力地保障了党内最高权力的顺利平稳交接,为树立以江泽民为核心的党中央的领导权威,健全党的领导机制起到了关键性作用。

站在改革开放再出发的新的历史起点上,重温邓小平关于党的形象建设的科学谋划,特别是其背后所展现的建设逻辑,对新时代进一步加强党的

① 邓小平:《中央要有权威》,载中共中央文献研究室编:《邓小平文选》(第三卷),人民出版社1993 年版,第 277 页。

② 王沪宁:《美国反对美国》,上海文艺出版社 1991 年版,第 62 页。

形象建设同样具有重要的现实启示。

一是加强党的形象建设要坚持做好战略规划。习近平总书记强调"战略问题是一个政党、一个国家的根本性问题。战略上判断得准确,战略上谋划得科学,战略上赢得主动,党和人民事业就大有希望"①。虽然,马克思主义认为一步实际行动比一打纲领更为重要,而且中国共产党相比西方选举政治下的政党更注重在执政过程中树立党的形象,但是如果缺乏科学系统的设计规划,党的形象建设也会在实践中发生偏差。

二是加强党的形象建设要坚持以人民为中心的价值取向。坚持人民立场是马克思主义执政党区别于其他一切政党的显著标志。习近平总书记强调"人民是我们党的工作的最高裁决者和最终评判者"②。人民拥护不拥护、赞成不赞成、高兴不高兴、答应不答应是衡量一切工作得失的根本标准。党的形象建设要符合人民期待,人民对党的形象有什么期待,党就要努力建设什么样的形象,而人民反对什么、痛恨什么,就要坚决防范和纠正。

三是加强党的形象建设要坚持以提升执政绩效为根本途径。执政绩效的好坏与否是衡量党的形象建设好坏的基本标尺。如果一个政党的执政绩效是人民受益、人民欢迎、人民满意的,那么党的形象必然是受到拥护和认同的。如果一个政党的执政绩效不尽如人意,那么这个党的形象也不会好到哪里去。正如习近平总书记所说:"干出来的都是实绩,广大干部群众都会看在眼里、记在心里。"③加强党的形象建设必须要注重提升党的执政绩效,运用正确的理论、路线、方针、政策和策略有效建设国家政权和处理国际事务,让人民拥有实实在在的获得感、幸福感和安全感。

四是加强党的形象建设要坚持全面从严治党的基本要求。党的建设是

---

① 习近平:《在纪念邓小平同志诞辰 110 周年座谈会上的讲话》,《人民日报》,2014 年 8 月 21 日。

② 习近平:《在纪念毛泽东同志诞辰一百二十周年座谈会上的讲话》,载中共中央文献研究室编:《十八大以来重要文献选编》(上),中央文献出版社 2014 年版,第 698 页。

③ 中共中央文献研究室编:《习近平关于全面从严治党论述摘编》,中央文献出版社 2016 年版,第 150 页。

维护良好形象的基础性工程。如果党思想僵化、组织涣散、作风不纯、腐败严重，都会使党的形象受到损害。因此，加强党的形象建设必须坚持治国必先治党、治党务必从严，持之以恒地加强和改进党的政治建设、思想建设、组织建设、作风建设、纪律建设，把制度建设贯穿其中，深入推进反腐败斗争。特别是要在政治上和组织上全面加强党中央的权威和集中统一领导，以及在纪律上和作风上同一切腐败现象、不良风气作斗争。

我党执政形象建设的历史考察①

（盐城师范学院马克思主义学院　陶厚勇）

【摘要】在革命年代,党初步树立起敢于担当、一心为民、求真务实、发扬民主等良好的形象。新中国成立后,党确立并不断发展其执政形象。系统梳理总结九十多年来党在形象建设方面的历程和成功经验对于进一步提升和优化新形势下党的执政形象建设、提高党的执政水平,防范和应对执政考验以及巩固党的执政地位具有重要的指导意义。

【关键词】执政形象　党的建设

何谓政党形象,学者王长江认为政党形象"是一个综合的概念"②。尽管政党形象具有形式上的外在直观性,但其核心要义在于政党在革命和执政过程中形成的比较稳定的能够反映党的执政性质和宗旨的整体精神风貌。形象建设是中国共产党最宝贵的执政资源,在党的建设中占据极为重要的地位。党一贯重视自身形象建设,良好形象的树立使党赢得了最广大民众的拥护和支持,为赢得革命、建设和改革开放事业的胜利奠定了坚实的基础。系统梳理党的执政形象建设的历程和经验,对于进一步加强和完善新

---

① 本文曾发表于《重庆社会科学》2015 年第 4 期。
② 王长江:《政党政治原理》,中共中央党校出版社,2009 年,第 142 页。

形势下党的执政形象建设、提高党的执政水平，防范和应对执政考验、巩固党的执政地位具有重要的启示意义。

一、革命年代和建国初期，党的执政形象的塑造与确立

在艰苦卓绝的革命年代，毛泽东、周恩来等老一辈革命家初步塑造了一系列足以彰显党的性质和宗旨、体现时代要求、凝聚人心的中国共产党形象。新中国的成立，标志着党在全国范围内开始执政。新中国成立初期，在社会主义革命和社会主义建设早期探索的伟大实践中，面对更加复杂的形势和更为艰巨的历史任务，中国共产党更加重视自身形象建设，党的执政形象也正式确立。

第一，迎难而上、勇于担当的形象。心怀国家和民族的前途命运，勇挑重担、敢于负责是一种崇高的担当，也是中华民族的一个优良传统。"天下兴亡，匹夫有责""鞠躬尽瘁，死而后已""横眉冷对千夫指，俯首甘为孺子牛"等名言警句就是这一精神的生动写照。近代中国，我们曾学习西方走资本主义道路，但却屡屡受挫。就在中华民族于黑暗中为找不到一条正确的道路而苦闷彷徨的关键时刻，中国共产党人自觉承担起挽救国家和民族危亡的崇高使命。面对国民党的"围剿"、日本帝国主义的野蛮侵略以及党内"左"倾错误给革命带来的极大危害，毛泽东、周恩来等老一辈革命家胸怀对党、国家和人民高度负责的历史担当，与敌人进行坚决斗争，也与党内"左"倾错误进行了坚决斗争。正是共产党人的敢于迎难而上、勇于担责的宝贵品质，使党赢得了最广泛的拥护和支持，为赢得革命胜利奠定了坚实的群众基础。新中国成立后，面对百废待举、百业待兴的局面，党和毛泽东心急如焚，始终心怀把中国从一个落后的农业国转变为一个先进的工业国的高度使命感，党领导人民开始了艰难的社会主义建设探索，不仅奠定了当代中国的政治制度的基本格局，而且为新中国的工业化建设打下坚实的基础。

第二，立党为公、执政为民的形象。党是中国人民和中华民族根本利益的忠实代表者。自成立起，党就把全心全意为人民服务的宗旨写在了自己

的旗帜上。革命年代，我们之所以能够战胜重重困难，除了崇高的理想信念
的支撑外，还有一个极其重要的方面就是紧紧依靠各族人民群众的支持。
毛泽东曾反复强调"群众是真正的英雄"①，"群众观点是共产党员革命的出
发点与归宿"②。在革命实践中，党很好地贯彻了这一原则。譬如，党始终把
土地革命作为中国革命的中心内容。红军所到之处，积极开展土地改革，赢
得了老百姓的热情拥护与支持。不但如此，党和红军总政治部还颁布命令，
严格要求人民军队广大将士尊重群众利益，不得损害。1934 年 10 月，当红
军于长征途中到达苗族地区的时候，红军总政治部发布命令："实行民族平
等，在经济上政治上苗人和汉人有同样的权利！"③进入遵义城前夕又发布通
令，包括"取消一切苛捐杂税！""工人实行八小时工作制增加工资！"④等内
容。积极有效的群众政策和统战工作，使党和人民军队在群众中树立了良
好的亲民形象。在深刻总结革命实践经验的基础上，党的群众观点和群众
路线也日趋成熟。在 1945 年召开的党的七大上，毛泽东鲜明指出"人民，只
有人民，才是创造世界历史的动力"⑤。并且，群众路线的基本精神也正式写
入了这次大会通过的党章。

　　党在全国范围内执政后，继续保持着亲民的优良形象。建国初期，面对
国内外形势的严峻考验，党清醒认识到必须充分动员最广大人民群众的力
量，为维护国家主权、领土完整和建设社会主义而共同奋斗。毛泽东强调尽
管革命取得了胜利，但共产党人不能忘本，共产党员始终要做"人民的勤务
员"，甘当人民群众的小学生。他说"任何人不论官有多大，在人民中间都要
以一个普通劳动者的姿态出现。决不许可摆架子"⑥。他还把党群关系形象

---

① 毛泽东：《〈农村调查〉的序言和跋》，载《毛泽东选集》（第三卷），人民出版社 1991 年版，第
790 页。

② 毛泽东：《切实执行十大政策》，载《毛泽东文集》（第三卷），人民出版社 1996 年版，第 71 页。

③ 《遵义会议前后红军政治工作资料选编》，中央文献出版社 2010 年版，第 17 页。

④ 《遵义会议前后红军政治工作资料选编》，中央文献出版社 2010 年版，第 57 页。

⑤ 毛泽东：《论联合政府》，载《毛泽东选集》（第三卷），人民出版社 1991 年版，第 1031 页。

⑥ 毛泽东：《工作方法六十条（草案）》，载《建国以来毛泽东文稿》（第 7 册），中央文献出版社
1992 年版，第 56 页。

地比喻为"鱼水关系","如果党群关系搞不好,社会主义制度就不可能建成;社会主义就是建立了,也不可能巩固。"①和谐的党群关系,使得我们在较短的时间内就取得社会主义改造和"一五"计划的巨大成就,从而顺利实现了向社会主义的过渡。

第三,艰苦奋斗、勤俭建国的形象。"艰难困苦,玉汝于成","成由勤俭败由奢",中华民族素来就倡导吃苦耐劳和勤俭节约的优良家风。党为争取民族独立和国家解放的斗争史,就是一部艰苦奋斗的创业史。苏区时期,面对国民党的疯狂围剿而造成的经济困难局面,毛泽东主张苏区的财政金融安排"应该根据节省的方针""节省每一个铜板为着战争和革命的事业,为我们的经济建设……"②。苏区人民积极响应党和人民政府的号召,发扬优良传统,团结协作,开展生产自救,克服一切困难。抗战时期,由于日本帝国主义的猖狂进攻和国民党的严密封锁,陕甘宁边区的经济一度面临极大的困难,为战胜经济困难,党和毛泽东发出"自己动手、丰衣足食"的号召,边区领导干部以身作则,带领军民一起动手,同心协力开展了轰轰烈烈的大生产运动。正是由于边区军民之间同舟共济、艰苦奋斗,才克服了严重的生活困难,为赢得战争和革命事业的最终胜利奠定了坚实的物质基础。新中国成立初期,我们是在经济文化极其落后的基础上开始探索社会主义建设道路的,党和毛泽东一再强调"社会主义制度的建立给我们开辟了一条到达理想境界的道路,而理想境界的实现还要靠我们的辛勤劳动"③,要继续保持过去战争年代所形成的艰苦奋斗的优良传统,"根本的是我们要提倡艰苦奋斗,艰苦奋斗是我们的政治本色"④。

---

① 毛泽东:《一九五七年夏季的形势》,载《建国以来毛泽东文稿》(第6册),中央文献出版社1992年版,第547页。

② 毛泽东:《我们的经济政策》,载《毛泽东选集》(第一卷),人民出版社1991年版,第134页。

③ 毛泽东:《关于正确处理人民内部矛盾的问题》,载《毛泽东文集》(第七卷),人民出版社1999年版,第226页。

④ 毛泽东:《艰苦奋斗是我们的政治本色》,载《毛泽东文集》(第七卷),人民出版社1999年版,第162页。

第四,独立自主、实事求是的形象。独立自主、实事求是是马克思主义思想路线中国化的精辟概括。在探索适合中国实际的革命道路和社会主义建设道路上,经历过许多曲折。党真正独立自主地运用马克思主义基本原理解决自己的事情始于1935年初召开的遵义会议。在这之前,我们接受共产国际的指导。共产国际在指导中国革命过程中,虽然做出过一定的贡献,但也因其错误指导致使中国革命蒙受了损失。惨痛的教训使我们逐渐认识到把马克思主义基本原理和中国革命实际相结合的极端重要性。遵义会议的成功召开,标志着党开始从依赖共产国际的指导,从照抄照搬苏俄革命经验向独立自主、实事求是地解决中国革命基本问题的重大转变。在之后的革命实践中,党和红军坚持从自身实际出发,因地制宜、因时而异地制定方针、政策。譬如,抗战时期,党在军事上开辟敌后根据地,采取"麻雀战""地道战"等战略战术;在政治上,建立"三三制"抗日民主政权;在经济上,采取"农民交租交息、地主减租减息"的政策,等等。正是在独立自主、实事求是思想路线的指引下,我们方能取得革命的胜利。正如邓小平曾经指出的:"过去我们搞革命所取得的一切胜利,是靠实事求是。"[①]新中国成立后,尽管面对西方国家的敌视和封锁,我们依然坚定地选择了独立自主的和平外交政策。在社会主义改造过程中,党把马克思主义的过渡时期理论与中国新民主主义社会的实际相结合,从而走出一条有中国特色的社会主义改造道路。在探索社会主义建设的道路上,党提出要"以苏为戒",独立自主地走出一条符合中国国情的社会主义建设道路。遗憾的是,在后来的社会主义建设实践中,我们却违背了实事求是的原则,以至于犯了长达二十年之久的"左"倾错误。

第五,坚持民主集中制、勇于开展批评与自我批评的民主形象。民主集中制是党的根本组织制度和领导制度。充分发扬民主,坚持民主集中制原

---

① 邓小平:《解放思想,实事求是,团结一致想前看》,载《邓小平文选》(第二卷),人民出版社1994年版,第143页。

则是党的一个优良传统。以长征时期为例，党在这一时期较好地展现了民主的形象。如在黎平会议上，毛泽东提出改道贵州的主张，与博古发生激烈争论。其他一些领导也纷纷发言表态，莫衷一是。最后，周恩来依然采取民主表决的方式做出了正确决定。这次会议决议还强调要充分发挥军委、书记处、总政治部的整体职能作用，反对个人独断专行，并对军事指挥特权进行了明确限制。① 再如，在遵义会议上，当博古为自己所犯的"左"倾错误进行辩解时，周恩来却率先垂范，主动承担责任，进行了深刻的自我批评。与会的主要领导同志纷纷发言，对博古、李德的错误进行了严厉批评。尽管博古并未完全接受对他的批评，但他却没有利用职权压制不同意见，也表现出一定的民主作风。延安整风运动时期，党在整风过程中，由于正确地运用批评和自我批评的武器，为统一全党思想、促进团结奠定了坚实基础。

新中国成立初期，党一如既往地重视民主建设。毛泽东曾对社会主义条件下充分发扬民主的重要性、内涵和目标进行了积极思考。他指出：在中国，如果不充分发扬民主，就不能有真正的集中，也"就不可能建立社会主义经济"，"无产阶级专政不可能巩固"②。他指出，发展社会主义民主的目标就在于造成"又有集中又有民主，又有纪律又有自由，又有统一意志，又有个人心情舒畅、生动活泼"③的政治局面。在实践方面，成就显著，成果丰硕：人民民主专政的国体、人民代表大会制度的政体、共产党领导的多党合作制度以及民族区域自治制度等得以确立。在文化艺术领域，也一度出现了"百花齐放、百家争鸣"的良好局面。

二、改革开放新时期，党的执政形象的五点思考

改革开放新时期，在推进社会主义现代化事业的过程中，党愈加深刻认

---

① 李世明、田修思：《历史的决策：长征重要会议》，国防大学出版社2012年版，第20页。

② 毛泽东：《在扩大的中央工作会议上的讲话》，载《毛泽东文集》（第八卷），人民出版社2003年版，第297页。

③ 毛泽东：《在扩大的中央工作会议上的讲话》，载《毛泽东文集》（第八卷），人民出版社2003年版，第293页。

识到执政形象是一种极其重要的执政资源,不断优化其执政形象,党的执政形象的内容也不断得到丰富和发展。

第一,勇挑重担,敢于担当的形象进一步增强。改革开放之初,百废待兴,以邓小平为核心的第二代中央领导集体以强国富民为崇高的历史担当,作出了改革开放的英明决策,并开辟出一条有中国特色的社会主义现代化道路。

20世纪90年代初,面对风云变幻的国内外形势,以江泽民为核心的第三代领导集体则把加强党的执政能力,巩固党的执政之基作为最重要的历史担当。他指出:"党必须坚定地站在时代潮流的前头,团结和带领全国各族人民,实现推进现代化建设、完成祖国统一大业、维护世界和平与促进共同发展三大历史任务,在中国特色社会主义道路上实现中华民族的伟大复兴。这是历史和时代赋予我们的庄严使命。"[1]

进入21世纪,面对第三次科技革命浪潮的迅猛发展和全球化加速的趋势,胡锦涛在党的十七大报告中深有感触地说:"我们深感肩负的使命神圣而光荣。展望未来,我们对实现……三大历史任务充满信心",他还指出:实现艰巨的历史任务"需要几代人、十几代人甚至几十代人坚持不懈地努力奋斗"[2]。

党的十八大以来,以习近平为总书记的新一届中央领导集体深刻洞察世界大势,提出全面建成小康社会、实现中华民族伟大复兴的"中国梦"的宏大目标。在履新讲话中,他指出:"全党同志的重托,全国各族人民的期盼,是对我们做好工作的巨大鼓舞,也是我们肩上的重大责任。"[3]具体来说,就是坚持改革开放,不断解放和发展社会生产力,坚持走共同富裕的道路,不

---

① 江泽民:《全面建设小康社会　开创中国特色社会主义事业新局面》,载《江泽民文选》(第三卷),人民出版社2006年版,第528～529页。

② 胡锦涛:《高举中国特色社会主义伟大旗帜　为夺取全面建设小康社会新胜利而奋斗》,载中共中央文献研究室:《十七大以来重要文献选编》(上),中央文献出版社2009年版,第43页。

③ 习近平:《人民对美好生活的向往,就是我们的奋斗目标》,载中共中央文献研究室:《十八大以来重要文献选编》(上),中央文献出版社2014年版,第69页。

断提高人民群众的生活水平；坚持并加强党的领导，发扬党密切联系群众的优良传统，改进工作作风，夯实党的执政基础；自觉为实现中华民族伟大复兴而不懈奋斗，使中华民族更加坚强有力地自立于世界民族之林，为人类做出新的更大的贡献。这些言辞恳切、感情真挚的话语浸透着新一届中央领导集体对党、国家和人民义不容辞的责任担当，进一步升华了党的形象。

第二，执政为民的形象更加凸显。改革开放伊始，针对人们思想普遍还处于僵化的状态，邓小平指出要解放思想，让群众能经常表达自己的意见。他说"一个革命的政党，就怕听不到人民的声音，最可怕的是鸦雀无声"①。这是因为，在社会主义现代化建设过程中，由于我们缺乏经验，必然会遇到各方面的问题。因此，更加需要紧紧依靠广大人民群众的力量。"这些问题，归根结底，只有相信群众，依靠群众，充分走群众路线，才能够得到解决。"②邓小平群众路线最为显著的特色就在于把"是否有利于提高人民群众的生活水平"作为判断工作得失成败的重要标准之一，把"人民拥护不拥护，人民赞成不赞成，人民高兴不高兴，人民答应不答应"作为制定各项方针政策的出发点和归宿。

20世纪90年代后，国内外发生了一系列重大的政治事件，引发了党对于执政问题的深入思考。党更加深刻认识到不断改善和优化党的亲民为民的执政形象是执政合法性的根本来源。鉴于此，江泽民指出"实现、维护和发展人民群众的利益"是党的"最大最重要的政治"③。党的十三届六中全会专题讨论了如何在新形势下进一步密切党群关系问题，并通过了重要的决定。在实践中，重视解决"三农"问题，加快转变经济增长方式，推进产业结构优化升级，实施西部大开发战略等，这些都是党执政为民形象的生动

---

① 邓小平：《解放思想，实事求是，团结一致想前看》，载《邓小平文选》（第二卷），人民出版社1994年版，第144～145页。

② 邓小平：《高级干部要带头发扬党的优良传统》，载《邓小平文选》（第二卷），人民出版社1994年版，第230页。

③ 江泽民：《在庆祝中国共产党成立七十周年大会上的讲话》，载《江泽民文选》（第三卷），人民出版社2006年版，第279页。

体现。

在全面建设小康社会、构建社会主义和谐社会的实践中,胡锦涛进一步发展了党的群众观点,首次提出"以人为本"的执政理念。他说:"坚持以人为本,就是要以实现人的全面发展为目标,以人民群众的根本利益出发谋发展、促发展,不断满人民群众日益增长的物质文化需要""让发展的成果惠及全体人民"。① 在贯彻落实科学发展观的过程中,他要求各级领导干部要"树立群众观点和公仆意识"②,并把能否坚持群众观点、心系群众、服务人民作为衡量领导干部作风的"试金石"。

党的十八大以来,新一届党中央继承和弘扬党的群众观点和群众路线,不断优化执政为民的形象。在履职讲话中,习近平情真意切地说"人民群众是我们力量的源泉","每个人的工作时间是有限的,但全心全意为人民服务是无限的"③。他要求各级领导干部要"时刻把群众安危冷暖放在心上,及时准确了解群众所思、所盼、所急,把群众工作做实、做深、做细、做透"④。近来,新一届党中央始终致力于把工作重点放在"着力保障和改善民生"方面,切实采取许多重大举措,加快推进住房、教育、医疗等涉及民生领域的改革。他还首次提出"群众工作的本质是密切党群关系"的重要论断。为了更加密切新形势下的党群关系,全国上下开展群众路线实践教育活动,进一步加强党风廉政和反腐败建设。

总之,正是因为我们始终秉承立党为公、执政为民的执政理念,心中装着群众,服务群众,才有了改革开放以来所取得的伟大成就。

第三,艰苦奋斗的形象方面。改革开放新时期,针对与世界先进发展水

---

① 胡锦涛:《在中央人口资源环境工作座谈会上的讲话》,载中共中央文献研究室:《十六大以来重要文献选编》(上),中央文献出版社 2005 年版,第 850 页。

② 《国务院关于做好当前经济形势下就业工作的通知》,载中共中央文献研究室:《十七大以来重要文献选编》(上),中央文献出版社 2009 年版,第 851 页。

③ 中共中央文献研究室:《论群众路线——重要论述摘编》,中央文献出版社 2013 年版,第 120 页。

④ 中共中央文献研究室:《论群众路线——重要论述摘编》,中央文献出版社 2013 年版,第 117 页。

平相比较中国各方面极其薄弱的现状,邓小平对建设社会主义现代化事业的长期性、艰巨性有着清醒的认识,他尤其强调要继续传承和发扬艰苦奋斗的精神,要有"老老实实地艰苦创业"的思想准备。他说:"为了缩短和消除两三个世纪至少一个多世纪所造成的差距,必须下长期奋斗的决心。在相当长的一段时间里,我们不能不提倡和实行艰苦创业。"①而且,他把发扬艰苦奋斗的优良作风与反腐败问题结合起来论述,"提倡艰苦创业精神,有助于克服腐败现象"②。

20 世纪 90 年代后,受改革开放不断扩大和社会主义市场经济大潮的影响,有些人包括一些领导干部热衷于追求物质财富,理想迷失,信仰动摇,甚至走上贪腐的歧途。对此,江泽民不无忧虑地指出:"一个国家、一个民族,如果不提倡艰苦奋斗、勤俭建国,人们只想在前人创造的物质文明成果上坐享其成,贪图享乐,不图进取,那么,这样的国家,这样的民族,是毫无希望的,没有不走向衰落的。"③

党的十六大以后,胡锦涛上任伊始便带领中央领导同志到西柏坡考察,他特别强调全党同志尤其是党的领导干部要重温毛泽东关于"两个务必"的重要思想,牢记邓小平、江泽民关于要保持和发扬艰苦奋斗精神的重要论述,他强调"艰苦奋斗是中华民族的传统美德,是我们党的传家宝,是凝聚人心、战胜困难的强大力量。无论我国的经济发展到什么水平、物质条件改善到什么程度,艰苦奋斗的好传统都不能丢"④。他还提出包括"以艰苦奋斗为荣,以骄奢淫逸为耻"在内的社会主义荣辱观。

党的十八大以来,新一届中央领导集体反复强调要加强艰苦奋斗精神

---

① 邓小平:《目前的形势和任务》,载《邓小平文选》(第二卷),人民出版社 1994 年版,第 260 页。

② 邓小平:《在接见首都威严部队军以上干部时的讲话》,载《邓小平文选》(第三卷),人民出版社 1993 年版,第 306 页。

③ 江泽民:《加强思想政治建设　提高干部和党员队伍素质》,载中共中央文献研究室:《十四大以来重要文献选编》(中),中央文献出版社 1997 年版,第 1195～1196 页。

④ 胡锦涛:《加强领导干部党性修养　大力树立和弘扬良好作风》,载中共中央文献研究室:《十七大以来重要文献选编》(上),中央文献出版社 2009 年,第 856 页。

的教育,积极倡导在全社会营造"厉行节约、反对浪费"的良好氛围。习近平总书记指出:"能不能坚守艰苦奋斗精神,是关系党和人民事业兴衰成败的大事。"①他还把"坚持和发扬艰苦奋斗精神"作为领导干部转变工作作风的"最根本"方面。新一届中央领导集体还身体力行,率先垂范,积极转变会风、简装出行、严格公务接待等等,在全社会产生良好的示范效应。

第四,实事求是的形象建设方面。改革开放新时期,党及时恢复并发展了实事求是的马克思主义思想路线。在这一思想路线的指导下,邓小平在党的十二大开幕词中第一次提出"建设有中国特色的社会主义"的伟大命题。在改革开放初期的实践中,党和政府采取了推行家庭联产承包责任制、办经济特区、大力发展社会主义商品经济等措施,极大地调动了人民群众的积极性、创造性,解放和发展了生产力,提高了人民的生活水平,也增强了综合国力。实践证明,没有对实事求是思想路线的很好遵循,就绝不会有改革开放的伟大成就。邓小平也指出说,改革开放伟大成就的取得,"不是靠本本,而是靠实践,靠实事求是"②。

党的十三届四中全会后,以江泽民为核心的第三代中央领导集体继续坚持把马列主义、毛泽东思想和邓小平理论与世情国情党情的新变化紧密结合,提出"与时俱进"是马克思主义最重要的理论品质,进一步丰富了党的思想路线的内涵。在深化改革开放实践的基础上,他提出社会主义初级阶段的基本纲领、社会主义市场经济理论等重要理论。

21世纪,面对新形势新任务,以胡锦涛为总书记的党中央反复强调要坚持一切从实际出发,真正做到求真务实。

党的十八大以来,新一届党中央继续高举实事求是的思想路线,脚踏实地,奋发进取,为提升党的务实形象做出新的表率。习近平总书记再三强

① 中共中央文献研究室:《厉行节约反对浪费——重要论述摘编》,中央文献出版社2013年版,第55页
② 邓小平:《在武昌、深圳、珠海、上海等地的谈话要点》,载《邓小平文选》(第三卷),人民出版社1993年版,第382页。

调:在全面深化改革的过程中,要更加遵循实事求是的思想路线。"坚持实事求是,就能兴党兴国;违背实事求是,就会误党误国。"①如何贯彻实事求是的思想路线,不断优化共产党人的务实形象？ 习近平提出"三个坚持"的要求:"坚持一切从实际出发来研究和解决问题,坚持理论联系实际来制定和形成指导实践发展的正确路线方针政策,坚持在实践中检验和发展真理。"②"空谈误国,实干兴邦"这八个字言简意赅,是当代中国共产党人实干精神、务实形象的最凝练的概括。

第五,民主形象建设方面。改革开放伊始,针对人们思想还处于僵化的状态,邓小平提出要采用民主的办法来推动思想解放。他说"民主是解放思想的重要条件"③。他把发扬民主的重要意义提升到关系社会主义现代化事业兴衰成败的高度加以论述。党的十二大报告和十三大报告也都强调无论是建设社会主义物质文明还是精神文明,都离不开发展社会主义民主的保障和支持。20 世纪 90 年代以来,在充分吸取东欧剧变及我们自身历史经验教训的基础上,党更加重视通过不断发展党内民主来坚持和健全民主集中制,加强党的先进性、纯洁性建设。江泽民指出:"民主集中制是党的根本组织原则。削弱和否定它,就会损害党的战斗力,以至瓦解党组织。"④胡锦涛则强调充分发扬党内民主、坚持和健全民主集中制,是"推动人民民主、建设社会主义政治文明的必然要求"⑤。习近平总书记也反复强调指出,"党内民主是党的生命和活力之源,是民主集中制的政治基础"⑥。

---

① 《论党性修养》,中共中央党校出版社 2014 年版,第 80 页。

② 习近平:《紧紧围绕坚持和发展中国特色社会主义学习宣传贯彻党的十八大精神》,载中共中央文献研究室:《十八大以来重要文献选编》(上),中央文献出版社 2014 年版,第 78 页。

③ 邓小平:《解放思想,实事求是,团结一致向前看》,载《邓小平文选》(第二卷),人民出版社 1994 年版,第 144 页。

④ 江泽民:《在庆祝中国共产党成立七十周年大会上的讲话》,载《江泽民文选》(第三卷),人民出版社 2006 年版,第 287 页。

⑤ 胡锦涛:《全面加强新形势下的领导干部作风建设》,载中共中央文献研究室:《十六大以来重要文献选编》(下),中央文献出版社 2008 年版,第 876 页。

⑥ 《论党性修养》,中共中央党校出版社 2014 年版,第 80、335、81 页。

三、党的执政形象建设的经验与启示

在国际、国内形势发生诸多深刻变化的新形势下，进一步优化党的执政形象需要着力抓好以下三方面：

第一，优化党勇于担责的形象，一要靠保持深切的忧患意识和进取精神，二要靠完善制度。历史经验表明：忧患意识和进取精神什么时候都不可或缺。今天，尽管中国特色社会主义事业已取得很大成就，但我们仍然要清醒地认识到，全面建成小康社会和全面深化改革已进入关键期，面临着一系列的深层次矛盾和问题。越是在这种形势下，就越要坚定攻坚克难的信心和勇于进取的意识。担当是一种崇高的责任精神，是历史和人民的重托，但责任的落实需要靠完善的制度来保证。把明确具体的责任落实到每一个责任主体，严格监督每一个人责任落实的情况，严格处理任何人违反责任的情况等，都需要科学完善的制度来保障。制度如果不完善，就会导致责任落实出现问题，党的勇于担当的执政形象自然也会受到削弱。

第二，以解决人民内部矛盾为抓手、密切联系群众为途径优化党的为民亲民形象。在全面深化改革的形势下，我国的经济社会各领域发生了很大的变化，社会结构深刻变动，人民群众的思想观念和利益诉求也呈现诸多新变化，群众工作的主体也存在不完全适应的问题，社会矛盾也更加集中体现在基层群众工作领域。因此，各级领导干部要牢固树立群众利益无小事的观念，切实转变工作作风，把提高正确处理人民内部矛盾的能力和水平作为加强党的先进性、纯洁性建设和执政能力建设的重要任务。一方面，要深刻认识和准确把握新形势下人民内部矛盾的新特点——突出体现在经济领域；矛盾成因多元性；矛盾对抗性有所增强，呈现出经济问题政治化、内部矛盾社会化、局部问题扩大化的趋向。另一方面，还需要探索解决矛盾的正确途径和有效方法，畅通民意表达渠道，积极引导群众以理性、合法的方式表达诉求，努力避免因为决策失误和工作不当而引起的群众不满，及时妥善处理群体性事件，防止局部性问题转化为全局性问题、非对抗性矛盾转化为对

抗性矛盾,注重从源头上减少人民内部矛盾的发生。唯有如此,方能不断促进党群关系和谐。

第三,坚定理想信念,加强社会主义核心价值观建设,优化艰苦奋斗的形象。理想指引人生方向,信念决定事业成败。只有树立正确的理想信念,才能真正坚持和发扬艰苦奋斗的精神。远大的理想信念是中国特色社会主义事业的最重要的精神动力,也是坚持艰苦奋斗的灵魂。江泽民曾经说过,"保持和发扬艰苦奋斗的精神,说到底是牢固树立和坚持马克思主义的世界观、人生观问题"①。在现实生活中,有些党员干部拜金主义、享乐主义思想严重,追求豪华排场,注重物质享受,大兴奢靡之风,给党的事业和形象造成严重损害。在他们心里,艰苦奋斗的优良作风被淡忘得差不多了。习近平一针见血地指出,现实生活中,一些党员、干部出这样那样的问题,说到底是信仰迷茫、精神迷失。

加强社会主义核心价值观建设对于进一步推动全社会形成艰苦奋斗的良好氛围具有重要意义。除了领导干部要以身作则,充分发挥党员干部的表率作用外,广大青年学子也是加强社会主义核心价值观教育和艰苦奋斗精神教育的重点受众群体。在教育实践中,要进一步加强对于学生的国情教育,引导学生树立正确的积极向上的世界观、人生观和价值观。当然,加强社会主义核心价值观建设,强化艰苦奋斗、勤俭节约的意识不仅要靠思想教育、实践养成,更加需要用完备的体制机制来保障。在谈及如何厉行勤俭节约、反对铺张浪费时,习近平指出,"抓住制度建设这个重点,以完善公务接待、财务预算和审计、考核问责、监督保障等制度为抓手,努力建立健全立体式、全方位的制度体系,以刚性的制度约束、严格的制度执行、强有力的监督检查、严厉的惩戒机制,切实遏制公款消费中的各种违规违纪违法现象"②。

---

① 江泽民:《大力发扬艰苦奋斗的精神》,载《论党的建设》,中央文献出版社 2001 年版,第 246 页。

② 中共中央文献研究室:《十八大以来重要文献选编》(上),中央文献出版社 2014 年版,第 120 页。

第四,优化共产党人实事求是的务实形象,首先需要不断解放思想,始终保持与时俱进的精神状态。解放思想、与时俱进与实事求是有内在的辩证统一的关系。解放思想,与时俱进就是要立足于不断发展变化着的客观实际,把思想从不合时宜的观念、做法和体制的束缚中解放出来,使我们的思想认识真正地符合当时当地的客观实际。只有这样,才能真正做到实事求是。改革开放30多年来,党做出的许多重大决策,从在农村推行家庭联产承包责任制、发展乡镇企业到在城市全面推行经济体制改革,从创办经济特区、引进外资到全方位对外开放,无一不是解放思想和实事求是紧密结合的产物。总之,坚持实事求是一定要同解放思想、与时俱进有机统一起来,在解放思想、与时俱进中坚持真理、纠正错误。

领导干部要做坚持实事求是的表率。因为各级领导干部肩负着带领群众推动科学发展、促进社会和谐的领导责任,是我们伟大事业的组织者和推动者。总体来看,党内贯彻实事求是的情况总体上是好的,但也有些领导干部习惯于坐在办公室里,拍脑袋做决策,接"地气"不够,有的习惯于从本本出发,唯上、唯书、不唯实;有的故步自封、因循守旧,等等。对此,要着重从以下方面改进:一方面,要认真学习、深刻领会马克思主义基本理论。只有吃透理论,才能正确认识事物的内在联系和本质规律,才能在实际行动中制定出正确的决策;另一方面,重视调查研究。只有通过认真细致的调查研究,我们才能真正掌握"实事"。正确的决策方针不是凭空想象出来的,而是在实践的反复检验中不断得到完善的。

第五,优化党的民主形象,最根本的还在于认真贯彻执行党的民主集中制原则。不但要健全和完善落实民主集中制的各项具体制度和实体性制度,也要健全和完善相关程序性制度。不但要抓制度的制定和完善,还要狠抓制度的监督与落实。尤其是领导干部要带头遵守民主集中制度,在党内营造领导带头、全体党员广泛参与的民主讨论的良好氛围,"鼓励讲真话、讲实话、讲心里话,允许不同意见相互碰撞和争论,同时善于进行正确的集中,防止议而不决、决而不行"①。此外，要更加运用好批评和自我批评的武器，着力解决发扬民主不够、开展批评不够等问题。正确开展批评与自我批评，要从真理出发、从公心出发，不搞形式主义，不能掺杂个人感情；要特别讲究方法，对事不对人，把批评和关心结合起来，把公开批评与私下交心结合起来，营造一种和谐的批评和自我批评氛围。惟有如此，批评和自我批评才能取得最大的实效。

① 习近平：《在全国组织工作会议上的讲话》，载中共中央文献研究室：《十八大以来重要文献选编》（上），中央文献出版社 2014 年版，第 352 页。

附录

"中国共产党形象建设:经验与启示" 学术研讨会在复旦大学召开

2016 年 10 月 16 日,由上海市中国特色社会主义理论体系研究中心、上海市社会科学界联合会、复旦大学马克思主义学院、教育部人文社科重点研究基地重大课题"中国共产党形象建设研究"课题组、复旦大学"中国共产党革命精神与文化资源研究中心"共同举办的"中国共产党形象建设:经验与启示——上海市马克思主义研究论坛暨上海市社会科学界第十四届(2016)学术年会·学科专场"在复旦大学召开。来自全国近 20 所高校、党校等的 60 余位专家学者参会,并进行学术交流。

复旦大学党委书记焦扬,上海市委宣传部副部长、上海市社会科学界联合会党组书记燕爽,教育部高等学校社会科学发展研究中心主任王炳林出席会议并分别致辞。中共中央党史研究室原副主任、全国政协委员李忠杰就"加强中国共产党的形象建设"作主题报告。开幕式和主题报告由复旦大学马克思主义学院党总支书记肖永春主持。

焦扬指出,中国共产党成立 95 年来,始终肩负中华民族伟大复兴的历史使命,坚持人民立场,坚持马克思主义指导思想,坚持与历史同步,与时代共鸣,勇于改革创新,与时俱进。随着社会不断发展和进步,中国共产党的价值与魅力日益凸显。加强党的形象建设,是一个具有战略意义的、历久弥新的重大课题。她希望通过这次研讨会的召开,进一步激发广大专家学者的研究热情,深化彼此间的学术交流,完善科学研究方法与路径,让中国共产党形象建设步入常态化的研究轨道，并且把这一重大研究与当前正在深入开展的"两学一做"学习教育活动结合起来，保持党的基层组织的活力。她强调，坚定广大共产党员的理想信念，确保全党始终在思想上、政治上、行动上与以习近平同志为总书记的党中央保持高度一致，为实现"两个一百年"的奋斗目标，为实现中华民族伟大复兴的中国梦，贡献源源不断的智力支持。

燕爽指出，党的形象建设历来是我党工作的重要组成部分，在改革开放新时期，我党特别重视和加强党的形象建设。十八大以来，以习近平为总书记的党中央，对党的建设提出了一系列的思想，形成了新时期我党建设的重要理论，尤其是习近平总书记关于党的建设的学说，紧紧围绕全面从严治党这个主线，统筹伟大工程与伟大事业，统筹理论创新、实践创新与制度创新，提出了一系列思想深邃、内容丰富、逻辑严整的科学理论。习近平总书记的党建思想是毛泽东思想和中国特色社会主义理论体系在新的时期的传承和发展，是马克思主义的党建学说与中国的实践相结合的最新理论成果。他期待，专家学者能够通古今之变化，立时代之潮头，发时代之先声，为中华民族的伟大复兴，为党的建设的伟大工程，建言献策，著学立说。

王炳林表示，中国共产党形象建设经验与启示是一个重大的课题，对党的建设具有重要的现实意义，本论坛的召开，将有力地促进这一重大课题深入研究。

"中国共产党的形象建设，是一个非常紧迫和重要的课题，这个问题多年前就已提出，新形势下，以习近平同志为总书记的党中央对此更为重视。这既是中国走向世界发展形势所需，也是加强党的自身建设所需。"李忠杰表示，加强党的形象建设，首先要把基本概念界定清楚，在此基础上，才能梳理清楚建设的路径和方法。他认为，中国共产党的形象，就是中国共产党的状态和面貌，特别是其所作所为、所言所行，通过向外部展示和输送某种信息，然后在人们头脑中形成的对于党的总体面貌的认知和看法。党的形象，是党的内在本质在人们头脑中的反映，是对党的建设和事业进步与否、合理与否、成功与否、水平高低与否的一种测度。所以,加强党的形象建设,首先要加强党的先进性建设,制定正确的路线方针政策,以自身的所作所为、所言所行,推动社会的发展和文明的进步,实现和维护最广大人民群众的根本利益,从根本上树立起正面的、真善美的形象。与此同时,要积极做好党的建设、宣传、群众工作,加强中国共产党的形象设计、形象介绍、形象宣传、形象传输等工作,不断改善和提升党在国内国外、党内党外的形象,始终努力以一种先进的、正面的形象展示在世界面前,赢得全国最广大人民和外部世界的认同和支持,并促使我们党在中国特色社会主义道路上取得更大发展和进步。

华东师范大学政治学系齐卫平教授,北京大学马克思主义学院副院长程美东教授,华南师范大学马克思主义学院院长陈金龙教授,南开大学马克思主义学院院长助理林绪武教授,新乡学院党委组织部副部长、社会科学部汪如磊副教授,复旦大学党委宣传部副部长、马克思主义学院李冉教授就"中国共产党的廉洁形象塑造""领袖气质与中国共产党整体形象的塑造""纪念活动与中国共产党的形象建构""《红色中华》与中国共产党的形象建设""中国共产党构建良好执政形象的四个要素""新媒体时代政党形象管理的挑战与应对"作大会发言。大会发言由中共上海市委党史研究室主任徐建刚主持。

"通过对于政党形象建设的应然性和实然性问题引出中国共产党的廉洁形象塑造。"齐卫平进一步表示,党的形象建设不能停留在应然性的认定,更应该强化实然性的建设。树立廉洁型政党形象即是政党形象建设的重要内容。因为建设廉洁型政党形象是中国共产党的一贯诉求,是党的先进性在执政条件下的集中体现,是对社会和人民群众期待的积极回应,更是发挥中国政治制度和政党制度优势的特殊要求。因此,必须强烈呼吁党中央在"学习型、服务型、创新型"基础上,进一步提出廉洁型政党的要求。

程美东认为,一个团体的集体共识、诉求、内在文化因素从整体上影响着、决定着其根本的社会形象。但这种根本性的决定不是抽象的,而是通过具体成员展现出来的。而领袖气质又最能够代表和反映其所在组织的整体形象。中国共产党作为在近代史上产生过重大影响的,而且正在产生重大影响的政党组织,它的总体形象固然由每一个党员个体而构成的,但其整体性形象由中国共产党领袖形象综合体现。注重挖掘中国共产党领导人的个性气质,是打造党的良好形象的一种便捷方式和途径。

陈金龙谈到,纪念活动是中国共产党形象建构的有效途径。一是它能够回溯党的历史,表达党的执政理念、执政政治和执政方略。二是纪念活动中的特定仪式具有强烈的感染力和震撼力。三是它具有聚焦功能,吸引党内、媒体、民众甚至海外的共同关注。四是纪念活动的周期性使其具有强化功能。通过纪念活动进一步建构中国共产党形象,必须使纪念活动常态化、制度化,要扩大纪念活动的参与度,要着力挖掘历史和现实的结合点,还要广泛吸引国际社会的关注。

林绪武提出,媒体作为一种载体在中国共产党形象建设中发挥了重要作用。在兼具中华苏维埃临时中央政府机关报、中国共产党党报和总工会机关报多重身份的《红色中华》中,有大量关于中国共产党民主形象的宣传介绍,彰显了苏区时期中国共产党民主形象的建设,不仅介绍了苏区选举的成功经验,也明确指出其中问题及改进措施。此外,还有大量反映党在这一时期敢于开展批评与自我批评、强调理论联系实际、密切联系群众的内容等有助于民主形象建构的内容。

汪如磊表示,中国共产党执政形象是党在掌握运用国家政权领导和支持人民当家做主,推进政治社会发展,造福人民的进程中,党的自身建设、党的执政机制、党的执政实践、党的执政绩效等在民众当中形成的较为稳定的整体评价和认识,是党的重要执政资源和软实力,是民众对党内化于心的一种情感反映。从我国国情、党情、社情考虑,党的自身建设、党的执政绩效、党的执政体制和党的政治社会化四个要素对中国共产党构建良好执政形象起着重要作用。

"在新媒体发展壮大后,政党形象建设作为学术问题被学界普遍关注。

但仍缺乏一个明确的中国学术话语和基本理论框架。"李冉指出,根本在于必须打破西方概念和理论框架制约,因为两者在指称、内容、生成机理和评价机制上存在巨大差异。此外,新媒体时代政党形象管理面临着三重挑战。一是新兴媒体改造了政党形象的生成机理。二是新兴媒体改变了政党形象的宣教机理。三是新兴媒体改造了政党形象的评价机制。

论坛还设两个分会场,第一分会场主要通过对中国共产党历史的分析,从中汲取政党形象建设的经验和教训;第二分会场主要是结合政治学理论,厘清政党形象建设的概念、研究现状,剖析当下中国共产党开展政党形象建设的相关理论与实践。

与会专家学者认为,中国共产党政党形象建设是一项系统工程,也是一项科学工程。中国共产党政党形象建设需要通过政党实践活动来加以提高。在中共建党早期、新民主主义革命时期、建国初期的实践经历中,汲取历史经验对当下中国共产党塑造政党形象都能提供一定的借鉴和启示。与此同时,中国共产党政党形象建设更是有效应对当前严峻形势的挑战和危机的根本任务和内在要求。对当下中国共产党政党形象建设的深刻剖析和反思,将切实提升执政能力和水平,有助于中华民族伟大复兴的中国梦早日实现。

在研讨会最后的闭幕式上,王炳林就此次学术研讨会的情况进行总结。他认为研讨会召开得非常成功,就研讨内容而言,涉及古今中外、理论现实,研讨形式也是丰富多彩的。王炳林还强调中国共产党形象建设不仅要内外兼修,还要正确处理好三对关系。一是本质与现象的关系。立党为公、执政为民是中国共产党形象的本质,但本质和现象可能会出现矛盾,或本质被遮蔽,这就需要通过某种曲折的方式对形象进行阐释描绘。二是历史和现实的关系。什么样的历史形象直接影响现实的形象,在历史虚无主义甚嚣尘上的当下,必须树立正确的历史形象支撑现实,理顺两者关系,正确对待历史。三是中国和世界的关系。不仅要努力建构自身良好形象,更要在坚持道路自信、理论自信、制度自信和文化自信的基础上积极对外展示中国共产党形象。

"第三届国际中国共产党研究
——新时代中国共产党国际形象塑造"
学术研讨会在复旦大学召开

　　为加强海内外中国共产党研究的学术交流,为新时代中国共产党国际形象塑造提供更为宽广的学术视野,让国际社会更好地了解中国和中国共产党,由复旦大学、山东大学、美国加州大学伯克利分校联合主办,上海市马克思主义研究论坛专场"第三届国际中国共产党研究——新时代中国共产党国际形象塑造"学术研讨会于 2018 年 11 月 24 日至 25 日在复旦大学召开。

　　原中共中央党史研究室副主任李忠杰,中共中央对外联络部研究室主任栾建章,中共中央党校党史教研部主任罗平汉,复旦大学党委副书记、马克思主义学院院长刘承功,英国剑桥大学政治与国际关系学院高级研究员马丁·雅克出席研讨会。刘承功和栾建章先后致辞。李忠杰和马丁·雅克作大会主旨报告。

　　刘承功在致辞中表示,复旦大学作为一所在哲学社会科学领域有着优良传统和深厚底蕴的大学,应当积极推动党史党建学科发展,进一步丰富研究内涵,深化对共产党执政规律、社会主义建设规律、人类社会发展规律的认识;进一步拓宽研究视野,深化对海外中共学的研究,加强对话交流,积极打造学术理论高地、人才培养高地和智库资政高地。

　　栾建章认为,中国共产党国际形象的塑造需要向世界讲好中国故事,让世界了解中国共产党成为一个更为重要的命题。因为只有了解了中国共产党，才能够了解中国的一切。因此，必须要讲好中国共产党的故事，发出中国共产党的声音，研究好习近平新时代中国特色社会主义思想，阐释好中国共产党的理念、主张、政策、倡议，必须在国际大格局中顺应时势，有自信、有定力地建构中国共产党国际形象。

李忠杰从分析中国共产党国际形象建设中起关键作用的"主体""客体"和"中介渠道"三个要素入手，全面阐述了中国共产党国际形象建设的基本途径，特别从应然形象着手，认为，中国共产党要塑造良好的国际形象，必须保持和发展党自身的先进性和纯洁性，保证党的路线方针政策的科学性，并在治国理政的实践中不断取得显著成就；要充分重视和运用好各种中介渠道，实事求是、客观准确地向世界传播党的形象，防止真实的形象被人有意扭曲；要做好客体方的工作，提升中国共产党国际形象的美誉度。

马丁·雅克以"应对挑战：全球化时代中国共产党向世界展示独树一帜的治理形式"为题，从他者视角探讨了国际社会特别是西方国家对中国共产党形象的认知。他指出，长期以来由于西方国家主流价值观和冷战思维的延续的影响，西方国家对中国共产党形象的认知态度通常是傲慢的，甚至有时会妖魔化或抹黑中国共产党形象。而由于中国共产党治国理政所取得的显著成效，以及为全球治理提供模式框架的能力不断提升，西方社会对于中国共产党形象的认知也在发生着变化。

研讨会期间，来自美国加州大学伯克利分校、英国剑桥大学、俄罗斯科学院、日本爱知大学、北京大学、清华大学、中国人民大学、复旦大学、上海交通大学、南京大学、浙江大学、武汉大学、山东大学、南开大学、华东师范大学、华南师范大学、北京联合大学等国内外高校，和来自中央党史和文献研究院、中央党校、中国外文局、上海社会科学院以及《人民日报》《环球时报》《解放日报》、中国社会科学杂志社、《当代中国研究》编辑部、《学术月刊》编辑部等单位的数十位专家学者，围绕"中国共产党国际形象塑造""海外中共学研究评析和中国共产党治国理政"等议题深入交流，分享研究成果，展开了一场高质量、高水平的学术对话与研讨,丰富了中国共产党形象建设研究的内涵和视野,为中国共产党国际形象的建设贡献了智慧。

与会专家学者一致认为,中国共产党国际形象塑造是一项宏大、长期、系统、艰巨的工程,从学术角度深入研究中国共产党国际形象建设是中国共产党在新形势下进一步迈向世界,在国际舞台上发挥更大作用的必然要求。

据悉,国际中共学论坛由山东大学当代社会主义研究所与美国加州大学伯克利分校共同发起,在中美之间交替联合举行,是海内外研究中共和中国问题的学者分享学术成果,增进不同思维语境下对话交流和协同发展的常设性的重要平台。今年是国际中共学论坛第三届会议,复旦大学参与主办,复旦大学马克思主义学院、"中国共产党形象建设研究"课题组承办。

后　记

　　本书系教育部哲学社会科学研究重大课题攻关项目"新时代中国共产党国际形象构建研究"（21JZD011）的阶段性成果，由复旦大学马克思主义学院党委、海外中共学研究中心资助出版。

　　"中国共产党形象建设：经验与启示"学术研讨会、"第三届国际中国共产党研究——新时代中国共产党国际形象塑造"学术研讨会的筹办以及论文集的出版殊为不易。感谢原中共中央党史研究室副主任李忠杰同志、复旦大学党委书记焦扬同志、上海市委副秘书长燕爽同志（时任上海市委宣传部副部长）、教育部高等学校社会科学发展研究中心主任王炳林同志、中共中央对外联络部理论室主任栾建章同志、上海市委党史研究室主任徐建刚同志、东华大学党委书记刘承功同志（时任复旦大学党委副书记兼马克思主义学院院长）给予的充分指导和大力支持。感谢董雅华书记、李冉院长、肖永春书记、刘顺厚副书记、吴海江副院长、刘红凛教授、杨宏雨教授、肖存良副教授、薛小荣副教授、朱潇潇副教授、张晓燕副教授、邓杰副教授、郝志景副教授、刘少明、赵菁、左皓劼、蔡春、刘玲等诸位老师的积极参与。感谢范宾扬、尹怀恩、王婧飞、方敏、黄冰琼、尹文、程睿、郑璇、吕子佳，以及马克思主义学院研究生团学联学生骨干们在两次会议的筹办和论文集的编校等工作中付出的辛劳。此外，还要感谢天津人民出版社工作人员所做的大量整理、排版、校对工作。

　　最后需要说明的是，由于本书篇幅有限，只选取了部分论文，仍有一些优秀研究成果未能编入,敬希相关专家学者见谅。中国共产党形象建设研究是个宏大课题,本论文集仅能起到抛砖引玉之用,期待这一课题在日后能产出更扎实、更深入透彻的研究成果。

编者

2019 年 10 月